# DuMont's Kriminal-Bibliothek



John Ball (1911–1988), geboren in Schenectady, New York, arbeitete in einer Vielzahl von Berufen – Zirkusartist, Pilot, Musikkritiker, PR-Manager, Journalist etc. –, ehe er sich 1963 als freier Autor in Encino, Kalifornien, niederließ. Schon sein erster Kriminalroman, »In der Hitze der Nacht«, fand nicht nur weithin Anerkennung und brachte ihm den Edgar-Award ein, sondern diente auch als Vorlage für den gleichnamigen Film mit Sidney Poitier und Rod Steiger, der 1967 den Oscar als bester Film erhielt.

Herausgegeben von Volker Neuhaus

John Ball

# In der Hitze der Nacht

DUMONT

Für Reverend Glynn T. Settle, der durch sein profundes Wissen und anregende Gespräche so viel zur Entstehung dieses Buches beigetragen hat.

Die Deutsche Bibliothek – CIP-Einheitsaufnahme

**Ball, John Dudley:**
In der Hitze der Nacht / John Ball. [Aus dem Amerikan. von Beate Felten]. – Köln: DuMont, 1997
(DuMont's Kriminal-Bibliothek; 1064)
Einheitssacht.: In the heat of the night <dt.>
ISBN 3-7701-3832-5
NE: GT

Umschlagmotiv von Pellegrino Ritter
Aus dem Amerikanischen von Beate Felten


Die der Übersetzung zugrundeliegende Originalausgabe erschien 1965 unter dem Titel »In the Heat of the Night« bei Harper & Row Publishers, New York
Satz, Druck und buchbinderische Verarbeitung:
Clausen & Bosse GmbH, Leck

Printed in Germany ISBN 3-7701-3832-5

# Kapitel 1

Still und leblos, wie gelähmt, lag die Stadt Wells morgens um zehn vor drei unter dem drückenden Nachthimmel. Die meisten der elftausend Einwohner wälzten sich ruhelos in ihren Betten, und die wenigen, die gar keinen Schlaf fanden, verfluchten die unerträgliche Schwüle, die durch keinen Windhauch gelindert wurde. Die Augusthitze von North und South Carolina hing dumpf und schwer in der Luft.

Der Mond war schon untergegangen. Im Hauptgeschäftsviertel warfen die wenigen grellen Straßenlaternen harte Schatten auf die geschlossenen Läden und Kaufhäuser, das einzige Kino und die verlassenen Tankstellen. An der Ecke, wo der Highway die Straße im rechten Winkel kreuzte, schnurrte das gleichmäßige Brummen der Klimaanlage, das aus der Simon-Apotheke nach draußen drang, gegen die Stille der Nacht an. Auf der anderen Straßenseite stand der einzige Streifenwagen, den die Polizei von Wells nachts einsetzte.

Der Streifenpolizist Sam Wood saß in seinem Wagen, hielt den Kugelschreiber fest in seinen kräftigen Fingern und füllte den Bogen für seinen Bericht aus. Das Klemmbrett hatte er auf das Lenkrad gelegt und malte im Dämmerlicht, das von draußen in das Fahrzeug drang, gut lesbare Blockbuchstaben auf das Papier. Sorgfältig legte er dar, daß er die Streife durch das größte Wohnviertel der Stadt vorschriftsmäßig abgeschlossen und nichts Auffälliges festgestellt hatte. Diese Arbeit erfüllte ihn mit Stolz. Wie so oft während der letzten drei Jahre wurde ihm wieder einmal bewußt, daß er zu dieser nachtschlafenden Zeit der wichtigste diensthabende Mann in der gesamten Stadt war.

Er beendete seinen Bericht, legte das Klemmbrett neben sich auf den Beifahrersitz und schaute wieder auf seine Armbanduhr. Es war fast drei, Zeit für eine Pause und eine Tasse Kaffee im Diner. Doch bei dieser drückenden Hitze erschien ihm der Gedanke an Kaffee nicht besonders verlockend, etwas Kaltes wäre sicher sehr viel besser. Sollte er seine Pause sofort einlegen oder lieber vorher noch schnell durch das Armenviertel der Stadt fahren? Das war der einzige Teil seiner Arbeit, der ihm Unbehagen verursachte, doch auch diese Aufgabe gehörte zu seinen Pflichten. Er rief sich die Wichtigkeit seiner Position noch einmal ins Gedächtnis und beschloß, die Pause ein wenig hinauszuschieben. Er ließ den Wagen anrollen und schwenkte mit der professionellen Lässigkeit eines erfahrenen Fahrers zurück auf die Straße.

Er überquerte den Highway, der in beide Richtungen wie ausgestorben dalag, und rumpelte auf das unebene Pflaster des vor ihm liegenden Schwarzenviertels. Er fuhr sehr langsam, denn er konnte die Nacht nicht vergessen, in der er vor Monaten einen Hund überfahren hatte. Das Tier hatte schlafend auf der Straße gelegen, und Sam hatte es zu spät bemerkt, um noch ausweichen zu können. Im Geiste sah er sich wieder auf der Straße kauern, wie er den Kopf des Tieres in den Händen hielt und in die erschrockenen, schmerzerfüllten, flehenden Augen blickte. Dann sah er den Tod kommen, und obwohl Sam häufig zur Jagd ging und gemeinhin als zäher Bursche galt, war er zwischen Mitleid mit dem Hund und Kummer darüber, daß er seinen Tod verschuldet hatte, hin- und hergerissen gewesen. Sam hielt den Blick fest auf die Straße gerichtet, während er versuchte, den schlimmsten Schlaglöchern auszuweichen, und sorgsam nach streunenden Hunden Ausschau hielt.

Nachdem er die kurze Schleife durch das Schwarzenviertel hinter sich gebracht hatte, holperte er vorsichtig über den Bahnübergang und rollte langsam durch eine Straße, die an beiden Seiten von alten, häßlichen, größtenteils ungestrichenen Holzhäusern gesäumt wurde. Hier lebten die mittellosen Weißen, die weder Geld hatten noch die Hoffnung, je welches zu bekommen, oder denen ihr eigenes Schicksal gleichgültig war. Sam fuhr durch die menschenleere Straße und konzentrierte sich darauf, den unzähligen Schlaglöchern auszuweichen. Als er aufschaute, sah er etwa einen Häuserblock weiter ein gelbes, unscharfes, erleuchtetes Rechteck. Es war der Umriß eines Fensters, das zweifellos zum Haus der Purdys gehörte.

Wenn jemand um diese Zeit Licht brennen ließ, konnte dies einfach auf Magenschmerzen zurückgehen, doch es konnte genausogut eine Menge anderer Dinge bedeuten. Sam verachtete Leute, die nachts durch fremde Fenster spähten, doch bei einem Streifenpolizisten war es natürlich etwas anderes. Er lenkte den Wagen näher an den Bürgersteig, um niemanden unnötig zu stören, und fuhr so langsam, daß er genau erkennen konnte, warum morgens früh um Viertel nach drei in der Küche der Purdys Licht brannte, auch wenn er den Grund zu kennen glaubte.

Die Küche wurde von einer einzigen Hundertwattbirne erhellt, die mitten im Raum an einem Kabel von der Decke baumelte. Die dünnen, verschlissenen Gardinen, die gleichsam leblos über das offene Fenster gespannt waren, boten keinerlei Schutz vor fremden Blicken in den hell erleuchteten Raum. Im Zimmer stand deutlich sichtbar Delores Purdy, den Rücken dem Fenster zugewandt. Sie trug kein Nachthemd, genau wie in den anderen beiden Nächten, in denen die erleuchtete Küche während der letzten Wochen Sams Aufmerksamkeit erregt hatte.

Genau in dem Moment, als der Streifenwagen am Fenster vorbeirollte, nahm Delores einen kleinen Topf vom Herd, drehte sich um und goß den Inhalt in eine Teetasse. Sie war etwa sechzehn Jahre alt, und Sam konnte ihre straffen Brüste und die verlockenden Rundungen ihrer jugendlichen Hüften genau sehen. Doch irgend etwas an Delores stieß ihn ab, so daß ihn nicht einmal der Anblick ihres nackten Körpers sonderlich erregen konnte. Wahrscheinlich, vermutete er, lag es daran, daß sie immer irgendwie unsauber war oder zumindest so aussah. Als Sam sah, wie sie die Tasse an ihre Lippen hob, wußte er, daß niemand krank war, und wandte den Blick wieder ab. Einen Moment lang spielte er mit dem Gedanken, sie darauf aufmerksam zu machen, daß man sie von draußen sehen konnte, entschied sich jedoch dagegen, weil er befürchtete, ein Klopfen um diese Uhrzeit könnte sämtliche Kinder im Haus aufwecken. Außerdem konnte sie ihm schlecht unbekleidet die Tür öffnen. Sam wendete an der nächsten Ecke und fuhr zurück zum Highway.

Obwohl weit und breit kein anderes Fahrzeug zu sehen war, hielt er vorschriftsgemäß an der Kreuzung an und fuhr dann in Richtung Norden weiter. Er beschleunigte immer mehr, so daß die schwüle Luft, die durch die geöffneten Fenster gepreßt wurde, die Illusion einer frischen Brise hervorrief, und hielt das Tempo einige Minuten lang, bis er die Stadtgrenze erreichte. Er nahm den Fuß vom Gas, fuhr am Ortsschild vorbei und ließ den Wagen elegant auf den Parkplatz vor dem Diner gleiten, der Tag und Nacht geöffnet war. Für einen Mann seiner Größe wirkte er sehr behende, als er aus dem Wagen stieg und in das Restaurant ging.

Drinnen war es noch heißer als draußen. Mitten im Raum stand eine U-förmige Theke mit einer abgenutzten Resopalbeschichtung. Auf einer Seite befanden sich Nischen, die durch billige Sperrholzwände voneinander getrennt waren und weder Gemütlichkeit noch Intimität verhießen. In einem der Fenster stieß eine völlig unzureichende Klimaanlage nur einen jämmerlich dünnen Strom kalter Luft hervor, der sich schon wenige Zentimeter weiter in der Hitze verlor, ohne daß man ihn überhaupt gespürt hätte. Der Anstrich der Holzwände mochte einmal altweiß gewesen sein, inzwischen war er längst vergilbt, und der dunkle Fettfleck über dem Grill zeugte von Tausenden von Imbissen, die hier zubereitet, verzehrt und wieder vergessen worden waren.

Der Mann, der nachts hinter der Theke stand, war ein magerer Neunzehnjähriger, dessen überlange Arme aus den Manschetten seines verschmierten Hemdes herausragten und aussahen, als wären sie von irgendeinem Foltergerät langgezogen worden. Sein scharfes, knochiges Gesicht verriet immer noch Spuren von Akne, sein Mund war leicht geöffnet, die Unterlippe hing ein wenig herab, als sei er entweder daran gewöhnt, sie anderen Menschen trotzig entgegenzuschieben, oder als könne er sich nie zu etwas entschließen. Als Sam den Diner betrat, lehnte er gerade über der Theke, hatte sein ganzes Gewicht auf seine Ellbogen gestützt und schien völlig in einen bunten, brutalen Action Comic versunken, der aufgeschlagen vor ihm lag.

Die Gegenwart des Gesetzeshüters veranlaßte ihn jedoch, seine Lektüre schnell unter der Theke verschwinden zu lassen, die schmalen Schultern zu straffen und sich für die kommenden Minuten zu wappnen, die er mit dem Wächter der schlafenden Stadt verbringen würde. Der junge Mann griff nach einem großen Kaffeebecher, während Sam sich auf einen der drei Barhocker sinken ließ, deren Bezüge noch nicht durchgesessen waren.

»Diesmal keinen Kaffee, Ralph. Dafür ist es heute zu heiß«, sagte Sam. »Geben Sie mir lieber eine große Cola.« Er nahm seine Uniformmütze ab und wischte sich mit dem rechten Arm über die Stirn. Der junge Bursche füllte ein zerkratztes Glas zur Hälfte mit Eis, öffnete eine Flasche und goß die schäumende dunkle Flüssigkeit ein. Nachdem der Schaum in sich zusammengesunken war, leerte Sam das Glas, ließ ein Stückchen Eis im Mund schmelzen und fragte: »Wer hat den Kampf heute nacht gewonnen?«

»Ricci«, erwiderte der Barkeeper sofort. »Kein einstimmiges Urteil. Aber er wird trotzdem um den Titel antreten.«

Sam füllte sein Glas wieder und leerte es ein zweites Mal, bevor er seinen Kommentar abgab. »Freut mich, daß Ricci gewonnen hat. Ich halte zwar nicht viel von den Italienern, aber jetzt hat wenigstens auch ein Weißer Aussicht auf den Titel.«

Sein Gegenüber nickte zustimmend. »Jetzt gibt's schon sechs schwarze Champions, alle in den höheren Gewichtsklassen. Ich versteh' gar nicht, wieso die so gut boxen können.« Er preßte die Hände auf die Theke und spreizte seine knochigen Finger in dem hoffnungslosen Versuch, sie stark und kräftig aussehen zu lassen. Dabei schaute er auf die mächtigen Pranken des Polizisten und fragte sich, ob er wohl jemals solche Hände haben würde.

Sam griff sich das verwaiste Stück Kuchen, das unter einer beschlagenen Plastikhülle auf der Theke lag. »Die spüren es nicht so wie du und ich, wenn sie einen Schlag abbekommen«, erklärte er. »Sie haben ein völlig anderes Nervensystem. Sie sind wie Tiere: Sie gehen erst zu Boden, wenn man ihnen eins mit dem Beil verpaßt, das ist es. Deshalb gewinnen sie immer, und deswegen haben sie auch keine Angst, in den Ring zu steigen.«

Ralph nickte heftig; man konnte ihm ansehen, daß er genau derselben Meinung war. Er strich die Plastikhülle glatt. »Heute abend war Mantoli in der Stadt. Mit seiner Tochter. Hab' gehört, die soll spitzenmäßig aussehen.«

»Ich dachte, er sollte erst Anfang des Monats kommen?«

Der Mann hinter der Theke beugte sich nach vorn und bearbeitete sie mit einem schmutzigen, feuchten Lappen. »Die Bühne war teurer als geplant. Wenn die das Darlehen rechtzeitig zurückzahlen wollen, müssen die mehr für die Eintrittskarten nehmen, hab' ich gehört. Angeblich soll Mantoli in die Stadt gekommen sein, um rauszukriegen, wieviel man den Leuten abknöpfen kann.«

Sam goß den letzten Rest Cola aus der Flasche in sein Glas. »Keine Ahnung«, meinte er. »Vielleicht wird es ein Erfolg, vielleicht aber auch ein Riesenflop. Ich verstehe nichts von klassischer Musik, aber ich kann mir kaum vorstellen, daß die Menschenmassen hier anrollen sollen, bloß um zu sehen, wie Mantoli eine Band leitet. Ich weiß zwar, daß es ein richtiges Symphonieorchester ist, aber die Leute, die solche Musik mögen, können sich schließlich genau dasselbe Orchester den ganzen Winter lang anhören. Dazu brauchen sie nicht extra herzukommen und auf harten Holzbalken zu sitzen. Und was ist, wenn es regnet?« Er leerte sein Glas mit einem kräftigen Schluck und schaute auf seine Armbanduhr.

»Das stimmt. Was ist dann? Ich mach' mir eh nichts aus Musik, jedenfalls nicht aus so vornehmem Gedudel«, stimmte Ralph zu. »Aber wenn es wirklich stimmt, daß unsere Stadt dadurch berühmt wird, wie die Leute behaupten, und daß dadurch Touristen angelockt werden und hier ihr Geld ausgeben, renovieren sie vielleicht sogar diese Bude, und wir haben alle was davon.«

Sam stand auf. »Was macht das?« fragte er.

»Fünfzehn Cents. Der Kuchen geht aufs Haus, es war das letzte Stück. Angenehme Nacht noch, Mr. Wood.«

Sam legte einen Vierteldollar auf die Theke und ging zur Tür. Ein einziges Mal hatte sich der Bursche erdreistet, ihn Sam zu nennen. Dafür hatte er ihn mit einem eisigen Blick gestraft und die Sache damit ein für allemal geklärt. Seitdem hieß er nur noch »Mr. Wood«, wie es sich gehörte. Er stieg wieder in seinen Streifenwagen und meldete sich kurz über Funk, bevor er auf den Highway in Richtung Stadt fuhr. Er machte es sich auf dem Fahrersitz bequem und wappnete sich für die Eintönigkeit, die ihn für den Rest der Nacht erwartete.

Die Luft war wieder drückend, als er den Wagen beschleunigte. Zum ersten Mal seit Dienstantritt erlaubte sich Sam, die unerträgliche Schwüle zu verfluchen, die einen weiteren glühendheißen Tag versprach. Was wiederum bedeutete, daß auch die kommende Nacht unerträglich schwül werden würde, und die übernächste wahrscheinlich ebenso. Sam verringerte das Tempo, als er in die Nähe der Innenstadt kam. Die nächtlichen Straßen waren zwar nach wie vor menschenleer, doch Sam fuhr aus Gewohnheit langsam und bedächtig. Wieder mußte er an Delores Purdy denken. Wahrscheinlich würde sie ziemlich jung heiraten, und ihr Auserwählter würde dann sicher einen Mordsspaß im Heu mit ihr haben. Genau in diesem Moment bemerkte er, daß ungefähr einen Häuserblock weiter etwas auf der Straße lag.

Sam gab Gas und ließ den Wagen vorwärtsschießen. Im Lichtstrahl seiner vier Scheinwerfer wurde der Gegenstand immer größer, bis Sam das Auto mitten auf der Straße anhielt, nur wenige Meter vor dem leblosen Männerkörper, der ausgestreckt auf der Fahrbahn lag.

Er schaltete das rote Warnlicht ein und sprang aus dem Wagen. Bevor er sich über den Mann beugte, schaute er schnell nach allen

Seiten, die Hand griffbereit am Halfter seiner .38er. Doch er sah weit und breit nichts als stumme Gebäude und den harten Straßenbelag, der sich nach beiden Richtungen erstreckte. Damit beließ Sam es für den Moment und kniete sich neben dem Mann auf die Straße.

Er lag auf dem Bauch, die Arme nach vorn gestreckt, die Beine gespreizt, das Gesicht nach links gedreht, so daß seine rechte Wange auf den Straßenbelag gepreßt war. Er hatte ungewöhnlich langes Haar, das den Nacken bedeckte und an der Stelle, wo es den Mantelkragen berührte, lockig war. Neben ihm, etwa anderthalb bis zwei Meter entfernt, lag ein Spazierstock mit silbernem Knauf, der auf der verlassenen Straße merkwürdig verloren wirkte.

Sam ließ seine linke Hand unter den leblosen Körper gleiten und versuchte zu fühlen, ob das Herz noch schlug. Trotz der drückenden Hitze trug der Mann eine zugeknöpfte Weste. Sam konnte keinerlei Lebenszeichen feststellen, doch ihm fiel plötzlich ein, was er früher einmal über scheinbar Tote gelesen hatte. Er war nicht besonders für seinen Beruf ausgebildet worden, man hatte ihn einfach eingestellt, einen Tag lang in seine neuen Pflichten eingewiesen und sofort arbeiten lassen. Doch er hatte entsprechend seinen Anweisungen die zivilen, kommunalen und staatsrechtlichen Gesetzbücher und die zwei oder drei Lehrbücher gelesen, die er in dem nicht sehr großen Polizeirevier gefunden hatte. Da Sam ein hervorragendes Gedächtnis besaß, konnte er das Gelernte jetzt, wo er es brauchte, mühelos abrufen.

*Man darf erst davon ausgehen, daß eine Person tot ist, wenn dies durch einen Arzt verbindlich festgestellt wurde. Die Person kann ohnmächtig, stark benommen oder aus diversen anderen Gründen bewußtlos sein. So wurden etwa Menschen, die an einem Insulinschock litten, schon mehrfach für tot gehalten und kamen wieder zu sich, nachdem sie bereits in eine Leichenhalle übergeführt worden waren. Sofern der Körper keine so schweren Verstümmelungen aufweist, daß ein Überleben ausgeschlossen werden kann – etwa durch Köpfen –, muß zunächst immer davon ausgegangen werden, daß die Person noch am Leben ist, es sei denn, es ist bereits ein mit dem Leben nicht mehr vereinbarer Grad der Verwesung eingetreten.*

Sam eilte zurück zum Wagen und griff nach dem Funkmikrofon. Zu dieser späten Stunde sah er davon ab, die offizielle Dienstsprache zu benutzen und schilderte der Zentrale den Sachverhalt einfach in klaren und verständlichen Worten.

»Ungefähr in Höhe der Ecke Piney Street/Highway liegt ein Mann auf der Straße. Ist wohl tot. Kein Hinweis darauf, daß jemand in der Nähe ist, seit mehreren Minuten kein Verkehr. Schickt sofort einen Arzt und einen Krankenwagen.«

Sam fragte sich, ob er wirklich die richtigen Worte für seine Meldung benutzt hatte. Die Situation war neu für ihn, und er wollte auf keinen Fall etwas falsch machen. Die Stimme am anderen Ende riß ihn aus seinen Gedanken. »Bleiben Sie dran. Konnten Sie das Opfer identifizieren?«

Sam dachte kurz nach. »Nein, noch nicht«, erwiderte er. »Soweit ich mich erinnere, habe ich diesen Mann noch nie gesehen. Aber ich glaube trotzdem, daß ich weiß, wer er ist. Er hat langes Haar, trägt eine Weste und hat einen Spazierstock bei sich. Er ist relativ klein, ich würde sagen, höchstens einssechzig oder einssiebzig.«

»Das ist Mantoli!« rief der Mann an der Zentrale. »Der Dirigent. Der Mann, der für die Festspiele verantwortlich ist. Wenn das stimmt und er tatsächlich tot ist, sind wir in Teufels Küche. Bleiben Sie auf jeden Fall dran!«

Sam drückte das Mikro wieder in die Halterung und eilte zurück zu dem leblosen Körper. Das Krankenhaus war nur neun Blocks entfernt, und der Krankenwagen würde spätestens in fünf Minuten hier sein. Als sich Sam erneut über den Mann beugte, fiel ihm der überfahrene Hund ein, doch dies hier war unendlich viel schlimmer.

Sam streckte die Hand aus und legte sie vorsichtig auf den Hinterkopf des Mannes, als könne die Berührung den anderen trösten, ihm sagen, daß Hilfe unterwegs sei, daß er nur noch zwei oder drei Minuten auf dem harten Boden ausharren mußte und daß er nicht allein war. Noch während ihm diese Gedanken durch den Kopf schossen, spürte Sam plötzlich eine dicke, klebrige Flüssigkeit unter seinen Fingern hervorquellen. Mit einer schnellen, instinktiven Bewegung riß er die Hand fort. Das Mitleid, das er eben noch empfunden hatte, verschwand und machte einem unbändigen Zorn Platz.

## Kapitel 2

Morgens um vier Minuten nach vier läutete das Telefon neben Bill Gillespies Bett. Der Polizeichef von Wells brauchte ein paar Sekunden, um sich einigermaßen wachzurütteln, bevor er abhob. Noch während er nach dem Hörer griff, wußte er, daß es Probleme gab, große Probleme wahrscheinlich, sonst hätte sich der diensthabende Beamte schon selbst darum gekümmert. Tatsächlich war der Mann, der Nachtschicht hatte, am Apparat.

»Chief, ich wecke Sie wirklich nur ungern, aber wenn Sam Wood recht hat, haben wir einen handfesten Mord am Hals.«

Gillespie setzte sich mühsam auf und schwang seine Beine über den Bettrand. »Ein Tourist?«

»Nein, nicht gerade. Wie Sam den Toten beschrieben hat, kann es sich eigentlich nur um Enrico Mantoli handeln – Sie wissen schon, der Mann, der hier Musikfestspiele organisieren wollte. Wir wissen zwar noch nicht sicher, ob der Mann wirklich tot ist, aber falls er es ist und wenn ihn Sam richtig identifiziert hat, dann hat jemand unseren größten Star kaltgemacht, und die Festspiele fallen höchstwahrscheinlich ins Wasser.«

Inzwischen war Bill Gillespie hellwach. Während er noch automatisch mit den Füßen nach den Pantoffeln unter seinem Bett tastete, wußte er, daß man von ihm erwartete, daß er jetzt das Kommando übernahm. Während seiner Ausbildung in Texas hatte er gelernt, was er in so einer Situation zu sagen hatte. »Okay, hören Sie genau zu. Ich komme sofort. Schicken Sie auf der Stelle einen Arzt, einen Krankenwagen und einen Fotografen hin, und treiben Sie noch ein paar Männer auf. Wood soll an Ort und Stelle bleiben, bis wir eintreffen. Sie sind doch mit der Routine vertraut?«

Der Beamte, der noch nie mit einem Mordfall zu tun gehabt hatte, bejahte die Frage. Sofort nachdem er aufgelegt hatte, richtete sich Gillespie zu seiner vollen Größe von über einen Meter neunzig auf, zog sich hastig an und überlegte dabei, was genau er am Tatort unternehmen sollte. Er war erst vor neun Wochen als neuer Polizeichef nach Wells gekommen, und dies war der Moment der Bewährung. Als er sich hinunterbeugte, um seine Schnürsenkel zuzubinden, wußte er, daß er das richtige tun würde, doch es wäre ihm lieber gewesen, wenn er die Hürden, die nun vor ihm lagen, bereits genommen hätte.

Obwohl er erst zweiunddreißig Jahre alt war, hatte Bill Gillespie absolutes Vertrauen in seine eigenen Fähigkeiten und war überzeugt, allen Herausforderungen, die sich ihm stellen mochten, gewachsen zu sein. Aufgrund seiner Größe war er in der Lage, auf die meisten Menschen buchstäblich herabzusehen. Seine energische, herrische Art, die ihn das Mädchen gekostet hatte, das er hatte heiraten wollen, ließ ihn über die meisten Hindernisse hinweggehen, als hätten sie nie existiert. Falls er es tatsächlich mit einem Mord zu tun hatte, würde er den Fall lösen, und niemand durfte es wagen, seine Autorität in Frage zu stellen, während er daran arbeitete. Doch dann fiel ihm ein, daß man ihm nicht mitgeteilt hatte, wo sich der Mord ereignet hatte. Verärgert griff er nach dem Telefon und verwählte sich in der Eile. Er knallte den Hörer wieder auf die Gabel, bevor die falsche Verbindung hergestellt werden konnte, zwang sich zur Ruhe und wählte erneut.

Der Beamte, der seinen Rückruf bereits erwartet hatte, war sofort dran. »Wo ist es passiert?« verlangte Gillespie zu wissen.

»Auf dem Highway, Chief, Nähe Piney Street. Der Krankenwagen ist schon da, und der Arzt hat bereits den Tod des Opfers festgestellt. Sie konnten den Mann aber noch nicht eindeutig identifizieren.«

»Okay«, sagte der Polizeichef und legte den Hörer auf. Es paßte ihm ganz und gar nicht, daß er hatte zurückrufen müssen, um herauszufinden, wohin er zu fahren hatte. Der Mann hätte ihm gleich sagen sollen, wo sich die Leiche befand.

Bill Gillespies Privatwagen war mit einer Sirene, roten Warnleuchten im Rückfenster und Funk ausgestattet. Er sprang hinein, startete, fuhr ruckartig an und brauste ohne Rücksicht auf den kalten Motor mit Vollgas auf die Straße. Nach weniger als fünf Minuten sah er bereits den Streifenwagen, den Krankenwagen und das kleine Menschenknäuel, das sich mitten auf dem Highway angesammelt hatte. Gillespie schoß auf sie zu, bremste abrupt und hatte sein Fahrzeug bereits verlassen, bevor es vollständig zum Stehen gekommen war.

Wortlos eilte er mit großen Schritten auf den am Boden liegenden Mann zu, kauerte sich neben ihn auf die Fahrbahn und ließ seine Hände routiniert über den Körper des Toten gleiten. »Wo ist seine Brieftasche?« wollte er wissen.

Sam Wood trat vor, um die Frage zu beantworten. »Scheint weg zu sein. Bei dem Mann habe ich sie jedenfalls nicht gefunden.«

»Hat ihn jemand identifiziert?« bellte Gillespie.

Der junge Arzt, der mit dem Krankenwagen gekommen war, beantwortete die Frage. »Das ist Enrico Mantoli, der Dirigent. Er war die treibende Kraft hinter den Musikfestspielen, die hier veranstaltet werden sollen.«

»Das weiß ich selbst«, erwiderte Gillespie kurzangebunden und richtete seine Aufmerksamkeit wieder auf den Toten. Am liebsten hätte er ihm befohlen, sich aufzusetzen, sich den Schmutz vom Gesicht zu wischen und ihm selbst mitzuteilen, was passiert war und wer es getan hatte. Doch diesmal hatte er jemanden vor sich, dem er keine Befehle mehr erteilen konnte. Auch gut, dann mußte er es eben auf andere Weise versuchen. Gillespie schaute hoch.

»Sam, Sie nehmen Ihren Wagen und kümmern sich um den Bahnhof und den Norden der Stadt. Vielleicht finden Sie ja jemanden, der verrückt genug ist zu versuchen, jetzt abzuhauen. Moment noch!« Er wandte sich an den Arzt. »Wie lange ist der Mann schon tot?«

»Weniger als eine Stunde, vielleicht nicht mal fünfundvierzig Minuten. Der Täter kann noch nicht weit gekommen sein.«

Gillespie machte aus seiner Verärgerung keinen Hehl. »Ich habe Sie bloß gefragt, wie lange der Mann tot ist. Um meine Arbeit kümmere ich mich schon selbst. Ich will Fotos aus allen Perspektiven, außerdem mehrere Aufnahmen, aus denen die Lage der Leiche im Verhältnis zum Straßenrand und den Häusern auf der Westseite klar hervorgeht. Und dann markieren Sie die Lage des Körpers mit Kreide, sperren die Straße ab und leiten den Verkehr um. Danach können Sie ihn wegbringen.« Er stand auf und sah, daß Sam immer noch wartend dastand. »Haben Sie nicht gehört, was ich eben gesagt habe?« wollte er wissen.

»Sie haben gesagt, ich sollte einen Moment warten«, erwiderte Sam ruhig.

»Okay, Sie können jetzt losfahren. Nun machen Sie schon!«

Sam eilte zu seinem Streifenwagen und fuhr schnell genug davon, um deswegen später nicht auch noch vom Chief gerüffelt zu werden. Auf dem Weg zum Bahnhof wünschte er sich einen kurzen Moment lang, Gillespie würde den Fall vermasseln und sich zum Gespött der Leute machen. Doch dann mußte er sich eingestehen, daß so ein Gedanke eines vereidigten Polizisten unwürdig war, und beschloß, gleichgültig was auch passieren würde, gewissenhaft seine Pflicht zu erfüllen.

Unmittelbar, bevor er den verlassenen Bahnhof erreichte, verlangsamte er sein Fahrzeug, um den Mörder, falls er sich tatsächlich hier aufhielt, nicht unnötig zu warnen. Sam fuhr den Wagen ganz nahe an den hölzernen Bahnsteig heran und stieg sofort aus. Der Bahnhof war nicht sehr groß, mindestens fünfzig Jahre alt und wurde nachts nur unzureichend von ein paar staubigen Glühbirnen erhellt, die ebenso alterslos wirkten wie die abgenutzten unbequemen Bänke und der harte Fliesenboden. Während Sam mit raschen Schritten auf den Wartesaal zuschritt, verspürte er plötzlich das Bedürfnis, sich vom Druck der Uniformmütze zu befreien. Doch er verwarf den Gedanken sofort wieder und betrat den Bahnhof vorschriftsmäßig gekleidet, die rechte Hand am Revolver. Der Wartesaal war leer.

Sam sog prüfend die Luft ein und konnte nichts entdecken, was darauf schließen ließ, daß kürzlich jemand hier gewesen war. Kein frischer Zigarettenrauch, nur der gewöhnliche Geruch aller Bahnhöfe, die unzähligen namenlosen Menschen als Zwischenstation gedient hatten.

Der Fahrkartenschalter war geschlossen, das Glasfenster heruntergelassen. Dahinter hatte man ein viereckiges Stück Pappkarton plaziert, auf dem mit dunkler Kreide die Ankunftszeiten der Nachtzüge verzeichnet waren. Sam sah sich noch einmal aufmerksam um und dachte nach. Falls der Mörder hier sein sollte, trug er wahrscheinlich keine Schußwaffe. Er hatte sein Opfer mit einem Schlag auf den Hinterkopf getötet, mit einem stumpfen Gegenstand, und Sam war sicher, daß er mit dieser Art Waffe fertigwerden würde. Er bückte sich und inspizierte den Boden unter den Bänken. Außer Schmutz und ein paar Fetzen Papier war nichts zu sehen.

Sam durchquerte den Raum, stieß die Tür zum Bahnsteig auf und schaute prüfend in beide Richtungen. Auch der Bahnsteig war leer. Mit festen, seine Autorität kündenden Schritten ging Sam an der Tür zur Gepäckaufbewahrung vorbei, überprüfte sie, fand sie verschlossen und blieb dann vor der schäbigen Tür stehen, über der ein weißes Schild mit der Aufschrift »FARBIGE« hing. Die rechte Hand an der Waffe, betrat er den schwach erleuchteten Raum und sog kurz die Luft ein. In diesem Raum war jemand.

Sam erkannte auf den ersten Blick, daß der Mann nicht aus Wells kam. Er war relativ schlank und wie ein Städter gekleidet, mit weißem Hemd und Krawatte. Sam schätzte ihn auf ungefähr dreißig Jahre, doch bei Schwarzen konnte man nie ganz sicher sein. Statt ausgestreckt auf der Bank zu liegen, saß der Mann hellwach und aufrecht da, als warte er darauf, daß etwas passierte. Das Jakkett hatte er ausgezogen und ordentlich neben sich gelegt. Bis zu Sams Erscheinen hatte er in einem Taschenbuch gelesen. Als er den Kopf hob, stellte Sam fest, daß er weder die breite Nase noch die wulstigen Lippen besaß, die für die meisten schwarzen Arbeiter in den Südstaaten typisch waren. Seine Nase war fast so schmal wie die eines Weißen, und sein Mund war gerade geschnitten und verriet Disziplin. Wenn seine Haut ein wenig heller gewesen wäre, hätte Sam vermutet, daß auch weißes Blut in seinen Adern floß, doch dazu war der Mann zu schwarz.

Der Neger ließ seine Hände mit dem Buch auf den Schoß sinken, während er in Sams breites Gesicht blickte.

Sam übernahm sofort das Kommando. »Hoch mit dir, Niggerjunge«, befahl er und durchquerte den Raum mit fünf raschen Schritten.

Der Neger griff nach seinem Jackett. »Hände weg!« Sam schlug seinen Arm zur Seite, riß den Mann mit einer plötzlichen Bewegung herum und drückte ihm seinen kräftigen Unterarm unter das Kinn. Auf diese Weise hatte er ihn völlig unter Kontrolle und dabei immer noch die rechte Hand und den rechten Arm frei. Rasch durchsuchte er seinen Gefangenen. Der Neger schien viel zu erschrocken, um Widerstand zu leisten. Als Sam fertig war, verringerte er den Druck auf die Kehle des Mannes und gab weitere Befehle. »An die Wand, mit dem Rücken zu mir. Hände hoch, spreiz die Finger und lehn dich gegen die Wand. Hochhalten, damit ich sie sehen kann. Beweg dich nicht, bis ich es dir sage.«

Der Neger gehorchte wortlos. Als alle seine Anordnungen befolgt worden waren, nahm Sam das Jackett des Mannes, griff in die Brusttasche und fand darin eine Brieftasche, die sich verdächtig dick anfühlte.

Mit einem merkwürdig prickelnden Gefühl der Erregung zog Sam die Brieftasche heraus und überprüfte den Inhalt. Sie war prall voll Geld. Sam ließ den Daumen über die Geldscheine gleiten, hauptsächlich Zehner und Zwanziger, zum Schluß entdeckte er zu seiner großen Befriedigung sogar einen Fünfziger. Er klappte die Brieftasche wieder zu und steckte sie in seine eigene Tasche. Der Gefangene blieb regungslos stehen, die Füße ein Stück von der Wand entfernt, so daß ein Teil seines Gewichts auf den gespreizten Händen lastete. Sam schaute sich den Mann von hinten noch einmal genau an. Er vermutete, daß der Verdächtige etwa siebzig Kilo wog, vielleicht auch ein wenig mehr, aber sicher nicht viel. Seine Größe schätzte er auf fast einsachtzig, groß genug, um als Täter in Frage zu kommen. An seiner Hose waren noch Spuren von Bügelfalten zu erkennen, der Anzug mußte demnach irgendwann gebügelt worden sein. Der Mann besaß zwar nicht das breite Gesäß, das Sam von den meisten Negern gewöhnt war, doch das bedeutete keineswegs, daß er schwächlich war. Als Sam ihn nach Waffen abtastete, spürte er, wie fest und muskulös sein Körper war.

Sam legte sich das Jackett des Mannes über den Arm. »Du gehst jetzt durch die linke Tür raus«, befahl er. »Draußen steht ein Streifenwagen. Steig hinten ein und schließ die Tür. Eine falsche Bewegung, und du hast eine Kugel im Rückgrat. Und jetzt los!«

Der Neger tat, wie ihm geheißen, verließ das Gebäude und kletterte gehorsam auf den Rücksitz von Sams geparktem Wagen. Der Gefangene schlug die Wagentür gerade so fest zu, daß sie ordentlich schloß, und lehnte sich zurück. Er tat genau das, was ihm befohlen worden war.

Sam setzte sich hinter das Steuer. Im Inneren des Streifenwagens gab es keine Türgriffe, und er wußte, daß der Gefangene nicht fliehen konnte. Einen Augenblick lang schoß ihm durch den Kopf, wie Mantoli umgebracht worden war – mit einem stumpfen Gegenstand niedergeschlagen, höchstwahrscheinlich von hinten, und der Hauptverdächtige saß jetzt genau hinter ihm. Doch dann beruhigte Sam sich wieder. Er wußte, daß es auf dem Rücksitz nichts gab, das der Neger als Waffe benutzen konnte, und gegen einen Angriff mit bloßen Händen konnte Sam sich leicht zur Wehr setzen. Im Grunde wäre ihm ein kleiner Zweikampf sogar recht gewesen, die Aussicht auf ein bißchen Widerstand war verlockend, besonders bei einem Gefangenen, mit dem man so leicht fertig wurde.

Sam griff nach dem Mikrofon und machte kurz Meldung. »Hier Wood. Bin noch am Bahnhof. Ich bringe einen farbigen Verdächtigen mit.« Er zögerte einen Augenblick, beschloß jedoch, nichts weiter zu sagen. Das konnte warten, bis sie im Polizeirevier waren. Je weniger über den Polizeifunk ging, desto besser.

Der Gefangene gab keinen Ton von sich, während Sam rasch und routiniert die elf Häuserblocks zum Revier zurücklegte. An der Einfahrt wurden sie von zwei Beamten erwartet, doch Sam bedeutete ihnen mit einer Handbewegung, daß er mit dem Gefangenen auch ohne fremde Hilfe fertig wurde. Er ließ sich mit dem Aussteigen Zeit, schritt um den Wagen herum und öffnete die hintere Tür.

»Raus!« befahl er.

Der Neger kletterte heraus und ließ sich ohne Widerstand von Sam am Arm packen und ins Polizeirevier führen. Sam verrichtete seine Arbeit vorschriftsmäßig, genau wie er es auf den Abbildungen in den Polizeihandbüchern gesehen hatte. Mit seinem kräftigen linken Arm dirigierte er den Gefangenen, während seine Rechte entschlossen auf der Dienstwaffe ruhte. Sam tat es fast leid, daß niemand da war, der ihn jetzt fotografieren konnte, doch dann wurde ihm bewußt, daß er wieder einmal schwach geworden war und die Würde seines Amtes vergessen hatte.

Als Sam um die Ecke bog, um zu den Zellen zu gehen, wurde er vom diensthabenden Einsatzleiter abgefangen, der schweigend auf das Büro des Polizeichefs zeigte. Sam nickte, dirigierte seinen Gefangenen zu Gillespies Tür und klopfte.

»Kommen Sie rein.« Gillespies schneidende Stimme war auch im Flur noch deutlich zu hören. Sam öffnete die Tür mit der rechten Hand, stieß den Mann vor sich her ins Zimmer und blieb abwartend vor Gillespies Schreibtisch stehen. Der Chief gab vor, mit diversen, vor ihm liegenden Papieren beschäftigt zu sein. Dann legte er den Kugelschreiber hin und starrte den Gefangenen volle zwanzig Sekunden lang eindringlich an. Sam konnte dessen Reaktion nicht sehen und wagte auch nicht, den Kopf zu drehen, weil er die psychologische Wirkung nicht zerstören wollte.

»Deinen Namen!« sagte Gillespie unvermittelt. Die Frage kam wie ein Schuß von seinen Lippen.

Zu seiner Überraschung hörte Sam den Schwarzen zum ersten Mal mit ruhiger und gelassener Stimme reden. »Ich heiße Tibbs, Virgil Tibbs«, antwortete er und blieb bewegungslos stehen. Sam lockerte seinen Griff am Arm des Gefangenen, doch der Mann machte keine Anstalten, sich auf den leeren Stuhl zu setzen, der neben ihm stand.

»Was hattest du am Bahnhof zu suchen?« Diesmal klang die Frage weniger scharf, eher sachlich.

Der Neger antwortete, ohne sich zu rühren. »Ich habe auf den Zug nach Washington um fünf Uhr siebzehn gewartet.« Wieder absolute Stille. Sam machte keine Bewegung, Gillespie saß regungslos da, und auch der Gefangene rührte sich nicht.

»Wann und wie bist du in die Stadt gekommen?« Diesmal klang Gillespies Frage täuschend freundlich und geduldig.

»Ich bin mit dem Zug um zwölf Uhr fünfunddreißig gekommen. Er hatte eine Dreiviertelstunde Verspätung.«

»Mit *welchem* Zug um zwölf Uhr fünfunddreißig?« bellte Gillespie plötzlich.

Die Stimme des Gefangenen blieb gelassen. »Mit dem Regionalzug aus South Carolina.« Sam drängte sich der Eindruck auf, daß sie es mit einem gebildeten Schwarzen zu tun hatten, einem von denen, die sich den Nachrichten zufolge mit Vorliebe bei der UNO in New York herumtrieben. Das konnte die Situation für Gillespie ein wenig erschweren. Sam biß die Zähne zusammen und preßte die Lippen fest aufeinander, um sich nicht durch ein Lächeln zu verraten.

»Was hast du dort gemacht?«

»Ich habe meine Mutter besucht.«

Gillespie ließ sich Zeit mit seiner nächsten Frage. Sam vermutete, daß sie wichtig sein würde und Gillespie sie absichtlich hinauszögerte, um ihr zusätzlich Gewicht zu verleihen.

»Woher hattest du das Geld für die Fahrkarte?«

Bevor der Gefangene antworten konnte, nahm Sam die Brieftasche des Negers aus seiner Tasche und reichte sie Gillespie. Der Chief schaute kurz hinein und knallte sie mit Wucht auf den Schreibtisch. »Und wie kommst du an so viel Zaster?« wollte er wissen und erhob sich gerade so weit aus seinem Stuhl, daß der Gefangene sehen konnte, wie groß er war.

»Das Geld habe ich verdient«, erwiderte der Neger.

Gillespie ließ sich befriedigt wieder auf seinen Stuhl sinken. Farbige konnten nicht so viel Geld verdienen, oder wenn, es zusammenhalten, das wußte er genau. Das Urteil stand fest, der Fall war gelöst, die Last von seinen Schultern genommen.

»Wo arbeitest du?« erkundigte er sich in einem Tonfall, der Sam verriet, daß der Chief aufstehen und in sein Bett zurückkehren wollte.

»In Pasadena, Kalifornien.«

Bill Gillespie gestattete sich ein grimmiges Lächeln. Zweitausend Meilen war für die meisten Menschen, besonders aber für Farbige, eine ziemlich große Entfernung. Groß genug jedenfalls, um darauf zu hoffen, daß ihre Angaben nicht überprüft würden. Bill lehnte sich über seinen Schreibtisch, um die nächste Frage zu stellen.

»Und womit verdienst du in Pasadena, Kalifornien, so viel Geld?«

Der Gefangene zögerte nur den Bruchteil einer Sekunde mit seiner Antwort.

»Ich bin Polizeibeamter«, sagte er.

## Kapitel 3

Sam konnte Schwarze aus Prinzip nicht leiden, zumindest nicht, wenn er persönlich mit ihnen zu tun hatte. Es verwirrte ihn daher sekundenlang, als er plötzlich feststellte, daß er für den schlanken Mann neben sich ein Gefühl der Bewunderung verspürte. Sam war Sportler und genoß es daher, wenn jemand, gleichgültig wer es auch war, dem neuen Polizeichef von Wells erfolgreich die Stirn bot.

Vor Gillespies Ankunft in der Stadt hatte Sam Wood immer als groß gegolten, doch neben dem Hünen Gillespie wirkte er fast schon wie ein normalgroßer Mann. Der neue Polizeichef war nur drei Jahre älter als er – Sams Meinung nach viel zu jung für sein Amt, selbst in einer Kleinstadt wie Wells. Außerdem stammte Gillespie aus Texas, einem Staat, für den Sam nicht gerade brüderliche Zuneigung empfand. Doch am meisten verachtete er die harte, rücksichtslose, fordernde Art seines Vorgesetzten. Sam kam zu dem Schluß, daß er für den Neger zwar keine Sympathie hegte, jedoch ein tiefes Gefühl der Befriedigung darüber empfand, daß Gillespie sprachlos war. Bevor er seine Gedanken weiterspinnen konnte, schaute Gillespie ihn an.

»Haben Sie den Mann überhaupt verhört, bevor Sie ihn hergebracht haben?« verlangte er zu wissen.

»Nein, Sir«, antwortete Sam. Das »Sir« blieb ihm im Hals stekken.

»Und warum nicht?« bellte Gillespie auf eine Art, die Sam als bewußte Beleidigung empfand. Aber wenn der Neger Haltung bewahrte, dann konnte er es auch. Er überlegte kurz und antwortete so ruhig wie möglich.

»Sie hatten angeordnet, ich sollte mich im Bahnhof umsehen und dann nach flüchtigen oder sonstwie verdächtigen Personen Ausschau halten. Als ich diesen Ni-, diesen Mann hier am Bahnhof entdeckte, habe ich ihn sofort hergebracht, um die Anordnungen weiter befolgen zu können. Soll ich mich jetzt um den Nordteil der Stadt kümmern?«

Sam war stolz auf sich. Er wußte, daß er nicht sonderlich redegewandt war, doch er war sicher, daß er sich diesmal gut ausgedrückt hatte.

»Zuerst will ich den Mann hier genauer überprüfen.« Gillespie wandte sich wieder Tibbs zu. »Du behauptest also, du bist ein Cop aus Kalifornien?«

»Das bin ich«, antwortete Tibbs, der immer noch geduldig neben dem freien harten Stuhl stand.

»Beweis es mir.«

»Mein Ausweis ist in meiner Brieftasche.«

Gillespie nahm die Brieftasche von seinem Schreibtisch, als berühre er etwas Unangenehmes, irgendwie Schmutziges. Er öffnete das Dokumentenfach und starrte auf die kleine weiße Karte hinter dem ersten Plastikfenster, klappte die Brieftasche wieder zu und warf sie dem jungen Schwarzen verärgert zu. Tibbs fing sie auf und ließ sie wortlos in seine Tasche gleiten.

»Was hast du die ganze Nacht gemacht?« In Gillespies Stimme lag jetzt eine Spur von Gereiztheit. Sie klang streitsüchtig und provozierend.

»Nachdem ich den Zug verlassen hatte, bin ich ins Bahnhofsgebäude gegangen und habe gewartet. Ich habe den Bahnhof nicht verlassen.« Tibbs blieb weiterhin ruhig, was Gillespie anscheinend noch mehr reizte. Unvermittelt wechselte er das Thema.

»Dir ist wohl klar, daß wir so was wie dich hier nicht als Cop einstellen würden, oder?«

Er wartete, doch im Zimmer blieb es still.

»Aber du warst klug genug, nicht in den Wartesaal für Weiße zu gehen. Wenigstens das hast du also gewußt, oder?« Wieder preßte Gillespie seine riesigen Hände auf den Schreibtisch und machte Anstalten, sich zu erheben.

»Ja, das wußte ich.«

Gillespie faßte einen Entschluß. »Okay, du bleibst jetzt erst mal hier. Ich werde deine Angaben überprüfen. Sie passen auf ihn auf, Sam.«

Sam Wood drehte sich wortlos um und folgte Virgil Tibbs nach draußen. Normalerweise hätte er einem Neger nicht den Vortritt durch die Tür gelassen, doch dieser hier wartete erst gar nicht darauf, daß man vorging, und Sam hatte das Gefühl, daß dies nicht der richtige Moment war, darauf zu bestehen. Sobald die beiden Männer den Raum verlassen hatten, schlug Gillespie krachend mit der Faust auf den Schreibtisch. Dann griff er nach dem Telefon und diktierte ein Telegramm an das Polizeirevier von Pasadena, Kalifornien.

Sam Wood führte Virgil Tibbs in den kleinen Vernehmungsraum und ließ ihn auf der harten Bank Platz nehmen. Tibbs bedankte sich, setzte sich, nahm das Taschenbuch heraus, das er schon im Bahnhof bei sich gehabt hatte, und begann wieder zu lesen. Sam warf einen kurzen Blick auf den Einband. Es war *Einführung in die Naturwissenschaften* von Conant. Sam nahm ebenfalls Platz und wünschte sich, er hätte auch ein Buch, mit dem er sich beschäftigen konnte.

Als sich durch das Fenster abzeichnete, wie sich der Morgenhimmel grau färbte und merkwürdig schmutzige Wolkengebilde hoch oben den heller werdenden Hintergrund durchzogen, wußte Sam, daß er in dieser Nacht seinen Streifenwagen nicht mehr fahren würde – dafür war es jetzt zu spät. Sein Körper schmerzte bereits vom Sitzen auf der harten Bank. Trotz der Hitze sehnte er sich nach einer Tasse Kaffee, außerdem hatte er das Bedürfnis, sich zu bewegen. Er schwankte noch, ob er aufstehen und sich räkeln und dabei ein wenig seine Muskeln spielen lassen sollte, als Gillespie plötzlich an der Tür erschien. Tibbs hob den Kopf und sah ihn fragend an.

»Sie können wieder gehen, wenn Sie wollen«, sagte Gillespie, während er Tibbs anschaute. »Ihren Zug haben Sie allerdings verpaßt, und der nächste fährt erst heute nachmittag. Wenn Sie lieber hier warten wollen, könnten wir ein Frühstück für Sie organisieren.«

»Vielen Dank«, antwortete Tibbs. Sam deutete dies als sein Stichwort und erhob sich. Sobald Gillespie verschwunden war, ging Sam nach draußen über den kleinen Flur zu der Tür mit der Aufschrift »HERRENTOILETTE – NUR FÜR WEISSE«. Dort traf er den Mann von der Nachtschicht, der sich gerade die Hände wusch. Die Art, wie er den Mund verzog, verriet Sam, daß es Neuigkeiten gab, von denen er noch nichts wußte. »Gibt's was Neues, Pete?« erkundigte er sich.

Pete nickte, bespritzte sein Gesicht mit Wasser und begrub es in einem Handtuch. Als er wieder hochkam, um Luft zu holen, antwortete er: »Der Chief hat eben ein Telegramm gekriegt.« Er unterbrach sich und bückte sich, um nachzusehen, ob alle Kabinen leer waren. »Aus Pasadena. Gillespie hatte vorher eins losgeschickt, in dem stand: ›Haben hier einen ernsten Mordfall. Erbitten Auskunft über Virgil Tibbs, farbig. Behauptet, Mitglied der Polizei von Pasadena zu sein. Wurde als Tatverdächtiger festgenommen.‹«

»Ich hätte die Angaben auch überprüft«, meinte Sam.

»Hör erst mal, was die zurückgeschickt haben.« Pete sprach so leise, daß Sam einen Schritt nähertreten mußte, um ihn zu verstehen. »›Bestätigen, Virgil Tibbs seit zehn Jahren Angehöriger der Polizei von Pasadena. Momentan Ermittlungsbeamter, Spezialist für Mordfälle und andere Kapitalverbrechen. Hervorragende Qualifikationen. Erbitten Mitteilung, ob Sie seine Unterstützung benötigen. Teilen Ihre Meinung, Mordfälle sind wirklich ernst.‹«

»Auweia«, sagte Sam leise.

»Du sagst es«, stimmte Pete zu. »Ich wette, Gillespie hat keinen Schimmer, wie man einen Mord aufklärt. Und wenn er den Fall hier nicht schnellstens knackt, sitzt ihm die ganze Stadt im Nacken. Und jetzt wird ihm auch noch ein Spezialist angeboten, der nicht nur Hauptverdächtiger ist, sondern dazu auch noch ein Nig-« Er unterbrach sich, als er sah, wie Sam warnend schnell die Hand hob. Auf dem Korridor waren Schritte zu hören, die jedoch kurz darauf wieder verklangen.

»Mich würde bloß eins interessieren«, meinte Sam, »wenn Gillespie wirklich so unfähig ist, wie ich ihn einschätze, wie ist er dann überhaupt an den Job hier gekommen? In Texas war er doch ein ziemliches As, oder?«

Pete schüttelte den Kopf. »Er ist nie Polizist gewesen, dazu war er zu groß. Er war Gefängniswärter – ein Kraftprotz, der die Besoffenen unter Kontrolle halten konnte. Nach drei Jahren in dem Job hat er sich auf eine Zeitungsannonce hin hier beworben und die Stelle bekommen. Wahrscheinlich glaubt er, daß die Stelle hier ein Sprungbrett ist, von dem aus er weiter nach oben kommt. Aber wenn er das jetzt vermasselt, ist er erledigt, und das weiß er auch.«

»Woher weißt du das alles?«

Pete preßte die Lippen zusammen und grinste. »Ich bin schon lange im Geschäft und hab' ziemlich viele Freunde. Ich glaube, ich bleibe noch 'ne Weile hier und schau mir an, was sonst noch passiert. Ab Morgen hab' ich sowieso Tagschicht, da fällt es bestimmt niemandem auf. Und was machst du?«

»Ich glaube, ich bleibe auch hier«, stimmte Sam zu.

Zehn Minuten später wurde die Leiche von Maestro Enrico Mantoli gebracht. Das Krankenhaus hatte sich geweigert, den Toten länger dazubehalten. Als Pete in Gillespies Büro trat, um seinen Vorgesetzten persönlich davon in Kenntnis zu setzen, fand er ihn tief in Gedanken versunken, mit den Daumen im Hosenbund mitten im Raum stehend vor. Pete wartete, bis Gillespie ihn bemerkte, überbrachte die Nachricht und zog sich schleunigst wieder zurück, bevor sich die Lage zuspitzen konnte. Kurze Zeit später kam Gillespie aus seinem Büro, marschierte durch den Korridor und blieb vor der Tür zum Vernehmungsraum stehen. Er starrte Tibbs an, der immer noch lesend auf seiner Bank saß. Als er Gillespie bemerkte, schaute er auf und wartete darauf, daß der Hüne anfing zu sprechen.

»Ihre Kollegen in Pasadena haben mir mitgeteilt, daß Sie ein Spezialist für Mordfälle sind«, raunzte Gillespie.

»Damit habe ich mich beschäftigt«, bestätigte Tibbs.

»Schon mal 'ne Leiche gesehen?« erkundigte sich Gillespie heimtückisch.

»Öfter, als mir lieb ist.«

»Ich wollte mir gerade eine ansehen. Am besten, Sie kommen mit.«

Tibbs stand auf. »Nach Ihnen, Sir«, sagte er.

Niemand in der kleinen Leichenhalle des Polizeireviers schien sonderlich überrascht zu sein, als Virgil Tibbs schweigend hinter dem riesigen Gillespie den Raum betrat. Diese Halle war eine bescheidene Einrichtung, mitten im Zimmer stand ein Seziertisch, und an einer Wand befand sich ein halbes Dutzend bedrohlich aussehender Fächer, die an einen riesigen Aktenschrank erinnerten. An einer anderen Wand stand ein Schreibtisch aus Holz mit Stuhl, direkt daneben ein kleiner Instrumentenwagen. Der Chief ging ohne Umschweife auf den Seziertisch zu, beugte sich über den Toten und schaute ihn sich genau an. Dann schritt er zweimal um ihn herum, nahm einen Arm des Toten, winkelte ihn vorsichtig am Ellbogen ab und legte ihn dann wieder genauso hin, wie er ihn vorgefunden hatte. Schließlich ging er in die Hocke und begutachtete die Wunde an der Oberseite des Kopfes. Danach erhob er sich wieder. Mit ausgestrecktem Arm und beinahe anklagendem Zeigefinger wies er auf seinen Begleiter. »Virgil ist Ermittlungsbeamter bei der Polizei von Pasadena, Morddezernat, ein echter Spezialist. Er will sich den Toten mal ansehen. Also lassen Sie ihn.«

Nach dieser Feststellung marschierte Gillespie schnurstracks in die Herrentoilette, um sich zu waschen.

Als er sich den Schmutz und die Erinnerung an die Leiche von seinen Händen gespült hatte, begann Bill Gillespie, an sein Frühstück zu denken. Er hatte inzwischen jede Hoffnung aufgegeben, den verlorenen Schlaf nachzuholen. Außerdem entschied er, daß es nicht nötig war, nach Hause zurückzukehren und sich zu rasieren. In Notfällen wie diesen war gepflegtes Aussehen nicht wichtig, außerdem konnten die sichtbaren Spuren seines Arbeitseifers nur von Vorteil sein. Er beschloß daher, nur etwas essen zu gehen.

Er verließ das Revier, zwängte sich hinter das Lenkrad seines Wagens und wendete so rasch, daß sein Fahrzeug ins Schleudern geriet. Sechs Minuten später brachte er den Wagen vor dem die ganze Nacht geöffneten Diner zum Stehen und erschreckte den jungen Mann hinter der Theke allein mit der Art, wie er sich auf einen Hocker vor der Bar sinken ließ. »Das Rancherfrühstück«, bestellte er.

Der Mann nickte nervös und begann sofort mit der Zubereitung von Pfannkuchen, Eiern, Schinken, Kartoffeln, Toast und Kaffee, die zum Rancherfrühstück gehörten. In seinem Eifer, es dem Gast recht zu machen, ließ er das Eigelb der beiden Spiegeleier auslaufen, mußte alles wieder aus der Pfanne schaben, nahm zwei neue Eier und versuchte es noch einmal. Diesmal klappte es. Bis das Frühstück endlich fertig war, hatte er Gillespies Kaffeetasse schon dreimal gefüllt. Nachdem der große Mann sein Frühstück verzehrt und bezahlt hatte, ohne ein Trinkgeld zu hinterlassen, und wieder gegangen war, zitterte die Hand des Jungen so stark, daß er sich das Glas Wasser, mit dem er seinen eigenen Durst löschen wollte, nur mit einiger Mühe einschenken konnte. Abgesehen von der Bestellung hatte Gillespie kein einziges Wort von sich gegeben, doch die Furchen auf seiner Stirn hatten deutlich verraten, daß seine Gedanken um ein Problem kreisten, das alles andere als angenehm war.

Auf dem Weg zurück zum Revier fuhr Gillespie langsamer. Inzwischen war die Sonne aufgegangen, und auf dem Highway herrschte Verkehr. Seine Vorsicht war einerseits auf die Tatsache zurückzuführen, daß er nicht gegen die Verkehrsvorschriften verstoßen wollte, die er selbst durchzusetzen hatte, und daß er andererseits dringend Zeit zum Nachdenken brauchte.

Was mußte man tun, um einen Mörder zu fangen, fragte er sich. Normalerweise versuchte man wohl als erstes herauszufinden, ob der Tote Feinde gehabt hatte, doch hier handelte es sich offenbar um einen reinen Raubüberfall. Bei seinem kurzen Besuch in der Leichenhalle hatte er zwei Dinge erfahren: daß die Brieftasche des Ermordeten verschwunden war und daß er bekannt dafür war, daß er stets ziemlich viel Bargeld bei sich trug. Aber wie stellte man es an, einen Mörder zu fassen, der im Dunkel der Nacht jemanden hinterrücks niederschlug und spurlos verschwand, ohne auch nur von einem einzigen Zeugen gesehen worden zu sein? Wie fand man einen Mann, den es nach mehr Geld gelüstete, als ihm zustand? Wie fand man Geld, das nicht registriert war und von dem man nichts wußte, als daß es existierte? Mitten auf dem betonierten Highway würden sich keine Fußabdrücke oder hilfreiche Reifenspuren finden. Was zum Teufel machte man in so einem Fall?

Man konnte beispielsweise versuchen, einen erfahrenen Mordspezialisten hinzuzuziehen. Aber was, wenn einem der richtige Mann buchstäblich in den Schoß fiel und er schwarze Haut hatte?

Gillespie überlegte es sich anders und fuhr doch nach Hause. Er rasierte sich, sprühte sich, statt zu duschen, etwas unter die Arme, bürstete sich noch einmal das Haar und fuhr im morgendlichen Verkehr zurück zum Revier. Unterwegs beschloß er, Tibbs so schnell wie möglich loszuwerden. Die Jungs aus Pasadena hatten ihn bestimmt hereinlegen wollen, als sie ihm den Kerl empfohlen hatten. Kein Mensch konnte ihm weismachen, daß ein Farbiger irgend etwas konnte, das er nicht auch zustande brachte.

Durch diesen Gedanken in seinem Vorsatz bestärkt, eilte Gillespie, drei Stufen auf einmal nehmend, die Treppe zum Reviereingang hoch, stoppte am Meldetisch und fragte: »Wo ist Tibbs?«

Der Beamte, der die Tagschicht übernommen hatte, wußte offensichtlich genau, was vorgefallen war, und sagte: »Ich glaube, er ist immer noch mit der Untersuchung der Leiche beschäftigt, Sir.«

»Immer noch mit der Untersuchung der Leiche beschäftigt!« explodierte Gillespie. »Was zum Teufel will der denn rausfinden? Etwa wie ein Mensch gestorben ist, den man mit einem Schlag auf den Schädel umgebracht hat?«

»Ich habe vor Dienstantritt kurz reingeschaut«, erwiderte der Polizeibeamte. »Da war er gerade dabei, dem Toten den Schmutz unter den Fingernägeln herauszukratzen. Er hat mich gefragt, ob wir ein Mikroskop hätten, und ich habe ihm gesagt, wir hätten keins. Dann hat er einen Ring vom Finger des Toten gezogen und sich die Initialen darin angesehen. Aber dann mußte ich gehen, um pünktlich meinen Dienst anzutreten.«

Als Gillespie sein Büro betrat, fand er dort Sam Wood vor, der ihn schon erwartete. »Ich dachte, ich melde mich lieber noch mal bei Ihnen, bevor ich nach Hause fahre«, erklärte Sam, »für den Fall, daß Sie noch Fragen an mich haben oder möchten, daß ich noch eine Weile bleibe.«

Für einen Moment wirkte Gillespie geradezu menschlich. »Sehr aufmerksam von Ihnen, Wood«, sagte er anerkennend. »Setzen Sie sich. Und dann sagen Sie mir, was Sie von unserem farbigen Kollegen, *Officer* Virgil Tibbs, halten.«

Sam nahm Platz. »Ich glaube, er hat wirklich Mumm in den Knochen«, antwortete er, während er seinen Vorgesetzten ansah. Doch dann änderte sich der Ton seiner Stimme, als schiene ihm im nachhinein seine Bemerkung doch zu kräftig. »Er hat jedenfalls keine Angst vor Leichen.«

»Ich dachte, er hätte gesagt, daß er nicht gern Leichen untersucht«, warf Gillespie ein.

»Ich habe ihn so verstanden, daß er keine Mordfälle mag«, erwiderte Sam.

»Damit verdient er doch angeblich sein Geld.«

Das Gespräch wurde unterbrochen, als Virgil Tibbs in der Tür erschien.

»Entschuldigen Sie, Gentlemen«, sagte er, »aber könnten Sie mir bitte sagen, wo ich mich waschen kann?«

Gillespie antwortete wie aus der Pistole geschossen: »Die Toilette für Farbige ist hinten rechts, den Flur runter.«

Tibbs nickte und verschwand.

»Aber da gibt es weder Seife noch Handtücher«, erinnerte Sam seinen Vorgesetzten.

»Dafür hat er schließlich sein Hemd«, brauste Gillespie auf.

Sam schlug die Beine übereinander, verkrampfte sich einen Moment lang, entspannte sich jedoch wieder. Die Sache ging ihn nichts an. Er wollte nach Hause, doch als er Anstalten machte aufzustehen, fiel ihm wieder ein, daß er angeboten hatte, Überstunden zu machen, und Gillespie sich noch nicht dazu geäußert hatte. Er schaute seinen Vorgesetzten an, der seinerseits auf seine riesigen Hände starrte, die er auf der Schreibtischplatte gefaltet hatte. In seinem Gesicht begannen sich Sturmwolken zusammenzuziehen. Dann hob er den Kopf. »Sie nehmen am besten Ihren Wagen und versuchen, Mantolis Tochter zu finden. Soweit ich weiß, ist sie bei den Endicotts zu Gast. Bringen Sie ihr die Nachricht bei und holen Sie sie her, damit sie die Leiche identifiziert. Ich weiß, daß es eine unangenehme Sache ist, aber auch das gehört zu unserem Job. Sie fahren besser sofort los, damit Sie das Mädchen noch erwischen, bevor sie auf andere Weise davon erfährt. Wir haben zwar noch nichts durchsickern lassen, aber in dieser Stadt läßt sich nichts lange geheimhalten.«

Virgil Tibbs erschien erneut in der offenen Tür und schaute Gillespie an. »Möchten Sie die Ergebnisse meiner Untersuchung hören, Sir?« erkundigte er sich.

Gillespie lehnte sich nach hinten. Aufgrund seiner Größe konnte er den Stuhl nur ganz leicht kippen, da er sonst Gefahr lief, hintenüber zu fallen. »Ich habe über alles nachgedacht, Virgil, und bin zu dem Schluß gekommen, daß Sie die Stadt am besten mit dem nächsten Zug verlassen. Sie gehören hier nicht her. Ich weiß bereits alles, was ich über die Leiche wissen muß. Wenn Sie nach Hause kommen, können Sie Ihrem Chef erzählen, daß ich ihm für sein Angebot danke, aber daß ich es nicht annehmen konnte. Sie wissen schon warum.«

Gillespie beugte sich wieder nach vorn. »Ach ja«, fügte er noch hinzu. »Ich habe eine Erklärung tippen lassen, daß es bei Ihnen keine Freiheitsberaubung aufgrund falscher Anklage war. Ich möchte, daß Sie das unterschreiben, bevor Sie gehen.«

»Wir sind doch beide Polizisten«, sagte Tibbs ruhig. »Ich habe nicht die Absicht, Sie oder Mr. Wood anzuzeigen. Die Erklärung ist somit überflüssig. Vielen Dank für Ihre Gastfreundschaft.«

In diesem Moment wurde Tibbs zur Seite gestoßen, und Pete erschien mit hochrotem Kopf in der Tür. »Wir haben den Kerl, Chief. Todsicher. Es war Harvey Oberst. Er hat schon einiges auf dem Kerbholz. Die Jungs haben ihn aufgegriffen und Mantolis Brieftasche bei ihm gefunden.«

Gillespie konzentrierte sich wieder auf Tibbs, der immer noch an der Tür stand. »Wie ich schon sagte, Virgil, wir wissen hier schon, was wir zu tun haben. Sie können also gehen.«

## Kapitel 4

Bill Gillespie wandte sich an Sam Wood. »Schon gegessen?« erkundigte er sich.

»Heute morgen noch nicht«, antwortete Sam.

»Dann bleiben Sie hier, und besorgen Sie sich erst mal was. Wir schicken Arnold los, um die kleine Mantoli zu holen.«

»Lassen Sie nur, ich fahre lieber selbst. Ich weiß, wo die Endicotts wohnen, und ich glaube nicht, daß Arnold es weiß. Apropos Essen, wir schulden Virgil noch ein Frühstück – wir haben es ihm versprochen.«

»Ich habe ihm gesagt, er soll sich verziehen.«

Sam Wood hatte das Gefühl, daß er sich noch ein wenig weiter vorwagen konnte. »Ja, Sir, aber der nächste Zug fährt erst in ein paar Stunden, und der einzige Bus, der von hier aus in Richtung Norden fährt, nimmt keine Farbigen mit. Es war meine Schuld, daß er seinen Zug verpaßt hat. Und da er nun mal ein Polizist *ist*, sollten wir ihn vielleicht doch hier warten lassen« – Sam hielt inne, ihm war plötzlich eine Idee gekommen –, »dann kann er wenigstens etwas Gutes über uns sagen, wenn er wieder in Pasadena ist.«

Gillespie sah ein, daß Diplomatie in diesem Fall ein notwendiges Übel war. »Okay. Aber hier in der Gegend gibt es keine Restaurants für Farbige. Fangen Sie Virgil ab, bevor er verschwindet, und schikken Sie ihn wieder zu mir rein. Pete soll ihm ein Salami-Sandwich oder irgendwas in der Art holen. Vielleicht gar keine schlechte Idee, wenn wir ihm vorführen, wie wir den Fall lösen – dann kann er selbst sehen, daß wir hier unten genau wissen, wie man mit Leuten umgeht.«

Sam sah, daß er gewonnen hatte, nickte und verzog sich schleunigst, bevor Gillespie es sich anders überlegen konnte. Er fand Tibbs im Eingangsbereich, wo er sich gerade von Pete verabschiedete. »Virgil«, meldete Sam, »dem Chief ist gerade eingefallen, daß er Ihnen ein Frühstück versprochen hat. Er möchte, daß Sie wieder in sein Büro kommen.« Sam kämpfte einen Moment mit sich und stellte erleichtert fest, daß sein Sinn für Gerechtigkeit siegte. »Und vielen Dank, daß Sie mich nicht anzeigen wollen, weil ich Sie festgenommen habe. Sie hätten mich ganz schön in Schwierigkeiten bringen können.«

Zuerst sah es so aus, als wollte Virgil Tibbs ihm die Hand reichen, doch dann wechselte er zu Sams großer Erleichterung nur sein Jackett auf den anderen Arm. »Keine Ursache, Mr. Wood. Ich weiß, daß Sie dasselbe auch für mich getan hätten, wenn wir in Pasadena wären.«

Sam schämte sich einen Moment lang, daß er Tibbs Hand hätte ignorieren müssen, wenn er sie ihm tatsächlich hingehalten hätte. Und Pete hätte alles mitangesehen. Tibbs hatte ihm diese Peinlichkeit erspart, und dafür war er ihm dankbar. Sam verließ das Revier, um seine traurige Mission zu erfüllen.

Tibbs ging den Flur hinunter zu Gillespies Büro. »Mr. Wood sagte, Sie wollten mich sprechen«, sagte er.

Gillespie bedeutete ihm, auf einem Stuhl an der Wand Platz zu nehmen. »Ich lasse Ihnen was zu essen holen. Sie können hier warten, bis es kommt. Momentan haben die Jungs natürlich alle Hände voll zu tun. Wir haben unseren Mörder.«

»Hat er schon gestanden?« erkundigte sich Tibbs.

»Das braucht er gar nicht«, erwiderte Gillespie. »Ich habe mir seine Akte angesehen. Erst neunzehn Jahre alt und schon zweimal mit dem Gesetz in Konflikt geraten. Einmal wegen Diebstahls und einmal, weil er ein Mädchen namens Delores Purdy belästigt hat. Und er hatte Mantolis Brieftasche bei sich.«

»Klingt vielversprechend«, stimmte Virgil Tibbs zu.

»Sie werden schon sehen, wie vielversprechend das ist«, erklärte Gillespie und griff nach der Sprechanlage. »Schickt mir Oberst rein«, befahl er.

Während er wartete, warf Gillespie Tibbs einen Blick zu. »Wissen Sie, was ›weißes Pack‹ hier bei uns bedeutet, Virgil?«

»Ich habe den Ausdruck schon mal gehört«, antwortete Tibbs.

Draußen im Flur waren Schritte zu hören, dann schob ein kleiner, stämmiger Polizist einen jungen Mann ins Büro. Der Gefangene trug Handschellen. Er war nicht sonderlich groß und viel zu dünn für seine Größe. Seine Bluejeans saßen so eng, daß sie die seltsame Krümmung seiner Beine noch unterstrichen. Er zwinkerte unablässig mit den Augen und schaute immer wieder auf seine Hände. Er schien zu schwanken, als sei es zu anstrengend für ihn, sich einfach nur aufrecht auf den Beinen zu halten.

Gillespie richtete sich auf und brüllte den Gefangenen an: »Hinsetzen!«

Harvey Oberst setzte sich, indem er seinen Körper vor dem Stuhl erschlaffen ließ. Sein mageres Gesäß prallte mit aller Wucht auf den harten Sitz, was ihm jedoch nichts auszumachen schien. Er ließ die Hände auf den Schoß sinken und den Kopf zur Seite fallen, als hätte es keinen Sinn, ihn länger aufrecht zu halten.

Bill Gillespie ließ die Sekunden verstreichen, um den Gefangenen völlig einzuschüchtern, doch Oberst zeigte keine Reaktion.

Gillespie blickte zu dem Beamten auf, der ihn festgenommen hatte. »Haben Sie sie?« wollte er wissen.

Der untersetzte Mann griff in seine Uniformjacke und zog eine ausgefallene, prall gefüllte Brieftasche hervor. Gillespie nahm sie an sich, inspizierte sie genauestens und sah sich die Ausweise im Dokumentenfach an. »Sie können ihm die Handschellen abnehmen«, sagte er ganz nebenbei.

Nachdem man ihn von den Handschellen befreit hatte, begann Harvey Oberst, sich die Handgelenke zu massieren, erst das eine, dann das andere, blieb jedoch weiterhin stumm.

»Warum hast du das getan?« fragte Gillespie.

Oberst holte tief Luft und hob den Kopf. »Sie hat einfach bloß so dagelegen. Genau vor meiner Nase. Voller Geld. Ich hab' nachgesehen, aber er war schon tot und konnte nichts mehr damit anfangen. Wenn ich sie mir nicht genommen hätte, dann hätte es ein anderer gemacht. Aber ich hab' das Geld dringend gebraucht, also hab' ich sie mir genommen.« Er hielt inne. »Das ist alles«, fügte er kleinlaut hinzu.

»Du meinst, du hast sie dir genommen, nachdem du ihn umgebracht hast«, soufflierte Gillespie.

Der Gefangene sprang auf die Füße, sein Gesicht sah so verzerrt aus, als würde er von einem plötzlichen, unerträglichen Schmerz gequält. »Ich hab' nur die Brieftasche genommen«, schrie er. »Weil er tot war, deshalb hab' ich sie genommen. Ich hab' das Geld dringend gebraucht – aber umgebracht hab' ich ihn nicht!« Bei den letzten Worten überschlug sich seine Stimme, so daß nur noch ein Krächzen zu hören war, was seine letzten Worte nicht gerade unterstrich. Oberst versuchte es noch einmal. Mit dem linken Zeigefinger hämmerte er sich gegen die Brust. »Ich hab' ihn nicht umgebracht, ich hätt' ihn nicht mal umbringen müssen, wenn ich hinter seiner Knete hergewesen wär'. Das war doch ein ganz mickriger Kerl, ich hab' ihn doch vorher schon gesehen. Mit dem wär' ich spielend fertig geworden, wenn ich gewollt hätte. Ich hab' bloß die Brieftasche aufgehoben, ehrlich!«

Plötzlich gab er auf und ließ sich zurück auf den Stuhl fallen. Diesmal ließ er den Kopf so weit nach vorn fallen, daß sein Kinn beinahe den Brustkorb berührte.

Bill Gillespie bedeutete mit einer Handbewegung, daß man ihn abführen sollte. »Einsperren«, befahl er. »Mordverdacht.« Er ließ sich mit dem Stuhl nach hinten kippen, soweit es eben ging, und starrte an die Decke. Das tat er so lange, bis man den Gefangenen aus dem Raum geführt hatte.

Als einige Minuten später das Zuschlagen einer Zellentür zu hören war, entspannte sich Gillespie sichtlich und wandte sich wieder an Virgil Tibbs, der immer noch auf seinem unbequemen Stuhl an der Wand saß. »So, die Sache wäre geklärt«, stellte er fest.

»Es hilft weiter«, stimmte Tibbs zu.

»Was wollen Sie damit sagen?« fragte Gillespie, und diesmal klang seine Stimme ausnahmsweise beinahe normal.

»Es eliminiert das augenfälligste Motiv«, erklärte Tibbs, »und das heißt, man muß etwas tiefer graben. Das habe ich zwar erwartet, doch es ist hilfreich, es bestätigt zu bekommen.«

Gillespie drehte sich um und starrte Tibbs an, wobei sich ein belustigtes Lächeln auf seinem Gesicht ausbreitete. »Sagen Sie bloß, Sie kaufen dem Jungen die Geschichte ab. Ich dachte, Sie wären ein Supercop, ein gnadenloser Verbrecherjäger, so was wie der Sherlock Holmes von Kalifornien. Wenn Sie ein Cop sind, bin ich ein Ameisenbär.«

Arnold erschien auf der Türschwelle, ein in Butterbrotpapier gewickeltes Sandwich in der einen und einen Pappbecher mit Kaffee in der anderen Hand. Schweigend reichte er Tibbs beides, dann wandte er sich an den Chief. »Ist er unser Mann?« fragte er.

Gillespie zeigte auf Tibbs, der gerade sein Sandwich auspackte. »Fragen Sie ihn«, schlug er vor.

Gehorsam schaute Arnold Tibbs an. »Und?«

»Nein, er hat den Mann nicht ermordet. Da bin ich mir ziemlich sicher«, erwiderte Tibbs.

»Und jetzt sagen Sie ihm auch noch, wieso«, forderte Gillespie ihn auf.

»Weil er Linkshänder ist«, antwortete Tibbs und biß in sein Sandwich. Arnold schaute Gillespie an.

Reden Sie weiter«, sagte der Chief.

Tibbs wartete, bis sein Mund wieder leer war. »Als ich heute morgen die Leiche des Ermordeten untersucht habe«, erklärte Tibbs geduldig, »wurde mir klar, daß der tödliche Schlag mit einem stumpfen Gegenstand ausgeführt wurde, und zwar von rechts, in einem Winkel von siebzehn Grad, wenn man den Schädel von hinten betrachtet. Daraus ergibt sich mit ziemlicher Sicherheit, daß der Täter Rechtshänder ist. Wenn Sie kurz Ihr Lineal hochhalten würden, Chief Gillespie, kann ich es Ihnen genauer erklären.«

Zu Arnolds großer Überraschung befolgte Gillespie den Vorschlag.

»Und jetzt stellen Sie sich vor, daß Sie damit etwas auf Schulterhöhe treffen wollen, vielleicht auch etwas höher. Wenn Sie das Lineal ganz fest packen, werden Sie feststellen, daß Sie es kaum schaffen, es ganz gerade zu halten. Das ist anatomisch einfach nicht möglich. Und wenn Sie es nach rechts ausrichten wollen, müssen Sie dazu Ihre Hand umdrehen, mit der Innenfläche nach oben, sonst geht es nicht. Selbst wenn Sie geradeaus zielen, müssen Sie Ihr Handgelenk um neunzig Grad drehen.«

Gillespie schaute auf das Lineal in seiner Hand und legte es wieder zurück auf den Schreibtisch. »Und Sie glauben, daß Oberst Linkshänder ist«, sagte er.

»Ich weiß es«, erwiderte der Schwarze. »Erinnern Sie sich, wie er sich gegen die Brust geklopft hat, als er sich verteidigte. Selbst wenn er Beidhänder wäre, hätte er dazu seine Primärhand gebraucht, und er hat den linken Zeigefinger benutzt. Schon als er hereinkam, fiel mir auf, daß er wahrscheinlich unschuldig ist, aber das hat es meiner Meinung nach bestätigt.« Tibbs biß wieder ein Stück von seinem Sandwich ab und feuchtete es mit einem Schluck von dem starken schwarzen Kaffee an.

»Ich habe gar nicht gefragt, ob Sie Zucker wollen«, sagte Arnold.

»Nein, danke, so ist er genau richtig«, antwortete Tibbs.

»Sie haben sich also den Kerl bloß angesehen und schon gewußt, daß er wahrscheinlich unschuldig ist. Wie kommen Sie darauf? Reine Intuition oder was?« erkundigte sich Gillespie.

»Nein, wegen der Schuhe«, antwortete Tibbs, »und weil er sich nicht rasiert hatte.«

Gillespie blieb plötzlich stumm. Arnold wartete darauf, daß sein Vorgesetzter fragen würde, warum die Schuhe und die Bartstoppeln so wichtig waren, doch dann erkannte er, warum Gillespie diese Frage nicht stellen würde. Er hätte sich dadurch gedemütigt gefühlt, und Bill Gillespie ließ sich nicht gern demütigen. Arnold räusperte sich.

Er wartete, bis Tibbs fertiggekaut hatte, und stellte die Frage selbst. »Warum?«

»Dazu muß man die genauen Umstände des Überfalls in Betracht ziehen«, antwortete Tibbs. »Jemand hat Mantoli von hinten einen Schlag auf den Kopf versetzt. Das bedeutet, daß er entweder von jemandem angegriffen wurde, den er kannte und dem er vertraute und der kurz hinter ihn getreten ist, um ihm dann den Schlag zu versetzen, oder, was wahrscheinlicher ist, daß sich jemand leise und gänzlich unbemerkt von hinten an ihn herangeschlichen hat, um ihn dann zu erschlagen. Wenn Mantoli gewarnt worden wäre, selbst wenn es nur eine Sekunde vorher gewesen wäre, hätte er den Kopf ein klein wenig gedreht, und der Schlag hätte seinen Schädel in einem anderen Winkel getroffen.«

»Das sehe ich ein«, meinte Arnold.

»Der Verdächtige trägt Schuhe mit harten Lederabsätzen«, fuhr Tibbs fort. »Und sie sind mit Eisenplättchen beschlagen, damit sie länger halten. Bei solchen Schuhen ist jeder Schritt zu hören. Er hätte damit niemanden unbemerkt angreifen können.«

»Schuhe kann man jederzeit wechseln«, unterbrach Gillespie.

»Sie haben selbstverständlich recht, Chief Gillespie«, stimmte Tibbs zu, »aber Sie haben eben erwähnt, daß der Mann zum ›weißen Pack‹ gehört, was darauf schließen läßt, daß er nicht allzu viele Schuhe besitzt und sie auch nicht allzu häufig wechselt. Den Bartstoppeln nach zu urteilen, würde ich sagen, er war die ganze Nacht auf den Beinen. Wenn er nach Hause gegangen wäre, um seine Schuhe zu wechseln, hätte er sich höchstwahrscheinlich auch rasiert. Daß er sich regelmäßig rasiert, sieht man an den kleinen Schnitten unter seinem Kinn.«

»Ich habe keine Schnitte gesehen«, erwiderte Gillespie in provozierendem Ton.

»Ich sitze tiefer als Sie, Chief Gillespie«, antwortete Tibbs, »und auf meiner Seite war das Licht besser.«

»Sie scheinen sich Ihrer Sache ja mächtig sicher zu sein, was, Virgil?« gab Gillespie zurück. »Übrigens ist Virgil ein ziemlich ausgefallener Name für einen schwarzen Jungen wie Sie. Wie nennt man Sie denn zu Hause, wo Sie herkommen?«

»Dort nennt man mich Mr. Tibbs«, antwortete Virgil.

Sam Wood fuhr langsam, als er seinen Streifenwagen die Straße hinauf zum Haus der Endicotts lenkte. Obwohl die Sonne inzwischen glühend heiß vom Himmel stach, erschien ihm die sengende Hitze irgendwie erträglicher, vielleicht deshalb, weil er erwartete, daß es tagsüber heiß war. Wirklich zu schaffen machten ihm nur die schwülen Nächte, weil man sich normalerweise von der Dunkelheit und dem Sonnenuntergang Linderung erhoffte. Wenn diese Linderung ausblieb, war es irgendwie doppelt so unbehaglich.

Die Straße stieg stetig an. Der Stadtkern von Wells lag schon über hundert Meter unter ihm, doch bis zur Spitze des Hügels, auf dem die Endicotts wohnten, war es noch ein ganzes Stück. Sam wußte zwar wie die meisten Bewohner von Wells, wo das Haus lag, da die Endicotts als sehr wohlhabend galten, doch er hatte nie einen von ihnen persönlich kennengelernt und war auch noch nie dort gewesen. Während er fuhr, versuchte er, sich die richtigen Sätze zurechtzulegen, mit denen er die schlimme Nachricht überbringen konnte. Leicht würde es nicht sein. Irgendwie erwartete er, daß Mantolis Tochter, die bei den Endicotts zu Gast war, keine Mutter mehr hatte. Sie war jetzt ganz allein auf der Welt – es sei denn natürlich, sie hatte einen Ehemann. Wahrscheinlich traf dies sogar zu, überlegte er, italienische Mädchen heirateten ziemlich früh, bekamen viel zu viele Kinder und wurden dann fett.

Oben auf dem Hügel führte die Straße auf einen kleinen Parkplatz, der etwa sechs bis acht Wagen faßte. Sam stellte sein Fahrzeug ab, stieg aus und schloß leise die Tür. Hier oben wirkte das Sonnenlicht noch greller, doch die Luft schien ihm nicht ganz so drückend. Die Lage des Hauses war wunderschön, und trotz seiner traurigen Mission konnte Sam sich dem überwältigenden Panorama der Great Smoky Mountains nicht entziehen. Lange Reihen zerklüfteter Bergkämme erhoben ihre Gipfel bis hin zum fernen Horizont. Sam schritt auf die Eingangstür zu, die schon geöffnet wurde, bevor er überhaupt geklingelt hatte.

Er wurde von einer Frau empfangen, die gleichzeitig freundlich und distanziert wirkte und darauf zu warten schien, daß er ihr den Grund seines Kommens mitteilte. Sam fand sie auf Anhieb sympathisch. Sie war etwa Mitte fünfzig, doch die Jahre hatten sie mit viel

Respekt behandelt. Sie trug ein geschmackvolles Leinenkleid, das die Konturen ihres Körpers genauso reizvoll aussehen ließ wie vor dreißig Jahren. Ihre Haut war faltenlos, ihr Haar war hervorragend geschnitten und fiel sehr schön. Sie wartete, während Sam die letzten Stufen zum Eingang des Hauses hochstieg.

»Mrs. Endicott?« fragte er. Plötzlich wurde ihm bewußt, daß sein Kinn durch die achtzehn Stunden zurückliegende Rasur ziemlich ungepflegt aussehen mußte.

»Ja. Was kann ich für Sie tun, Officer?«

Sam fällte eine rasche Entscheidung. »Könnte ich bitte Mr. Endicott sprechen?«

Grace Endicott trat zurück und hielt die Tür auf. »Kommen Sie doch herein«, meinte sie. »Ich hole ihn.«

Als Sam das Haus betrat, wurde ihm deutlich, daß er sich in einer anderen Welt befand. Er folgte der Dame des Hauses in ein geräumiges, helles Wohnzimmer, dessen linke Wand aus einem riesigen Panoramafenster bestand. Die gegenüberliegende Wand war fast vollständig mit Regalen bedeckt, die bis zur Decke reichten und die größte Sammlung von Büchern und Schallplatten enthielten, die Sam je gesehen hatte.

»Nehmen Sie doch bitte Platz«, forderte ihn Mrs. Endicott auf und verließ rasch das Zimmer. Sam sah sich um, betrachtete die großen, bequem aussehenden Sessel und beschloß, lieber stehenzubleiben. Er sagte sich, daß in nur zehn Minuten oder noch weniger alles vorüber sein würde und er wieder in seinen Wagen steigen und zurück in die Stadt fahren konnte.

Sam drehte sich um, als der Hausherr das Zimmer betrat. An Endicott waren die Jahre nicht so spurlos vorübergegangen wie an seiner Frau, doch er trug die Bürde seines Alters mit gelassener Würde. Er gehörte in dieses Haus, und das Haus gehörte zu ihm. Sie waren unzertrennbar wie ein guter Kapitän und sein Schiff. Während Sam darauf wartete, daß der Mann etwas sagte, wünschte er sich einen Augenblick lang, zu den Personen zu gehören, die mit diesen Menschen befreundet sein konnten. Dann fiel ihm der Grund seines Kommens wieder ein.

»Sie möchten mich sprechen?« erkundigte sich Endicott freundlich.

»Ja, Sir. Kennen Sie einen gewissen Mr. Mantoli?« Sam wußte, daß er sich nicht besonders gut ausgedrückt hatte, doch nun hatte er einmal angefangen und konnte nicht wieder zurück.

»Ja, wir kennen Maestro Mantoli sogar sehr gut. Er ist doch hoffentlich nicht in Schwierigkeiten?«

Sam hob die Hand und nahm seine Uniformmütze ab. Es war ihm peinlich, daß er das bis jetzt vergessen hatte. »Ja und nein, Mr. Endicott.« Sam errötete. Jetzt blieb ihm nichts weiter übrig, als die traurigen Fakten auszusprechen. »Es tut mir sehr leid, Ihnen mitteilen zu müssen, daß er ... getötet wurde.«

Endicott legte seine Hand einen Moment lang auf die Rückenlehne eines der Sessel und ließ sich dann hineinsinken, den Blick in die Ferne gerichtet.

»Enrico tot? Ich kann es nicht glauben.« In seiner Verlegenheit blieb Sam regungslos stehen und wartete darauf, daß Endicott seine Fassung wiederfand.

»Das ist ja furchtbar, Officer«, sagte Endicott schließlich. »Er war ein enger und sehr lieber Freund von uns, seine Tochter ist hier bei uns zu Gast. Ich....« Sam verfluchte den Tag, an dem er seine Stellung in der Autoreparaturwerkstatt aufgegeben hatte, um Polizist zu werden. Da wandte sich Endicott wieder an ihn. »Wie ist es zu dem Unfall gekommen?« fragte er sehr leise.

Diesmal fiel es Sam leichter, die richtigen Worte zu finden. »Unglücklicherweise war es kein Unfall, Sir. Mr. Mantoli wurde in den frühen Morgenstunden im Stadtzentrum überfallen. Wir können noch nicht sagen, von wem oder warum. Ich habe seine Leiche heute morgen gegen vier Uhr gefunden.« Sam wollte noch etwas hinzufügen. »Es tut mir schrecklich leid, daß ich Ihnen diese Nachricht überbringen muß«, erklärte er und hoffte, daß seine Worte den Schock ein wenig mildern und den Mann, der hier vor ihm saß, irgendwie trösten könnten.

»Sie meinen«, fragte Endicott vorsichtig, »er ist ermordet worden?«

Sam nickte, dankbar, daß er es nicht selbst auszusprechen brauchte.

Endicott erhob sich. »Ich sollte es lieber meiner Frau sagen«, erklärte er. Sam schien es, als sei der Mann plötzlich sehr müde geworden, nicht erschöpft wie am Ende eines Tages, sondern ausgehöhlt von einer Müdigkeit, die bis ins Mark dringt und sich dort wie eine Krankheit festsetzt.

»Setzen Sie sich doch, bitte«, forderte Endicott ihn auf und verließ mit langsamen Schritten den geschmackvoll eingerichteten Raum. Sam konnte die Leere spüren, als er gegangen war.

Sam setzte sich vorsichtig auf den äußersten Rand eines der tiefen, bequemen Sessel. Er hockte mehr als er saß, doch die unbequeme Haltung entsprach seiner momentanen Verfassung. Er versuchte, nicht an die Szene zu denken, die sich gerade in einem anderen Teil des Hauses abspielte. Er starrte angespannt durch die Glasfront nach draußen auf die überwältigende Aussicht, der ein Hauch von Ewigkeit anhaftete.

Endicott kam zurück ins Zimmer. »Gibt es irgend etwas, das ich tun kann?« fragte er.

Sam erhob sich. »Ja, Sir. Ich – das heißt, wir haben erfahren, daß Mr. Mantolis Tochter hier bei Ihnen zu Gast ist. Wir hielten es für besser, ihr die Nachricht persönlich zu überbringen. Wir würden sie bitten, später, wenn sie sich dazu in der Lage fühlt, zu uns zu kommen und den Toten zu identifizieren.«

Endicott zögerte einen Moment. »Miss Mantoli ist hier bei uns, aber sie schläft noch. Wir waren gestern abend alle lange auf und haben letzte Pläne für die Musikfestspiele geschmiedet.« Er strich sich mit der Hand über die Stirn. »Sobald Miss Mantoli wach ist, wird meine Frau es ihr sagen. Wäre es nicht möglich, daß ich in der Zwischenzeit selbst die Identifizierung übernehme? Ich würde ihr das gern ersparen, wenn es irgendwie geht.«

»Ich bin sicher, daß sich das einrichten läßt«, antwortete Sam. Er versuchte, mitfühlend zu klingen, doch es gelang ihm einfach nicht, den Ton zu treffen, den er erzielen wollte. »Wenn Sie möchten, können Sie sofort mit mir hinunterfahren. Ein Officer wird Sie wieder zurückbringen.«

»In Ordnung«, sagte Endicott. »Ich sage vorher nur schnell meiner Frau Bescheid, dann bin ich sofort bei Ihnen.«

Während er, Endicott neben sich auf dem Beifahrersitz, die gewundene Straße hinunterfuhr, hielt Sam den Blick auf die Fahrbahn geheftet und behielt alle Anzeigen auf den Armaturen im Blick, um möglichst gleichmäßig und weich dahinzugleiten. Er fuhr immer noch äußerst vorsichtig, als er vor dem Eingang des Polizeireviers im städtischen Bürohaus hielt und seinen Fahrgast aussteigen ließ. Dann folgte er einen Schritt hinter dem älteren Mann, der die Stufen erklomm, die in den Eingangsbereich mit der Theke führten.

Sam hatte eigentlich vorgehabt, sich an diesem Punkt zu verabschieden und darum zu bitten, nach Hause fahren zu dürfen. Doch als Arnold Endicott in die kleine Leichenhalle führte, besann er sich anders und schritt neben Endicott her, in der Hoffnung, ihm durch seine Gegenwart ein wenig Trost geben zu können. Er haßte den Augenblick, als das Tuch zurückgeschlagen wurde, und Endicott matt mit dem Kopf nickte.

»Ja, das ist Maestro Enrico Mantoli«, sagte Endicott, wandte sich sofort ab, nachdem er diese Pflicht erfüllt hatte, und verließ rasch den Raum. Als sie wieder in der Eingangshalle waren, äußerte er eine Bitte. »Könnte ich wohl den Chief sprechen?« fragte er.

Fred, der gerade Dienst hatte, erkundigte sich über die Sprechanlage. Gleich darauf nickte er, und Sam, der seine Rolle erfaßte, führte ihn ein. »Mr. Endicott, das ist Chief Gillespie«, sagte er, nachdem sie das Büro betreten hatten.

Endicott streckte die Hand aus. »Wir kennen uns bereits«, sagte er nur. »Ich bin Mitglied des Stadtrates.«

Gillespie stand auf und kam rasch hinter seinem Schreibtisch hervor. »Natürlich, Mr. Endicott. Danke, daß Sie sich hier heruntergemüht haben.« Er machte Anstalten, wieder zurück zu seinem Stuhl zu gehen, drehte sich jedoch noch einmal um. »Bitte, nehmen Sie doch Platz«, lud er ihn ein.

George Endicott setzte sich vorsichtig auf den harten Eichenstuhl. »Chief Gillespie«, begann er, »ich weiß, daß Sie und Ihre Abteilung alles Menschenmögliche tun werden, um den Täter zu finden und zu bestrafen. Wenn ich Ihnen dabei in irgendeiner Weise behilflich sein kann, lassen Sie es mich bitte wissen. Maestro Mantoli war ein sehr guter Freund von uns, wir selbst haben ihn hierher eingeladen. Und jetzt hat er ausgerechnet hier den Tod gefunden. Sie können sich sicher vorstellen, wie mir zumute ist.«

Gillespie griff nach einem Notizblock und fischte einen Kugelschreiber aus der Stiftablage. »Vielleicht können Sie mir mit ein paar Fakten weiterhelfen«, schlug er vor. »Wissen Sie, wie alt der Verstorbene war?«

»Enrico war siebenundvierzig.«

»War er verheiratet?«

»Er war verwitwet.«

»Angehörige?«

»Seine Tochter Duena; sie ist sein einziges Kind. Momentan ist sie bei uns zu Gast.«

»Staatsangehörigkeit?«

»Er war amerikanischer Staatsbürger.«

Gillespie runzelte kaum merklich die Stirn, entspannte seine Züge jedoch sofort wieder. »Wo wurde er geboren?« fragte er.

Endicott zögerte. »Irgendwo in Italien. Wo genau, weiß ich leider nicht mehr.«

»Ich glaube, in Genua«, bemerkte Virgil Tibbs leise.

Beide Männer schauten ihn erstaunt an. Endicott sprach als erster. »Waren Sie mit Maestro Mantoli befreundet?« fragte er.

»Nein, ich hatte leider nicht die Ehre, ihn persönlich kennenzulernen. Doch auf Wunsch von Chief Gillespie habe ich heute morgen seine Leiche untersucht.«

Endicott sah verwirrt aus. »Dann sind Sie ein... Leichenbestatter?« fragte er.

Tibbs schüttelte den Kopf. Bevor er antworten konnte, schaltete sich Gillespie ein. »Virgil arbeitet als Ermittler bei der Kriminalpolizei von Beverly Hills, Kalifornien.«

»Pasadena«, berichtigte Tibbs.

»Okay, dann eben Pasadena. Was spielt das schon für eine Rolle?« Gillespies Gereiztheit schlich sich in seine Stimme.

George Endicott erhob sich. »Ich glaube, ich kenne Ihren Namen noch nicht«, sagte er und streckte ihm die Hand hin.

Der junge Schwarze stand auf und ergiff sie. »Mein Name ist Tibbs.«

»Ich freue mich sehr, Sie kennenzulernen, Mr. Tibbs«, meinte Endicott freundlich. »In welchem Bereich ermitteln Sie?«

»Das ist ganz unterschiedlich, Sir. Früher habe ich im Rauschgiftdezernat gearbeitet, aber ich war auch schon bei der Verkehrspolizei und im Einbruchsdezernat. Inzwischen habe ich mich auf Verbrechen gegen Personen spezialisiert – Mord, Vergewaltigung und ähnliche Kapitalverbrechen.«

Endicott wandte sich an Gillespie. »Wie kommt es, daß Mr. Tibbs hier ist?« fragte er.

Als Sam Wood den Gesichtsausdruck sah, der sich auf Gillespies Gesicht abzuzeichnen begann, wurde ihm klar, daß es nun an ihm war zu reden. »Dafür bin ich verantwortlich«, gestand er. »Ich habe Virgil im Bahnhof entdeckt, wo er auf einen Zug wartete, und ihn als möglichen Verdächtigen mit aufs Revier gebracht. Und hier haben wir dann erfahren, wer er wirklich ist.«

»Officer Wood hat sich völlig korrekt verhalten«, fügte Tibbs hinzu. »Er wollte auf keinen Fall Gefahr laufen, jemanden entkommen zu lassen, der möglicherweise der Mörder sein konnte.«

In diesem Augenblick stellte Sam Wood überrascht fest, daß er zum ersten Mal in seinem Leben einen Neger sympathisch fand.

Endicott wandte sich wieder dem Detective aus Pasadena zu. »Wie lange werden Sie noch in Wells bleiben?« erkundigte er sich.

»Bis zum nächsten Zug«, antwortete Tibbs.

»Und wann wäre das?«

»Wenn ich mich nicht irre, um drei Uhr vierzig heute nachmittag.«

Endicott nickte zufrieden. Gillespie rutschte unbehaglich auf seinem Stuhl hin und her. Sam Wood hatte das Gefühl, daß der richtige Zeitpunkt gekommen war, um sich zu verabschieden. Allmählich dämmerte ihm, daß sein Vorgesetzter sich in einer ziemlich prekären Lage befand und daß er die Schuld daran trug. Er räusperte sich, um anzudeuten, daß er etwas sagen wollte. »Wenn Sie mich nicht mehr brauchen, Sir«, sagte er zu Gillespie, »würde ich mich jetzt gern frisch machen und ein wenig ausruhen.«

Gillespie schaute hoch. »Gehen Sie ruhig nach Hause«, sagte er.

Als Sam Wood sich hinter das Steuer seines vier Jahre alten Plymouth setzte, begann er, über die offensichtliche Spannung zwischen Bill Gillespie und dem schwarzen Kriminalbeamten nachzudenken. Ihm war klar, wer sich behaupten würde, doch er erkannte mit wachsendem Unbehagen, daß er nicht ungeschoren davonkommen würde, wenn sich die Dinge ungünstig entwickeln sollten.

In diese beunruhigenden Gedanken versunken, parkte er den Wagen vor seinem kleinen Haus, schloß die Tür auf, riß sich die Kleidung vom Leib und duschte. Einen Moment lang spielte er mit dem Gedanken, sich etwas zu essen zu machen, doch dann entschied er, daß er eigentlich keinen Hunger hatte, und kletterte ins Bett. Er zog keinen Schlafanzug an, sondern bedeckte seinen Körper nur mit einem Laken und schlief trotz der brütenden Hitze und der quälenden Gedanken sofort ein.

# Kapitel 5

Sofort, nachdem Endicott sein Büro verlassen hatte und seine Schritte im Korridor verklungen waren, wandte sich Bill Gillespie an Virgil Tibbs.

»Wer zum Teufel hat dir gesagt, du solltest dein großes schwarzes Maul aufreißen?« brauste er auf. »Wenn ich will, daß du mir was sagst, werde ich dich schon fragen. Bis du dich eingemischt hast, ist das Gespräch mit Endicott genau so verlaufen, wie ich es mir vorgestellt hatte.« Er ballte seine riesige Rechte zu einer Faust und preßte sie gegen seine linke Handfläche. »Und jetzt hör mir genau zu – ich will, daß du auf der Stelle von hier verschwindest. Ich weiß nicht, wann der nächste Zug fährt, und es ist mir auch egal, geh einfach zum Bahnhof und warte. Wenn er kommt, steig ein, egal, in welche Richtung er fährt. Und jetzt raus hier!«

Virgil Tibbs stand wortlos auf. Er ging zur Bürotür, drehte sich um und blickte dem hochgewachsenen Mann, der den kleinen Raum völlig beherrschte, offen ins Gesicht. »Ich wünsche Ihnen noch einen guten Morgen, Chief Gillespie«, sagte er. In der Eingangshalle hielt ihn der diensthabende Beamte an der Theke an.

»Virgil, haben Sie heute morgen einen braunen Fiberglaskoffer am Bahnhof stehen lassen? Mit den Initialen V.R.T.?«

Tibbs nickte. »Ja, der gehört mir. Wo ist er?«

»Hier bei uns. Wenn Sie fünf Minuten warten, bis ich hier fertig bin, hol' ich ihn für Sie.«

Tibbs wartete mit sichtlichem Unbehagen; er wollte nicht, daß Gillespie aus seinem Büro kam und ihn immer noch hier antraf. Er hatte keine Angst vor dem Hünen, sah aber auch keinen Sinn in einer weiteren Konfrontation. Er blieb stehen, um höflich anzudeuten, daß er damit rechnete, nur kurz warten zu müssen.

Nach recht ausgedehnten fünf Minuten kehrte der Mann mit dem Koffer zurück. »Kann mich jemand zum Bahnhof fahren?« erkundigte sich Tibbs.

»Da müssen Sie den Chief fragen. Wenn er einverstanden ist, hab' ich nichts dagegen.«

»Vergessen Sie's«, antwortete Tibbs kurz. Er nahm seinen Koffer und ging die lange Treppe hinunter zur Straße.

Neun Minuten später klingelte das Telefon in Gillespies Büro. Es war sein Privatanschluß, dessen Nummer nur wenige Personen kannten. Er hob den Hörer ab. »Gillespie«, meldete er sich kurzangebunden.

»Hier ist Frank Schubert, Bill.«

»Ach, Sie sind es, Frank.« Der Chief bemühte sich, selbstbewußt und herzlich zu klingen. Frank Schubert führte eine Eisenwarenhandlung und besaß zwei Tankstellen. Außerdem war er Bürgermeister von Wells und Vorsitzender des Stadtrates.

»Bill, George Endicott war gerade hier bei mir im Büro.«

»Ja«, Gillespie schrie fast und nahm sich sofort vor, seine Stimme besser unter Kontrolle zu halten.

»Es ging um den farbigen Kripomann, den einer Ihrer Leute aufgelesen hat. Er bat mich, in Pasadena anzurufen und nachzufragen, ob wir ihn uns für ein paar Tage ausleihen können. George ist völlig außer sich über Mantolis Tod, wissen Sie.«

»Das weiß ich selbst«, unterbrach Gillespie. Er hatte das Gefühl, wie ein Kind behandelt zu werden.

»Man hat uns sofort mit Chief Morris in Pasadena verbunden«, fuhr Schubert fort. »Er ist einverstanden.«

Gillespie schluckte schwer. »Frank, ich weiß es wirklich zu schätzen, daß Sie sich soviel Mühe machen, aber ich habe den Kerl eben weggeschickt und will ihn, ehrlich gesagt, nicht wieder um mich haben. Ich verfüge hier über gute Leute und bin auch selbst nicht unerfahren. Entschuldigen Sie bitte, wenn ich das so offen sage, aber Endicott mischt sich in Dinge ein, die ihn nichts angehen.«

»Ich weiß«, stimmte Schubert zu, »außerdem kommt er aus dem Norden, wo man etwas anders denkt als wir im Süden. Aber ich glaube, Sie übersehen da etwas.«

»Und was soll das sein?« fragte Gillespie.

»Die Tatsache, daß Sie damit automatisch aus dem Schneider wären. Endicott will, daß wir seinen schwarzen Freund einschalten. Fein, tun wir ihm den Gefallen. Nehmen wir mal an, er findet den Mörder. Da er hier keinerlei Befugnisse hat, wird er dann alles Ihnen übertragen müssen. Und wenn er versagt, sind Sie ebenfalls vom Haken. Außerdem werden dann sämtliche Bürger unserer Stadt hinter Ihnen stehen, und man wird ihm allein die Schuld geben. Egal was passiert, Sie können nur gewinnen. Falls Sie jedoch seine Unterstützung nicht annehmen und es Ihnen aus irgendeinem Grund nicht gelingen sollte, den Mörder möglichst bald zu fassen, dann will Endicott Ihren Skalp, und er hat mehr Knete als sonst wer in dieser Stadt.«

Gillespie kaute einen Moment an seiner Unterlippe. »Ich habe den Kerl gerade hochkant rausgeworfen«, sagte er.

»Dann holen Sie ihn besser schnell zurück«, warnte Schubert. »Er ist sozusagen Ihr Alibi. Seien Sie nett zu ihm, und lassen Sie ihn sich seine eigene Schlinge knüpfen. Falls Ihnen jemand Schwierigkeiten macht, sagen Sie einfach, Sie hätten auf meine Anweisung hin gehandelt.«

Da wußte Gillespie, daß er in der Falle saß. »In Ordnung«, sagte er unwillig und legte auf. Er stand sofort auf und versuchte, sich ins Gedächtnis zu rufen, daß er selbst keine Ahnung davon hatte, wie man die Fahndung nach einem Mörder aufzog, und daß Virgil Tibbs der ahnungslose Sündenbock sein würde, der ihn der ganzen Verantwortung enthob. Als er sich schließlich hinter das Steuer seines Wagens gezwängt hatte, fand er die Vorstellung, Tibbs den Strick zu reichen, an dem er sich selbst aufknüpfen würde, gar nicht so schlecht.

Zwei Blocks vor dem Bahnhof fand er den Mann. Tibbs war gerade stehengeblieben, um den Koffer von der einen Hand in die andere zu wechseln, als Gillespie an den Bordstein heranfuhr. »Virgil, steigen Sie ein, ich muß mit Ihnen reden«, sagte er.

Als der junge Schwarze Anstalten machte zu gehorchen, schoß Gillespie ein ekelhafter Gedanke durch den Kopf. Tibbs hatte den ganzen Weg mit dem schweren Koffer zu Fuß in sengender Hitze zurückgelegt. Bestimmt schwitzte er, und Gillespie haßte den Geruch, den er mit Negern verband. Er drehte sich um und drehte rasch das Rückfenster hinter sich herunter. Dann bedeutete er Tibbs, sich neben ihn nach vorn zu setzen. »Stellen Sie Ihren Koffer hinten rein«, ordnete er an. Tibbs tat, wie ihm geheißen, stieg in den Wagen und lehnte sich zurück. Zu Gillespies ungeheurer Erleichterung stank er nicht.

Gillespie fuhr los und fädelte sich wieder in den Verkehr ein. »Virgil«, begann er, »ich war heute morgen ein bißchen grob zu Ihnen.« Er hielt es für besser, nicht mehr zu sagen.

Tibbs schwieg.

»Ihr Freund Endicott«, fuhr Gillespie fort, »hat sich mit unserem Bürgermeister über Sie unterhalten. Bürgermeister Schubert hat in Pasadena angerufen. Nachdem er die Angelegenheit mit mir besprochen hat, haben wir beschlossen, Ihnen die Ermittlungen im Mordfall Mantoli unter meiner Leitung zu übertragen.«

Während der nächsten drei Blocks schwiegen sie beide. Dann begann Tibbs vorsichtig zu sprechen. »Ich halte es für besser, Ihren ersten Vorschlag zu befolgen, Chief Gillespie, und die Stadt möglichst schnell zu verlassen. Das dürfte Ihnen vieles erleichtern.«

Gillespie lenkte den Wagen um eine Ecke. »Was würden Sie tun, wenn Ihr Boß Sie auffordern würde zu bleiben?« erkundigte er sich.

»Wenn Chief Morris mich darum bittet«, erwiderte Tibbs ohne zu zögern, »würde ich sogar nach England fliegen und Jack the Ripper suchen.«

»Chief Morris läßt Ihnen ausrichten, Sie sollten eine Woche hier bei uns bleiben. Natürlich werden Sie nicht unserer Dienststelle angehören und auch keine Uniform tragen.«

»Das tue ich schon seit geraumer Zeit nicht mehr«, sagte Tibbs.

»Okay. Was werden Sie brauchen?«

»Ich war die ganze Nacht auf den Beinen und hatte noch keine Gelegenheit, mich frisch zu machen«, antwortete Tibbs. »Wenn es hier irgendwo ein Hotel gibt, in dem ich unterkommen kann, würde ich mich gern rasieren, duschen und mir einen sauberen Anzug anziehen. Und ich hätte gern ein Fahrzeug zu meiner Verfügung. Das wäre eigentlich schon alles. Jedenfalls im Moment.«

Gillespie dachte kurz nach. »Die Hotels hier werden Sie nicht aufnehmen, Virgil, aber fünf Meilen weiter gibt es ein Motel für Farbige. Da können Sie unterkommen. Wir haben noch einen alten Streifenwagen in Reserve, den können Sie haben.«

»Lieber keinen Streifenwagen«, bat Tibbs. »Wenn Sie einen Gebrauchtwagenhändler kennen, der mir irgendeinen fahrbaren Untersatz leihen kann, wäre das bedeutend besser. Ich möchte auf keinen Fall auffallen.«

Gillespie dämmerte es inzwischen, daß es gar nicht so einfach war, Tibbs in eine Falle zu locken. »Ich glaube, ich weiß da was«, sagte er und wendete den Wagen mitten auf der Straße. Er fuhr zu einer Reparaturwerkstatt auf der anderen Seite des Bahnübergangs. Ein riesiger schwarzer Automechaniker kam heraus, um ihn zu begrüßen.

»Jess«, erklärte Gillespie, »das hier ist Virgil. Er arbeitet für mich. Ich möchte, daß du ihm ein Auto leihst oder ihm eins besorgst. Etwa für eine Woche oder so. Irgendwas, das anständig fährt, vielleicht einer von den Wagen, die du wieder hergerichtet hast.«

»Was ich herrichte, fährt immer anständig«, antwortete Jess. »Wer übernimmt die Verantwortung?«

»Ich«, sagte Tibbs.

»Dann kommen Sie mal mit«, erwiderte Jess und ging zurück in seine Werkstatt. Virgil Tibbs stieg aus Gillespies Wagen, nahm seinen Koffer vom Rücksitz und wandte sich an seinen neuen Vorgesetzten. »Ich melde mich bei Ihnen, sobald ich mich frisch gemacht habe«, sagte er.

»Nehmen Sie sich ruhig Zeit«, antwortete Gillespie. »Morgen ist auch noch ein Tag.« Er trat hart aufs Gaspedal, der Wagen schoß nach vorn und hinterließ eine dicke Staubwolke. Virgil Tibbs nahm seinen Koffer und betrat die Werkstatt.

»Wer sind Sie?« fragte Jess.

»Mein Name ist Tibbs. Ich bin Polizist und komme aus Kalifornien.«

Jess wischte sich die Hände an einem Tuch ab. »Ich spare schon seit langem, weil ich auch in den Westen ziehen möchte. Ich will endlich hier weg«, vertraute er Tibbs an. »Aber verraten Sie das lieber keinem. Sie können meinen eigenen Wagen haben. Ich kann mir 'nen anderen nehmen, wenn's sein muß. Und was machen Sie hier?«

»Hier ist heute morgen jemand ermordet worden. Die Leute wissen nicht, was sie tun sollen, deshalb haben sie vor, mich als Sündenbock zu benutzen.«

Der Mechniker sah ihn zweifelnd an. »Und wie wollen Sie sich dagegen schützen?« fragte er.

»Indem ich den Mörder fasse«, antwortete Tibbs.

Aufgrund der Hitze und wegen der Abweichung von seiner Routine schlief Sam Wood kurz und unruhig. Bereits um zwei Uhr nachmittags war er wieder aufgestanden und hatte sich angezogen. Da er nur wenige Lebensmittel im Haus hatte, machte er sich nur ein Sandwich und sah seine Post durch. Den letzten der drei Briefe in dem kleinen Stapel öffnete er mit zitternden Fingern. Dem Schreiben, das den Briefkopf eines Anwalts trug, war ein Scheck beigelegt. Als Sam den Scheck betrachtete, vergaß er sogar den Mordfall. Er steckte den Brief und den Scheck in seine Brusttasche, schaute auf seine Armbanduhr und verließ eilig das Haus. Plötzlich war es ihm sehr wichtig, unbedingt noch vor drei auf der Bank zu sein.

Eine Stunde später fuhr Sam zum Revier, um sich über den neusten Stand der Dinge zu informieren. Außerdem war Zahltag. Zu seiner Verwunderung traf er in der Eingangshalle Bill Gillespie im Gespräch mit Virgil Tibbs an.

Sam holte sich an der Theke seinen Gehaltsscheck ab und quittierte den Erhalt. Als er sich umdrehte, bemerkte er, daß Bill Gillespie auf ihn wartete. »Wood, ich weiß zwar, daß Sie im Moment nicht im Dienst sind, aber wir brauchen unbedingt jemand, der uns hier ein bißchen hilft. Könnten Sie Virgil vielleicht zu den Endicotts fahren? Er möchte mit Mantolis Tochter sprechen.« Es war weniger eine Bitte als ein freundlich formulierter Befehl. Sam begriff nicht, wieso der kalifornische Polizist auf einmal respektiert wurde, doch seine Diskretion verbot ihm, sich hier und jetzt danach zu erkundigen. Er war sogar froh, dem Wunsch zu entsprechen, denn er wollte auf keinen Fall etwas verpassen.

»Sicher, Chief, wenn Sie wollen.«

Gillespie schnaubte genervt. »Wenn ich es nicht wollte, Wood, hätte ich Sie nicht gebeten. Virgil hat zwar einen Wagen, aber Sie kennen den Weg.«

Woran mochte es wohl liegen, fragte sich Sam, daß Gillespie es jedesmal in den falschen Hals bekam, wenn er versuchte, höflich zu ihm zu sein? Er nickte Tibbs zu und überlegte kurz, ob er lieber mit seinem Privatwagen oder dem Streifenwagen, der auf dem Parkplatz stand, auf den Hügel fahren sollte. Immerhin trug er keine Uniform. Die Lösung fiel ihm schlagartig ein: Er war momentan ein Beamter in Zivil, als solcher würde er den Dienstwagen nehmen. Er ging voran, Tibbs folgte ihm. Als Sam sich in seinen Wagen setzte, öffnete Tibbs die Beifahrertür und nahm neben ihm Platz. Nach kurzem Zögern akzeptierte Sam das Arrangement und ließ den Motor an.

Als sie den dichten Verkehr hinter sich gelassen hatten und durch die Vororte zu der Straße fuhren, die zum Haus der Endicotts führte, gab Sam seiner Neugier nach. »Der Chief scheint Frieden mit Ihnen geschlossen zu haben«, bemerkte er, fragte sich jedoch im gleichen Atemzug, ob er vielleicht zu freundlich, zu offen oder beides gewesen war.

»Ich habe mir schon gedacht, daß Sie das wundern würde«, antwortete Tibbs. »Meine Gegenwart war Mr. Gillespie unangenehm, und ich habe den Fehler gemacht, mich in eines seiner Gespräche einzumischen.«

»Ich weiß«, sagte Sam.

Tibbs nahm es ihm nicht übel. »Ohne auf die Einzelheiten einzugehen, hat Chief Gillespie schließlich beschlossen, daß ich ein paar Tage bei den Ermittlungen im Fall Mantoli mithelfe. Mit Erlaubnis und Zustimmung meiner Vorgesetzten in Kalifornien.«

»Und welchen Status haben Sie dann bei uns?« erkundigte sich Sam neugierig.

»Gar keinen, ich habe lediglich die Erlaubnis, mein Glück zu versuchen. Und mir möglicherweise dabei mein eigenes Grab zu schaufeln.«

Sie hatten das Ende der Teerdecke erreicht und fuhren auf eine Schotterstraße.

»Glauben Sie denn, daß Sie das hinkriegen?« fragte Sam.

»Ich könnte Ihnen ein paar Referenzen zeigen«, antwortete Tibbs.

»Die werden Ihnen hier nicht viel nützen, wenn sie in Kalifornien sind«, meinte Sam.

»Sie sind tatsächlich in Kalifornien«, gab Tibbs zu. »In San Quentin.«

Sam beschloß, den Mund zu halten und weiterzufahren.

Als die Tür sich zum zweiten Mal an diesem Tag vor ihm öffnete, stand er wieder Mrs. Endicott gegenüber. Sie hatte sich umgezogen und trug nun ein einfaches schwarzes Kleid. Obwohl sie nicht lächelte, hatte er das Gefühl, daß sie froh war, ihn zu sehen. »Ich freue mich, daß Sie gekommen sind, Officer«, sagte sie. »Leider weiß ich Ihren Namen nicht mehr.«

»Sam Wood, Ma'am.«

Sie reichte ihm kurz die Hand. »Und dieser Herr ist sicher Mr. Tibbs.« Sie gab dem Schwarzen ebenfalls die Hand. »Bitte, kommen Sie doch herein, Gentlemen«, lud sie sie ein.

Sam folgte der Hausherrin in das große, eindrucksvolle Wohnzimmer. Als er eintrat, sah er nicht nur Mr. Endicott, sondern auch einen jungen Mann und ein junges Mädchen. Die beiden hielten sich an den Händen, aber Sam spürte sofort, daß das nicht von ihr, sondern von ihm ausging. Die Männer standen auf, um sich vorzustellen.

»Duena, darf ich dir Mr. Tibbs und Mr. Wood vorstellen – Miss Mantoli. Und Mr. Eric Kaufmann, Maestro Mantolis Mitarbeiter und Manager.«

Die Männer schüttelten einander die Hände. Sam hielt nicht sonderlich viel von Kaufmann. Er war noch relativ jung, versuchte aber älter, größer und wichtiger zu wirken, als er war.

Das Mädchen war ganz anders. Sam musterte die junge Frau, die ruhig und in sich gekehrt dasaß, mit einem raschen, vorsichtigen Blick und revidierte auf der Stelle sämtliche Vorurteile über italienische Frauen. Diese Frau war weder dick noch sah sie so aus, als ob sie es je werden würde. Sie hatte einen dunklen Teint und trug das Haar kurz geschnitten, was er immer schon attraktiv gefunden hatte. Sam rief sich ins Gedächtnis, daß dieses Mädchen erst heute morgen von dem brutalen Mord an ihrem Vater erfahren hatte, und verspürte den plötzlichen Impuls, sich neben sie zu setzen, seinen Arm sanft um ihre Schultern zu legen und ihr zu sagen, daß irgendwie alles wieder gut werden würde.

Aber für sie würde unmöglich alles wieder gut werden – zumindest für lange Zeit nicht. Er dachte immer noch über sie nach, als Virgil Tibbs mit ruhiger Stimme das Heft in die Hand nahm.

»Miss Mantoli«, sagte Tibbs, »es gibt nur eine Entschuldigung dafür, daß wir Sie in einem solchen Augenblick belästigen: Wir brauchen Ihre Hilfe, um den Täter zu finden und zu bestrafen. Fühlen Sie sich in der Lage, einige Fragen zu beantworten?«

Die junge Frau sah ihn einen Moment lang mit geröteten, tränennassen Augen an, schloß die Lider und bedeutete ihnen mit einem stummen Nicken, sich zu setzen. Sam ließ sich erleichtert auf einen der Sessel sinken, er hatte das Bedürfnis, ganz im Hintergrund zu bleiben und Tibbs alles weitere zu überlassen.

»Vielleicht ist es leichter, wenn ich mit Ihnen anfange«, sagte Tibbs, während er sich Eric Kaufmann zuwandte. »Waren Sie gestern abend hier?«

»Ja, das heißt, zumindest am frühen Abend. Ich mußte um zehn fort, weil ich noch nach Atlanta fahren wollte. Es ist ziemlich weit von hier, und ich mußte früh am Morgen dort sein.«

»Sind Sie die ganze Nacht durchgefahren?« erkundigte sich Tibbs.

»Nein. Ich bin gegen halb drei heute morgen dort angekommen und in mein Hotel gegangen, um wenigstens noch ein bißchen zu schlafen. Ich war gerade aufgestanden und dabei, mich zu rasieren, als... als ich den Anruf bekam«, erklärte er.

Tibbs wandte sich dem Mädchen zu, das mit gesenktem Kopf dasaß, die Hände fest ineinander verschlungen vor ihren Knien. Als er mit ihr sprach, veränderte sich der Klang seiner Stimme ein klein wenig. Sie war immer noch ruhig und sachlich, doch man spürte sein Mitgefühl für das unglückliche junge Mädchen, das hier vor ihm saß.

»Gab es Personen, die sich vergeblich um die Stellung Ihres Vaters bemühten und die durch seinen Erfolg... verärgert sein könnten?« erkundigte er sich.

Das Mädchen schaute auf. »Nein, niemanden«, antwortete sie. Ihre Stimme war leise, doch ihre Worte klangen klar und deutlich, ohne jede Angst. Sie hatte keinerlei Akzent. »Absolut niemanden. Die Festspiele waren seine Idee, und sonst hat nie jemand...« Ihre Stimme erstarb, und sie versuchte erst gar nicht, den Satz zu beenden.

»Hat Ihr Vater für gewöhnlich größere Geldbeträge bei sich getragen – sagen wir, über zweihundert Dollar?«

»Manchmal schon, wenn er auf Reisen war. Ich habe immer versucht, ihn zu überreden, Travellerschecks mitzunehmen, aber er fand sie zu umständlich.« Sie schaute hoch und stellte eine Gegenfrage. »Hat man ihn deshalb umgebracht – wegen ein paar Dollar?« fragte sie. Ihre Stimme klang bitter, und als sie sprach, schienen ihre Lippen zu zittern. Ihre Augen füllten sich wieder mit Tränen.

»Das bezweifle ich sehr, Miss Mantoli«, antwortete Tibbs. »Es gibt mindestens drei andere mögliche Motive, die wir noch näher untersuchen müssen. Ich glaube nicht, daß Geld der Grund war.«

Grace Endicott unterbrach ihn. »Mr. Tibbs, ich bin Ihnen sehr dankbar für Ihre Hilfe, aber darf ich vielleicht einen Vorschlag machen? Um Duena zu schonen, könnten wir Ihnen doch die meisten Ihrer Fragen beantworten. Der Schock hat sie sehr mitgenommen, dafür haben Sie sicher Verständnis.«

»Natürlich verstehe ich das«, versicherte Tibbs. »Wenn es Miss Mantoli wieder ein wenig besser geht, kann ich immer noch mit ihr reden – falls dies überhaupt nötig sein sollte.«

Grace Endicott streckte die Hand nach dem jungen Mädchen aus. »Komm, leg dich doch ein wenig hin«, empfahl sie ihr.

Das Mädchen stand auf, schüttelte jedoch den Kopf. »Ich würde lieber ein bißchen nach draußen gehen«, sagte sie. »Ich weiß zwar, daß es heiß ist, aber ich habe einfach das Bedürfnis. Bitte.«

Die ältere Frau hatte Verständnis für diesen Wunsch. »Ich hole dir schnell einen Hut«, schlug sie vor. »Du mußt dich bei dieser Hitze vor der Sonne schützen.« Als die beiden Frauen den Raum verlassen hatten, sagte George Endicott: »Ich möchte nicht, daß sie allein nach draußen geht. Wir leben zwar hier oben ziemlich einsam, aber bevor nicht alles geklärt ist, möchte ich lieber kein Risiko eingehen – auf keinen Fall. Eric, würdest du wohl so nett sein...« Dann hielt er inne.

Sam Wood wurde von einem Gefühl überwältigt, das er noch nie zuvor empfunden hatte. Ganz ruhig stand er auf. »Erlauben Sie mir, sie zu begleiten«, bot er an. Er war bedeutend kräftiger und größer als Kaufmann und noch dazu Polizeibeamter, auch wenn er momentan keine Uniform trug. Die Verantwortung lag bei ihm.

»Ich bin durchaus in der Lage...«, begann Kaufmann.

»Du wirst wahrscheinlich hier gebraucht«, erinnerte ihn George Endicott. Sam deutete dies als Zustimmung, nickte Endicott zu und ging zur Eingangstür. Er wußte, daß draußen im hellen Tageslicht keine Gefahr drohte, und bedauerte es beinahe. Es wäre ihm lieber gewesen, wenn er seine Uniform getragen hätte, dann wäre die Dienstwaffe an seiner Seite deutlich sichtbar gewesen und hätte dem Mädchen zusätzlich Vertrauen eingeflößt. In Zivil war er lediglich ein kräftiger Mann in einem Straßenanzug. Grace Endicott erschien wieder mit Duena Mantoli. Das Mädchen trug einen breitkrempigen Sommerhut, mit dem sie trotz ihrer Trauer beinahe ungehörig attraktiv aussah. Sam atmete tief durch.

»Ich werde Miss Mantoli begleiten«, sagte er mit fester Stimme.

»Danke«, antwortete Grace Endicott.

Sam hielt dem Mädchen die Tür auf. Schweigend schritt Duena Mantoli vor ihm her um das Haus, bis sie einen kleinen Weg auf der anderen Seite der Auffahrt erreichten. Er führte etwa sechzig bis neunzig Meter in sanften Windungen den Hügel hinunter und endete vor einer kleinen überdachten Aussichtsterrasse, die Sam bislang entgangen war. Sie lag in einer natürlichen Vertiefung des Hügels und war weder von oben noch von den Seiten her einzusehen. Dort hatte man eine Bank aufgestellt, so daß jeder, der Lust dazu verspürte, hier unbeobachtet sitzen und die Schönheit der Great Smoky Mountains genießen konnte.

Duena nahm Platz und strich ihren Rock glatt, um anzudeuten, daß Sam sich neben sie setzen durfte. Sam nahm Platz, verschränkte die Hände und blickte hinaus in die Weite, die sie umgab. Mit einem Mal verstand er, warum das Mädchen hergekommen war. An dieser Stelle hatte man das Gefühl, am äußersten Rand der Unendlichkeit zu stehen. Es war unmöglich, die sich hinziehenden Berge zu betrachten, ohne daß sich einem die Vorstellung aufdrängte, sie würden sich auch über den Horizont hinaus endlos weiter erstrekken.

Sie saßen einige Minuten schweigend nebeneinander, dann fragte das Mädchen unvermittelt: »Sie haben meinen Vater gefunden, nicht?«

»Möchten Sie wirklich, daß wir darüber sprechen?« fragte Sam.

»Ich würde es gern wissen«, sagte das Mädchen. »Haben Sie ihn gefunden?«

»Ja.«

»Wo hat er gelegen?«

Sam zögerte, bevor er antwortete. »Mitten auf dem Highway.«

»Kann es sein, daß er von einem Auto angefahren wurde?«

»Nein.« Sam hielt inne und überlegte, wieviel er noch hinzufügen sollte. »Jemand hat ihn von hinten mit einem stumpfen Gegenstand niedergeschlagen. Sein Stock lag noch neben ihm – sein Spazierstock, meine ich. Vielleicht war er sogar die Tatwaffe.«

»War er« – das Mädchen zögerte und fuhr dann vorsichtig fort – »sofort tot?« Zum ersten Mal wandte sie ihm das Gesicht zu und sah ihn direkt an.

Sam nickte. »Nicht nur das, ich bin mir auch sicher, daß er nichts gemerkt und keinerlei Schmerz gespürt hat.«

Das Mädchen umklammerte mit langen, schlanken Fingern den Rand der Bank und blickte wieder auf das Bergpanorama vor ihr. »Er war kein berühmter Mann, kein wichtiger Mann«, sagte sie, als spräche sie zu den stummen Bergen. »Sein ganzes Leben lang hat er gearbeitet und gehofft, den großen Durchbruch zu schaffen. Das hier hätte sein Durchbruch sein können, er hätte sich endlich in der Musikbranche einen Namen machen können. Das Leben ist hart, und es ist so gut wie unmöglich, es zu etwas zu bringen, wenn man nicht die richtigen Leute kennt. Wer immer meinen Vater umgebracht hat, hat auch all seine Hoffnungen und Träume zerstört – als sie endlich zum Greifen nah waren.« Sie hörte auf zu sprechen, starrte jedoch immer noch unverwandt in die Ferne. Sam schaute sie verstohlen an und ärgerte sich darüber, daß sie ihm ausgerechnet in diesem Augenblick so schön erschien. Er sehnte sich verzweifelt danach, ihr seinen Schutz anzubieten, sie an seiner breiten Schulter weinen zu lassen, wenn sie wollte, ihr tröstend die Hand zu halten.

Er versuchte, wenigstens mit Worten zu erreichen, was er nicht körperlich ausdrücken konnte. »Miss Mantoli, ich möchte Ihnen etwas sagen, das Ihnen vielleicht ein bißchen hilft. Wir alle bei der Polizei werden unser Bestes tun, um den Täter zu finden und seiner gerechten Strafe zuzuführen, egal wie schwer wir auch arbeiten müssen. Das ist zwar kein großer Trost, aber vielleicht hilft es Ihnen ein wenig.«

»Sie sind sehr freundlich, Mr. Wood«, sagte sie, doch sie klang, als wären ihre Gedanken weit fort. »Werden Sie Schwierigkeiten bekommen, weil Mr. Tibbs hier ist?« fragte sie unvermittelt.

Sam runzelte die Stirn. »Schwer zu sagen, wenn ich ehrlich sein soll. Ich weiß es wirklich nicht.«

»Nur weil er ein Neger ist.«

»Ja, weil er schwarz ist. Sie wissen ja, wie wir hier im Süden darüber denken.«

Als das Mädchen ihn ruhig und unverwandt anschaute, verspürte Sam plötzlich ein Gefühl, das er sich nicht erklären konnte. »Ich weiß selbst, wie das ist«, sagte sie. »Viele Leute mögen keine Italiener. Sie denken, wir wären anders, wissen Sie. Natürlich machen Sie bei Toscanini oder Sophia Loren eine Ausnahme, aber alle anderen sind für sie nur Gemüsehändler oder Gangster.« Sie strich ihr Haar mechanisch mit einer Hand zurück, wandte den Blick ab und betrachtete wieder die Berge.

»Vielleicht sollten wir wieder zurückgehen«, schlug Sam vor; ihm war plötzlich unbehaglich.

Das junge Mädchen erhob sich. »Wahrscheinlich haben Sie recht. Danke, daß Sie mitgekommen sind«, sagte sie. »Es hat mir geholfen.«

Als sie das Haus erreichten, öffnete Eric Kaufmann gerade die Haustür. Er hielt sie für Virgil Tibbs auf, der sich unmittelbar hinter ihm befand, und schüttelte ihm demonstrativ die Hand. Selbst Sam bemerkte die Herablassung, die in dieser Geste lag. »Mr. Tibbs«, sagte Kaufmann laut genug, daß Sam und das Mädchen ihn auch hören konnten. »Es ist mir gleichgültig, was es kostet oder wie Sie es anfangen. Ich bin zwar nicht reich, aber ich werde alles tun, damit der Mörd- ... die Person, die dem Maestro das angetan hat, gefaßt wird und für diese Tat büßt.« Seine Stimme brach. »Ihn einfach so niederzustrecken, einen Mann wie ihn! Er konnte sich nicht einmal wehren. Bitte, tun Sie alles, was in Ihrer Macht steht!«

Sam fragte sich, ob die Worte ehrlich gemeint waren oder ob Kaufmann nur versuchte, das Mädchen zu beeindrucken. Er mußte sie gut kennen, dachte Sam, vielleicht war er sogar... Er wagte es nicht, den Gedanken zu Ende zu denken. Er wünschte sich wider jede Vernunft, das Mädchen wäre gerade dem Nichts entstiegen und er wäre der erste, der ihr begegnete und sie beschützen könnte.

Er hatte den Eindruck, daß ihm allmählich die Realität entglitt und es höchste Zeit war, sich zusammenzunehmen.

Virgil Tibbs verabschiedete sich, und sie stiegen in den Wagen. Sam ließ den Motor an und fuhr wieder auf die Straße, die hinunter zur Stadt führte. Als das Haus bereits ein ganzes Stück hinter ihnen lag, sagte er: »Haben Sie etwas herausgefunden?«

»Allerdings«, antwortete Tibbs.

Sam wartete auf eine genauere Erklärung, stellte aber fest, daß er sich selbst darum kümmern mußte. »Und was, Virgil?«

»In der Hauptsache Hintergrundinformationen, die Mantolis Leben und die Musikfestspiele betreffen. Die Endicotts haben viel Geld in die Sache gesteckt. Sie haben gehofft, daß sie hier so etwas ähnliches wie ein zweites Tanglewood oder das Bethlehem Bach Festival organisieren könnten. Einige Projekte dieser Art waren äußerst erfolgreich.«

»Die meisten Leute hier halten die Idee für total verrückt«, sagte Sam.

»Die Reaktionen auf die Vorankündigungen waren erstaunlich gut«, fügte Tibbs hinzu. »Ich kenne mich zwar mit Musik nicht sonderlich gut aus, aber Mantoli hat anscheinend ein ganz besonderes Programm zusammengestellt, das den Leuten, die solche Konzerte besuchen, sehr zusagt. Jedenfalls waren erstaunlich viele Menschen bereit, eine Menge Geld auszugeben, um den ganzen Abend auf Holzbänken oder Klappstühlen zu sitzen und dafür zu sorgen, daß die Festspiele ein voller Erfolg wurden, so daß man sich beim nächsten Mal bessere Sitzgelegenheiten leisten konnte.«

»Aber Sie haben nichts gefunden, das uns bei der Lösung unseres Problems helfen könnte? Nichts, was darauf hinweist, wer es gewesen sein kann?«

»Möglicherweise schon«, antwortete Tibbs vage. »Mr. Endicott hat darum gebeten, daß Mr. Mantolis Leiche so schnell wie möglich zur Bestattung freigegeben wird«, fügte er hinzu.

Sam wartete noch einen Moment und gab dann auf. »Und was machen wir jetzt?«

»Wir fahren zurück zum Polizeirevier. Ich möchte mir diesen Oberst ansehen, den sie dort festhalten.«

»Ach, den hatte ich ganz vergessen«, gestand Sam. »Was wollen Sie denn mit ihm machen?«

»Ich möchte mich mit ihm unterhalten«, antwortete Tibbs. »Danach hängt alles davon ab, wieviel Freiheit Gillespie mir läßt.«

Den Rest der Fahrt legten sie schweigend zurück. Während Sam den Wagen die kurvenreiche Straße hinunterlenkte, überlegte er, ob er wollte, daß der Mann neben ihm Erfolg hatte oder nicht. Im Geiste sah er Duena Mantoli genau vor sich. Doch dann erschien ihm wie bei einer Diavorführung plötzlich Gillespie, und danach, ohne daß er ihn ansah, der Schwarze neben ihm. Das machte ihm gewaltig zu schaffen. Er hätte nichts gegen einen Fremden einzuwenden gehabt, wenn er ein netter Kerl gewesen wäre, doch die Vorstellung, daß es ausgerechnet ein Neger war, erschien ihm genauso schrecklich wie ein riesiges Felsriff mitten in einer Fahrrinne. Als sie schließlich das Revier erreichten, war Sam immer noch uneins mit sich. Er wollte zwar, daß dieser Fall gelöst wurde, doch er wollte auch, daß das jemand tat, zu dem er aufschauen und den er respektieren konnte. Das Schlimme war nur, daß er keine Ahnung hatte, wer das sein sollte.

## Kapitel 6

Virgil Tibbs ging zur Theke und brachte seinen Wunsch vor. Dann verschwand er in der Toilette für Farbige, damit der Beamte genug Zeit hatte, nachzudenken und Gillespie zu Rate zu ziehen. Da der Polizeichef momentan außer Haus war, mußte der Diensthabende selbst entscheiden. Nachdem er sich die Anweisungen seines Vorgesetzten noch einmal ins Gedächtnis gerufen hatte, rief er Arnold und gab ihm die Erlaubnis, Tibbs in Harvey Obersts Zelle zu lassen.

Als die Stahltür geöffnet wurde, sprang Oberst auf. »Den will ich nicht hier in meiner Zelle haben«, protestierte er. »Steckt den sofort woanders hin. Ich will keinen Nig-«

Die Stahltür schloß sich wieder. »Er will bloß mit dir reden«, erwiderte Arnold barsch und verschwand. Oberst ließ sich auf das äußerste Ende seiner harten Holzpritsche sinken, Tibbs nahm ruhig am anderen Ende Platz. Er hatte Jackett und Krawatte ausgezogen und seine Hemdsärmel hochgerollt. Er faltete seine schlanken, dunklen Finger, ließ sie auf seinen Schoß sinken und saß schweigend da, ohne auf Oberst zu achten. Die Minuten verstrichen, aber keiner der beiden Männer rührte sich. Schließlich begann Oberst, unruhig zu werden. Zuerst bewegte er seine Hände, dann begann er, mit den Füßen zu scharren. Als seine Nervosität immer mehr zunahm, brach er schließlich das Schweigen. »Wieso hast du Sachen wie 'n Weißer an?« fragte er.

Tibbs schien zum ersten Mal überhaupt Notiz von Oberst zu nehmen. »Ich habe sie bei einem Weißen gekauft«, antwortete er.

Harvey Oberst richtete seine Aufmerksamkeit auf seinen Zellengenossen und musterte ihn von Kopf bis Fuß. »Warst du auch auf 'ner Schule?« fragte er.

Tibbs nickte langsam. »Auf einem College.«

Oberst reagierte gereizt. »Dann hältst du dich wohl für besonders schlau, was?«

Virgil Tibbs betrachtete seine verschlungenen Finger. »Ich habe dort meinen Abschluß gemacht.«

»Wo haben sie dich denn aufs College gehen lassen?«

»In Kalifornien.«

Oberst setzte sich anders hin und zog seine Füße auf die harte Pritsche. »In Kalifornien ist wohl alles erlaubt.«

Tibbs überging die Bemerkung. »Wer ist Delores Purdy?« fragte er.

Oberst beugte sich vor. »Geht dich 'nen Dreck an«, brauste er auf. »Sie ist 'n weißes Mädchen.«

Tibbs löste seine Finger voneinander, drehte sich um und zog ebenfalls die Füße auf die Pritsche, genau wie Oberst. »Entweder Sie beantworten meine Frage«, sagte er, »oder Sie riskieren, wegen Mordes gehängt zu werden.«

»Spiel dich bloß nicht auf, Niggerjunge«, höhnte Harvey. »Du bist ein Niemand, und du wirst immer ein Niemand bleiben. Deine Schule und dein College machen dich nicht zu 'nem Weißen, und das weißt du auch.«

»Ich lege gar keinen Wert darauf, weiß zu sein«, sagte Tibbs. »Aber gleichgültig, ob weiß oder schwarz, wenn man erst den Hals in der Schlinge hat, nutzt es einem sowieso nichts mehr. Und wenn man eine Zeitlang in der Erde gelegen hat und verfault ist – in einem Jahr ungefähr oder ein bißchen länger, würde ich sagen –, weiß keiner mehr, welche Hautfarbe man hatte. Und es interessiert auch niemanden mehr. Dann hat man überhaupt keine Haut mehr. Wollen Sie das?«

Oberst zog die Knie ganz nah an den Körper und umschlang sie mit den Armen, als wolle er sich schützen. »Für wen zum Teufel hältst du dich eigentlich?« wollte er wissen. Doch in seiner Stimme lag Furcht, und die Überheblichkeit, mit der er sie zu überspielen versuchte, klang nicht sehr überzeugend.

»Ich bin ein Cop. Ich bin hinter dem Kerl her, der den Mann umgebracht hat, den Sie ausgeraubt haben. Sie können mir glauben oder nicht, es ist die Wahrheit. Außerdem bin ich zufällig der einzige Mensch hier, der Sie nicht für den Schuldigen hält. Es wäre also besser für Sie, wenn Sie mir helfen würden, denn ich bin Ihre einzige Chance.«

»Du bist nie im Leben ein Cop«, sagte Oberst nach einer Weile.

Tibbs griff in seine Brusttasche und zog eine kleine weiße Karte heraus, die in Plastik eingeschweißt war. »Ich arbeite in Pasadena.

Und zwar bei der Mordkommission. Man könnte auch sagen, ich bin Kriminalbeamter. Das Revier hier hat mich sozusagen ausgeliehen, damit ich herausfinde, wer Mantoli umgebracht hat – das ist der Tote, den Sie gefunden haben. Wie und warum tut nichts zur Sache. Entweder Sie vertrauen mir, oder Sie werden des Mordes angeklagt.«

Oberst schwieg.

Tibbs wartete einige Minuten. »Wer ist Delores Purdy?« fragte er noch einmal.

Oberst traf seine Entscheidung. »Ein Mädchen, das in meiner Nähe wohnt. Sie hat 'nen Haufen Geschwister.«

»Wie alt ist sie?«

»Sechzehn, fast siebzehn.«

»Wissen Sie, wie wir sowas in Kalifornien nennen? Knastköder«, sagte Tibbs.

Oberst reagierte sofort. »Ich hab' zwar Probleme mit ihr, aber nicht so.«

»Was ist passiert?«

Oberst gab keine Antwort.

»Ich brauche nur nach draußen zu gehen und in Ihrer Akte nachzusehen«, erinnerte ihn Tibbs. »Aber ich würde es lieber von Ihnen selbst hören.«

Oberst gab sich geschlagen. »Also, Delores ist zwar noch jung, aber sie hat 'ne tolle Figur, wenn Sie wissen, was ich meine. So 'ne richtig scharfe Braut.«

»Von der Sorte gibt es ziemlich viele«, meinte Tibbs.

»Schon, aber Delores bildet sich 'ne Menge auf ihre Kurven ein. Sie hat's gern, wenn man sie ansieht. Ich hatte mal 'ne Verabredung mit ihr am Clarke's Pond. Wir wollten nichts Schlimmes tun, ich hab' nämlich keine Lust, im Knast zu landen.«

Tibbs nickte.

»Da fragt sie mich, ob ich nicht auch finde, daß sie 'ne tolle Figur hat, und als ich ja sage, will sie sie mir unbedingt zeigen.«

»War es ihre Idee?« fragte Tibbs.

»Haargenau, es war ihre Idee. Ich hab' sie nicht angerührt oder so, aber auch nicht versucht, sie dran zu hindern.«

»Das würden die meisten Menschen zwar verstehen, aber es war trotzdem ziemlich gefährlich.«

»Kann schon sein. Jedenfalls zieht sie sich halb aus, und da stürzt auf einmal 'n Bulle ausm Gebüsch und nimmt mich fest.«

»Was war mit dem Mädchen?«

»Die hat er nach Hause geschickt.«

»Und was ist dann passiert?«

»Nach 'ner Weile haben sie mich wieder gehen lassen. Sie haben gesagt, ich soll mich ja nicht nochmal mit dem Mädchen erwischen lassen.«

»Haben Sie sie seitdem wiedergesehen?«

»Klar, die wohnt doch auf der Third Street an der Ecke Polk Street. Ich wohne nur 'nen halben Block weiter. Ich seh' sie andauernd. Sie will unbedingt, daß wir uns wieder verabreden.«

»Sonst ist nichts passiert?«

»Das war alles, ehrlich.«

Tibbs stand auf, griff nach den Gitterstäben und ließ sich nach hinten fallen, als wolle er auf diese Weise seine verkrampften Armmuskeln entspannen. Dann ging er zurück und setzte sich wieder.

»Rasieren Sie sich jeden Tag?« fragte er.

Überrascht griff sich Oberst ans Kinn. »Normalerweise ja. Heut' morgen allerdings nicht. Ich war die ganze Nacht auf.«

»Wieso das?«

»Ich war in Canville, bei 'nem Bekannten. Wir... haben zwei Mädchen getroffen.«

»Dann sind Sie erst ziemlich spät zurückgekommen?«

»So gegen zwei, vielleicht noch später. Da hab' ich dann auch den Mann auf der Straße gefunden.«

»Was genau haben Sie gemacht? Erzählen Sie mir nicht etwas, von dem Sie glauben, daß ich es hören will, sondern nur das, was wirklich passiert ist.«

»Na ja, dieser Mann liegt da also mit dem Gesicht nach unten mitten auf der Straße. Ich hab' angehalten, um zu fragen, ob ich helfen kann. Aber er war tot.«

»Woher wußten Sie das?«

»Ich hab's eben gewußt. Einfach so.«

»Reden Sie weiter.«

»Dann hab' ich gesehen, wie seine Brieftasche auf der Straße liegt, vielleicht ein oder zwei Meter weiter.«

Virgil Tibbs beugte sich vor. »Das ist äußerst wichtig«, betonte er. »Es ist völlig egal, ob Sie die Brieftasche gefunden haben oder ob Sie sie ihm aus der Tasche gezogen haben, das macht keinen Unterschied. Sind Sie ganz sicher, daß sie neben ihm auf der Straße gelegen hat?«

»Ich schwöre es«, antwortete Oberst.

»Die Brieftasche lag also neben ihm«, meinte Tibbs. »Und was ist dann passiert?«

»Ich hab' sie aufgehoben und schnell reingesehen. War 'ne Menge Scheine drin. Ich hab' mir gedacht, er kann jetzt sowieso nichts mehr damit anfangen, und wenn ich sie dalasse, nimmt sie bestimmt jemand anders mit.«

»Da könnten Sie recht haben«, stimmte Tibbs zu. »Und wie hat man Sie mit der Brieftasche erwischt?«

»Na ja, ich hab' mir Sorgen gemacht, weil der Mann doch ermordet worden ist. Wenn mich jemand mit der Brieftasche erwischt hätte, hätte ich ganz schön in der Tinte gesessen. Also bin ich zu Mr. Jennings. Er leitet die Bank hier, und ich kenne ihn, weil ich am Wochenende immer für ihn arbeite. Ich hab' ihm alles erzählt. Er hat gesagt, das müssen wir unbedingt melden, und hat die Bullen angerufen. Naja, und so bin ich dann doch hier in der Zelle gelandet. Keine Ahnung, was die jetzt mit mir vorhaben.«

Tibbs erhob sich. »Überlassen Sie das ruhig mir«, meinte er. »Wenn Ihre Geschichte stimmt, sind Sie aus dem Schneider.« Er rief laut genug, daß man ihn hören konnte, und wartete, bis Arnold kam, um ihn herauszulassen.

Wenig später ging Tibbs zur Wetterstation und informierte sich über die Niederschläge des letzten Monats.

Bill Gillespie schaute von seinem Schreibtisch auf und stellte fest, daß sein neuer Assistent aus Pasadena auf der Schwelle stand. Er wollte Virgil Tibbs nicht sehen, er wollte niemanden sehen. Er wollte nur nach Hause fahren, sich waschen, etwas essen und sich ins Bett legen. Es war schon spät, und Gillespie war seit den frühen Morgenstunden im Dienst.

»Was ist denn?« fragte er barsch.

Tibbs machte ein paar Schritte ins Zimmer, setzte sich jedoch nicht. »Da Sie mir die Ermittlungen im Fall Mantoli übertragen haben, Chief Gillespie, möchte ich Sie bitten, Harvey Oberst wieder freizulassen.«

»Warum?« Gillespies Stimme klang provozierend.

»Ich bin davon überzeugt, daß er unschuldig ist, und zwar nicht nur aus den Gründen, die ich Ihnen heute morgen genannt habe. Sie könnten ihn natürlich wegen Diebstahls festhalten, weil er die Brieftasche gestohlen hat, aber ich habe mit Mr. Jennings von der

Bank gesprochen, und er hat Obersts Geschichte bestätigt. Oberst hat ihm tatsächlich die Brieftasche gebracht – oder zumindest Jennings deswegen um Rat gefragt. Mit einem ehrbaren Bürger als Zeugen kriegen Sie nie eine Verurteilung von Oberst.«

Gillespie machte eine Handbewegung, die bedeuten sollte, daß er die Verantwortung dafür nicht übernehmen wollte. »Okay, dann lassen wir ihn eben wieder gehen. Sie tragen die Verantwortung. Ich hatte den Eindruck, daß er einen guten Verdächtigen abgegeben hat.«

»Ich suche keinen Verdächtigen«, antwortete Tibbs, »ich will den Mörder. Ich weiß genau, daß Oberst nicht unser Mann ist. Vielen Dank, Sir.«

Als Tibbs den Raum verließ, stellte Gillespie mit einer gewissen Genugtuung fest, daß er wenigstens genug Anstand besessen hatte, ihn mit »Sir« anzureden. Er stand auf und warf einen grimmigen Blick auf die Unterlagen auf seinem Schreibtisch. Dann zuckte er mit den Achseln und ging durch die Eingangshalle nach draußen. Es war Virgils Entscheidung, und ganz egal, was auch passierte, man würde ihn, Gillespie, nicht dafür verantwortlich machen können.

Kurz nach Mitternacht stieg Sam Wood in seinen Streifenwagen, warf einen Blick auf die Benzinuhr, um sich zu vergewissern, ob der Tank nachgefüllt worden war, und verließ den Parkplatz des Polizeireviers. Vor ihm lagen acht Stunden, die er allein mit der bald schlafenden Stadt verbringen würde. Doch in dieser Nacht war alles anders als sonst. Irgendwo, wahrscheinlich immer noch hier in Wells, trieb sich ein Mörder herum. Ein Mörder, dem das Leben eines Menschen weniger galt als das, was er selbst haben wollte.

Heute nacht würde er Augen und Ohren offen halten, wie noch nie zuvor in seinem Leben, beschloß Sam, als er den Wagen wie gewohnt nach Westen lenkte. Einen Moment lang gab er sich seinen Phantasien hin und stellte sich vor, wie er den Mörder in eine Falle lockte, festnahm und dann aufs Revier brachte. Es war so offensichtlich, daß er den Richtigen gefaßt hatte, daß es jeder sofort sehen konnte.

Aber so einfach war die Sache nicht, sagte sich Sam. Der Mörder hatte alle Vorteile auf seiner Seite. Er konnte sich verstecken, wo er wollte, unerkannt und unbemerkt, und dann plötzlich zuschlagen, wann und wo es ihm gefiel. Vielleicht, überlegte Sam, kam der unbekannte Mörder sogar auf die Idee, daß er, Sam, zuviel gesehen hatte. Dann hatte es der Mörder auf ihn abgesehen – heute nacht. Sam griff vorsichtig an seine Hüfte und lockerte zum ersten Mal, seit er Polizist war, die Waffe in ihrem Holster. Die acht Stunden würden sehr lang werden.

Während der Wagen durch die bereits stillen und verlassenen Straßen weiter westwärts rollte, hatte Sam plötzlich eine Idee. Sie direkt in die Tat umzusetzen, war nicht ungefährlich und überstieg eindeutig seine Befugnisse. Man konnte ihm möglicherweise sogar Pflichtverletzung vorwerfen. All diesen Einwänden zum Trotz wußte er jedoch sofort, daß er es einfach versuchen mußte. Er lenkte seinen Wagen um eine Ecke und schlug den Weg zur Schotterstraße ein, die hinauf zum Anwesen der Endicotts führte.

Als die Reifen des Wagens über den Split knirschten, war Sam so ruhig und entschlossen wie noch nie zuvor in seinem Leben. Mantoli war tot, und niemand wußte, warum man ihn umgebracht hatte. Solange das Motiv nicht bekannt war, drohte vielleicht auch seiner Tochter Gefahr. Sam dachte an das Mädchen, das neben ihm gesessen und die Berge betrachtet hatte, und wünschte sich beinahe, der Mörder liege heute nacht wieder auf der Lauer, aber erst, wenn er, Sam, schon auf ihn wartete.

Je weiter er die Straße hochfuhr, desto kühler und frischer erschien ihm die Luft. Sam schaltete das Fernlicht an und lenkte den Wagen geschickt die kurvenreiche Straße hinauf.

Am kurzen Aufflackern eines Lichtstrahls auf der weißen Leitplanke sah er, daß ihm ein anderer Wagen entgegenkam.

An der nächsten Ausbuchtung fuhr Sam an den Straßenrand, schaltete die Scheinwerfer auf Standlicht und wartete. Er griff nach der Taschenlampe, die an der Steuersäule befestigt war, und hielt sie fest in der linken Hand. Die Scheinwerfer des herankommenden Wagens warfen Lichtkegel in den Himmel, und als er das Fahrzeug schließlich sehen konnte, schaltete Sam sein rotes Warnlicht an. Der Fahrer des anderen Wagens stieg auf die Bremse und hielt auf der gegenüberliegenden Straßenseite an. Sam blendete ihn mit dem Licht seiner Taschenlampe, und als der Mann den Arm hob, um seine Augen zu schützen, erkannte er Eric Kaufmann.

»Was tun Sie zu so später Zeit auf dieser Straße?« wollte Sam wissen.

»Ich bin auf dem Weg nach Atlanta. Warum?« Sam spürte die Feindseligkeit in Kaufmanns Stimme, und das gefiel ihm nicht.

»Fahren Sie immer um diese Zeit los, wenn Sie nach Atlanta wollen?«

Kaufmann lehnte sich ein Stück aus dem Wagenfenster. »Geht Sie das irgend etwas an?« fragte er.

Sam stieg rasch aus dem Wagen und stellte sich neben Kaufmann, die rechte Hand griffbereit an der Waffe. »Vielleicht haben Sie vergessen, daß vor weniger als vierundzwanzig Stunden jemand hier in unserer Stadt einen Mord begangen hat«, sagte er, wobei er jedes Wort einzeln betonte. »Bis wir den Mörder gefaßt haben, geht uns alles an, was die Leute machen, besonders wenn sie nach Mitternacht nach Atlanta aufbrechen. Und jetzt sagen Sie mir bitte, was Sie vorhaben.«

Kaufmann rieb sich kurz mit der Hand über das Gesicht. »Tut mir leid, Officer«, entschuldigte er sich. »Ich bin im Moment nicht ich selbst, den Grund kennen Sie ja. Ich war bis vor wenigen Minuten oben bei den Endicotts, und wir haben über die Festspiele gesprochen. Da man hier schon sehr viel Geld in das Projekt gesteckt hat, haben wir beschlossen, trotz Enricos Tod weiterzumachen. Wenn wir es bis nächstes Jahr aufschieben, ist alles hinüber. Entschuldigen Sie bitte – das war keine sehr glückliche Formulierung.« Kaufmann hielt inne und versuchte, sich wieder zu sammeln. »Jedenfalls muß ich jetzt nach Atlanta und einen namhaften Dirigenten finden, der die Sache hier übernimmt. Und ich muß mich um das Orchester kümmern. Wir hatten schon eins zusammengestellt, aber die Nachricht vom Tod des Maestros hat vielleicht alles wieder über den Haufen geworfen.«

Sam entspannte sich ein wenig. »Das ist ja schön und gut, aber warum fahren Sie um diese Zeit noch los? Nach Ihrer Geschichte, die Sie Virgil und mir erzählt haben, haben Sie letzte Nacht nicht viel Schlaf abbekommen. Sie können kaum in der Verfassung für so eine weite Fahrt sein.«

»Da haben Sie allerdings recht«, gab Kaufmann zu. »Ich fahre, ehrlich gesagt, nur deshalb, weil ich da oben nicht im Weg sein möchte. Duena schläft jetzt im einzigen Gästezimmer des Hauses, und sie braucht soviel Ruhe wie möglich. Ich hielt es für das einzig Vernünftige, loszufahren und mir ein wenig außerhalb der Stadt ein Motel zu suchen. Dann kann ich morgen ganz früh aufbrechen und bin gegen Mittag in Atlanta. Reicht Ihnen das als Erklärung?«

Sam mußte zugeben, daß die Geschichte plausibel klang, und wollte nicht, daß seine Abneigung gegen den Mann sein Urteil beeinflußte. Außerdem fiel ihm ein, daß diese einsame Bergstraße nicht zu seinem Revier gehörte, das er überdies im Moment vernachlässigte. Falls der Mörder heute nacht wirklich irgendwo in der Stadt auf ein neues Opfer lauerte ...

»Wie geht es denn so oben auf dem Hügel?« fragte er.

»Einigermaßen. Natürlich sind alle sehr niedergeschlagen, aber sonst ist alles in Ordnung. Wollen Sie noch hoch? Wenn Sie jetzt noch hochgehen, würden Sie sie wahrscheinlich bloß stören und möglicherweise sogar erschrecken. Mir wäre es lieber, wenn Sie nicht rauffahren würden, falls es Ihnen nichts ausmacht.«

Sam bedeutete Kaufmann weiterzufahren. »Seien Sie vorsichtig«, warnte er ihn. »Schauen Sie, daß Sie so schnell wie möglich von der Straße kommen, und ruhen Sie sich irgendwo aus. Sonst enden Sie noch neben Ihrem Boß in der Leichenhalle.«

Kaufmann zuckte zusammen, äußerte sich jedoch nicht dazu. »In Ordnung, ich passe auf. Sie können hinter mir herfahren, wenn Sie möchten. Aber lassen Sie die anderen bitte in Ruhe, sie haben heute schon genug durchmachen müssen.« Er schob den Hebel der Automatik wieder auf ›Fahrt‹ und lenkte seinen Kombi zurück zur Straßenmitte. Sam blieb schweigend stehen, bis Kaufmann schon ein ganzes Stück entfernt war, wendete vorsichtig seinen Wagen auf der engen Fahrbahn und folgte ihm.

Während er das Fahrzeug mit Hilfe des zweiten Ganges und der Bremse kontrollierte, überlegte Sam, daß Kaufmann und Duena wahrscheinlich gute Freunde waren. Zumindest hatte Kaufmann die Möglichkeit, das Mädchen ziemlich oft zu sehen, und wenn man bedachte, wieviel diese Menschen umherreisten, war er wahrscheinlich der einzige, der dieses Glück hatte. Der bloße Gedanke erfüllte Sam mit Wut. Er hatte das Mädchen nur einmal getroffen, und das an dem Tag, an dem ihr Vater ermordet worden war, und trotzdem hatte er das Gefühl, ein Recht darauf zu haben, sich für sie zu interessieren und sich um ihren Schutz zu sorgen.

Die Autoreifen trafen wieder auf die glatte Teerdecke der Stadtstraße, die Fahrt wurde ruhiger, und Sams Gedanken kehrten zu dem Mörder zurück, der die Stadt unsicher machte. Zumindest war damit zu rechnen, daß er sich immer noch in der Stadt aufhielt. Die Straßen waren dunkel und verlassen, bis auf die einsamen Lichtkegel der vereinzelten Straßenlaternen. Wieder einmal wurde

Sam bewußt, daß er ein hervorragendes Ziel abgab, und trotz der brütenden Nachthitze verspürte er einen Hauch von Kälte, als lauerte dort in der Schwärze etwas auf ihn.

Vor einiger Zeit hatte Sam ein Buch gelesen, in dem eine ganz ähnliche Situation beschrieben wurde. Der Schriftsteller hatte ein ungewöhnliches, merkwürdig klingendes Wort dafür gebraucht, das Sam sogar pflichtbewußt in einem Wörterbuch nachgeschlagen hatte. Leider konnte er sich im Moment nicht an das Wort erinnern, doch es fing mit »M« an, dessen war er sich ziemlich sicher. Wie es auch lauten mochte, das, was es bezeichnete, hing jetzt bedrohlich in der Luft.

Sam war kein Feigling. Entschlossen, seine Pflicht zu erfüllen, fuhr er seine übliche Route ab. Als er fertig war, parkte er vorsichtshalber an einer anderen Stelle als sonst, um seinen Bericht zu schreiben. Er wollte das Schicksal nicht herausfordern und wie gewöhnlich gegenüber der Simon-Apotheke anhalten, denn jeder, der seine nächtliche Fahrtroute kannte, würde wissen, daß er ihm dort am besten auflauern konnte. Nachdem er seinen Bericht sorgfältig zu Ende geschrieben hatte, legte Sam den Block zur Seite und hatte das Gefühl, daß im nächsten Augenblick irgend etwas gegen seinen Nacken gepreßt würde. Er schaltete rasch die Gangschaltung ein und schoß mit einer für ihn ungewöhnlich hohen Geschwindigkeit in Richtung Diner und den Schutz der hellen Lichter davon.

Als er sein Root-beer getrunken und ein Stück Zitronenkuchen gegessen hatte, kehrte er zurück zu seinem Wagen und fuhr wieder in die Stadt, die er zu beschützen hatte. Erst als sich am Himmel helle Streifen zu zeigen begannen, die bald darauf in der Morgendämmerung glühten, verschwand das Gefühl, beobachtet zu werden und der drohenden Gefahr nur knapp entronnen zu sein. Um acht Uhr fuhr er seinen Wagen sorgsam und geschickt auf den Parkplatz am Polizeigebäude. In dieser Nacht hatte er sich seinen Lohn wirklich redlich verdient.

# Kapitel 7

Bill Gillespie wartete ungeduldig darauf, daß die Vermittlung das Ferngespräch endlich durchstellte. Normalerweise hätte er diese Routineüberprüfung jemand anderem übertragen, doch diesmal war er aus persönlichen Gründen gezwungen, die Sache selbst in die Hand zu nehmen. Er hatte zwar jetzt Virgil Tibbs als Alibi, falls etwas schieflaufen sollte, doch mit einem Alibi gab er sich nicht zufrieden – er wollte den Mörder selbst zur Strecke bringen. Ein Hotelangestellter meldete sich.

»Hat sich bei Ihnen ein gewisser Eric Kaufmann eingetragen?« fragte Gillespie.

»Ja, Sir.«

»Sie wissen, wer ich bin. Berichten Sie mir bitte genau, was Kaufmann vorletzte Nacht gemacht hat. Wann er reserviert hat, wann er angekommen ist, alles, woran Sie sich erinnern. Und zwar in allen Einzelheiten. Einen Moment noch.«

Gillespie griff nach seinem Notizblock. Er wollte gerade »Kaufmann« oben auf das Blatt schreiben, besann sich jedoch rechtzeitig eines Besseren. Jemand könnte es sehen. Es war seine eigene Idee gewesen, Kaufmanns Alibi zu überprüfen, und er wollte keinen anderen in seine Karten schauen lassen. »Okay, schießen Sie los.«

»Mr. Kaufmann hat vor vier Tagen bei uns reserviert. Er hat ein preisgünstiges Zimmer mit Bad genommen. Vorletzte Nacht ist er irgendwann nach Mitternacht angekommen, ich würde sagen, so gegen zwei. Der Nachtportier kann sich leider nicht mehr an die genaue Zeit erinnern, weil er eingenickt war. Er ist erst bei Mr. Kaufmanns Ankunft wach geworden und hat nicht auf die Uhr gesehen. Er glaubt, er sei etwa gegen zwei Uhr mit Mr. Kaufmann nach oben gegangen. Er erinnert sich noch daran, daß Mr. Kaufmann ihm gegenüber erwähnte, er habe kurz zuvor noch etwas gegessen und fürchte, es sei unvernünftig gewesen, um diese Zeit noch Kirschkuchen zu essen.«

Gillespie unterbrach den Mann. »Wie kommt es, daß Sie mir so genaue Informationen geben können? Haben Sie meinen Anruf erwartet?«

»Nein, Sir, aber ich habe mich gestern mit dem Nachtportier unterhalten, weil mich einer Ihrer Männer angerufen und darum gebeten hat – ein gewisser Mr. Tibbs, wenn ich mich nicht irre.«

Der Chief brummte ins Telefon. »Ah... Okay, vielen Dank auch. Erwähnen Sie diesen Anruf natürlich gegenüber niemandem.«

»Selbstverständlich nicht, Sir. Mr. Tibbs hat uns schon darauf aufmerksam gemacht. Doch das war gar nicht nötig. Ich hoffe, Sie fassen den Mann. Ich bin sicher, Sie haben ihn bald.«

»Danke«, beendete Gillespie das Gespräch und legte auf.

Während er sich zurücklehnte, versuchte er sich einzureden, daß er keinen Grund hatte, sich zu ärgern. Er hatte Virgil schließlich aufgetragen, in diesem Mordfall zu ermitteln, und Virgil befolgte nur seine Anweisungen. Genau das sollte er ja auch. Kaufmann hatte jedenfalls ein wasserdichtes Alibi. In diesem Moment steckte Arnold den Kopf ins Zimmer.

»Chief, Ralph, der Nachtkellner vom Diner, hat gerade angerufen. Er ist noch dageblieben, um zu frühstücken, und dann erst nach Hause gefahren. Er sagt, im Diner sitzt ein Mann, der gerade erst gekommen ist. Anscheinend ist er auf der Durchfahrt. Ralph glaubt, daß er was über den Mord weiß.«

»Gibt es eine Beschreibung des Wagens?« fragte Gillespie barsch.

»Rosa Pontiac, diesjähriges Modell. Kalifornisches Kennzeichen.«

»Schnappen Sie sich den Mann«, befahl Gillespie. »Bitten Sie ihn, ein paar Minuten in mein Büro zu kommen. Und bringen Sie auch Ralph so schnell wie möglich her.«

Gillespie lehnte sich zurück und dachte eine Weile nach. Ralph war nicht sonderlich zuverlässig, doch vielleicht war an der Sache etwas dran. Ralph war nicht gerade der Hellste, doch gelegentlich flackerte so etwas wie Intelligenz in ihm auf, wie in einem Tier, das instinktiv seine Feinde erkennt. Für Ralph war alles, was den gewohnten Ablauf störte, eine Gefahr. Doch selbst wenn der Kellner sich alles nur einbildete, war es durchaus vertretbar, einen Fremden auf der Durchfahrt zu befragen. Der Mordfall machte Gillespie langsam nervös. Er hatte über sich selbst nachgedacht und beschlossen, sein Temperament ein wenig zu zügeln, zumindest bis der Fall gelöst war. Er war noch nicht sehr lange im Amt, und wenn ihm jetzt ein Fehler unterlief, konnte das seine gesamte Karriere ruinieren. Er wußte genau, daß ihm durchaus ein Fehler unterlaufen konnte, wenn er nicht sehr vorsichtig und bedacht vorging.

Virgil Tibbs erschien an der Tür zum Büro. Gerade jetzt hatte Bill aber gar keine Lust, den schwarzen Detektive zu sehen – genaugenommen sah er ihn nie gern –, doch er wußte, wenn etwas unvermeidlich war.

»Morgen, Virgil«, sagte er matt. »Schon irgendwas rausgefunden?«

Tibbs nickte. »Ja, ich glaube schon.«

Gillespie spürte Mißtrauen in sich aufsteigen. »Erzählen Sie mir davon«, befahl er.

»Gerne, Chief, sobald ich mir selbst im klaren über alles bin. Was ich bis jetzt herausgefunden habe, ist noch nicht stichhaltig genug, um es Ihnen mitzuteilen. Sobald ich Näheres weiß, werde ich Ihnen einen genauen Bericht liefern.«

Er versucht, Zeit zu schinden, dachte Gillespie. Will nicht zugeben, daß er nicht weiterkommt. Er schob den Gedanken wieder beiseite. Arnold steckte den Kopf ins Zimmer.

»Mr. Gottschalk ist hier, um mit Ihnen zu reden, Sir.«

»Gottschalk?«

»Der Herr mit dem rosa Pontiac aus Kalifornien.«

»Ach ja. Soll reinkommen.«

Noch bevor Virgil Tibbs gehen konnte, erschien Gottschalk auf der Schwelle. Er war ein Mann mittleren Alters, korpulent, mit kurzgeschorenem Haar und selbstsicherem Auftreten. »Bin ich etwa in Schwierigkeiten?« fragte er ohne Umschweife.

Bill Gillespie bedeutete ihm, sich zu setzen. »Ich glaube nicht, Mr. Gottschalk. Aber ich wäre Ihnen sehr dankbar, wenn Sie ein wenig Zeit für mich hätten. Vor zwei Nächten hat es hier einen Mord gegeben, und wir dachten, sie könnten uns vielleicht helfen, ein wenig mehr Licht in die Angelegenheit zu bekommen.«

Gillespie hatte seinen Satz kaum beendet, als Virgil Tibbs sich wieder umdrehte, zurück ins Zimmer kam und auf einem der Stühle Platz nahm. Gillespie sah es zwar, äußerte sich jedoch nicht dazu.

»Sie heißen also Gottschalk?« fragte Gillespie. An der Art seiner Frage merkte man, daß er weitere Informationen erwartete.

Gottschalk griff in seine Brusttasche, nahm seine Brieftasche heraus und legte eine Visitenkarte auf Gillespies Schreibtisch.

»Könnte ich auch eine haben?« bat Tibbs.

»Selbstverständlich.« Gottschalk reichte ihm ebenfalls eine Karte. »Sie sind... äh.... auch bei der Polizei?«

»Mein Name ist Virgil Tibbs. Ich ermittle in dem Mordfall, den Chief Gillespie eben erwähnt hat.«

»Entschuldigen Sie bitte, das war mir nicht klar.« Gottschalk streckte die Hand aus. Die beiden Männer schüttelten sich die Hände, ohne aufzustehen. Dann lehnte sich Tibbs ruhig zurück und wartete darauf, daß Gillespie fortfuhr. Arnold erschien wieder in der Tür. »Ralph ist hier«, sagte er kurz. Gillespie zögerte, machte Anstalten, sich zu erheben, als wolle er den Raum verlassen. In diesem Moment erschien Ralph auf der Schwelle, schaute Gottschalk an und zeigte aufgeregt mit dem Finger auf ihn. »Das ist der Mann«, verkündete er.

Gillespie setzte sich wieder. Gottschalk verrenkte den Hals, um Ralph sehen zu können, und wandte sich sichtlich verwirrt wieder ab. Arnold blieb weiterhin an der Tür stehen und wußte anscheinend nicht, was er tun sollte.

»Was ist mit diesem Herrn, Ralph?« erkundigte sich Gillespie gelassen.

Der Kellner holte tief Luft. »Ich hatte ihn schon ganz vergessen, aber dann war er auf einmal wieder da. Der Mann, der da drüben sitzt, war in der Mordnacht bei mir im Diner, so etwa fünfundvierzig Minuten bevor Mr. Wood gekommen ist.«

»Ich habe keine Ahnung, worum es hier geht«, sagte Gottschalk.

»Bevor er reingekommen ist, habe ich den Eingang geputzt«, fuhr Ralph fort, »da hätte ich gesehen, wenn noch andere Autos vorbeigefahren wären. Aber er war der einzige.«

»Erinnern Sie sich noch, aus welcher Richtung er kam?« fragte Gillespie.

»Klar, er fuhr nach Süden.«

»Reden Sie weiter.«

»Na ja, später hab' ich erfahren, daß Sam – ich meine, Mr. Wood – die Leiche von dem Italiener mitten auf dem Highway gefunden hat. Und nach dem Mann hier ist keiner mehr in die Richtung gefahren, bis Mr. Wood die Leiche gefunden hat.« Ralph hielt inne und schluckte. »Deshalb hab' ich mir gedacht, daß er's gewesen sein muß.«

Für einen Mann seiner Statur sprang Gottschalk erstaunlich schnell auf. Doch dann setzte er sich vernünftigerweise wieder hin.

Bill Gillespie hatte einen Geistesblitz. »Es ist Ihr Fall, Virgil«, sagte er und lehnte sich entspannt zurück. Die Vorstellung, einen Prügelknaben zur Hand zu haben, der im Falle eines Erfolges leer ausging, im Falle eines Mißerfolges jedoch die alleinige Schuld trug, begann ihm allmählich zu gefallen. Und auch wenn er es sich selbst nicht gern eingestand, wußte er, daß Tibbs ziemlich auf Draht war. Wie sehr, war er noch nicht in der Lage einzuschätzen, doch er hatte das ungute Gefühl, daß Tibbs besser war als alle Beamten in Wells inklusive seiner selbst. Der Chief kam sich vor wie ein Pilot in der Grundausbildung, der zwar glaubt, fliegen zu können, aber auf den unvorhergesehenen Zwischenfall, mit dem er sich plötzlich konfrontiert sieht, nicht gefaßt war, und sich sehnlichst wünscht, daß sein Ausbilder die Verantwortung übernehmen möge. Die Tatsache, daß Gillespie nie einen Ausbilder gehabt hatte, dem er hätte vertrauen können, verschlimmerte die ganze Sache nur noch.

»Mr. Gottschalk«, begann Tibbs, »aus Ihrer Karte geht hervor, daß Sie Testingenieur sind.«

»Richtig«, antwortete Gottschalk einigermaßen gefaßt. »Wir arbeiten eng mit dem Cape zusammen. Ich war auf dem Weg dorthin, als ich gestern durch diese Stadt gekommen bin.«

»Weil Sie dem gestrigen Start beiwohnen wollten?«

»Richtig, Mr. Tibbs.«

»Was für ein Cape?« warf Gillespie ein.

»Cape Kennedy.«

»Ach so, natürlich.« Gillespie forderte Tibbs mit einem Nicken auf weiterzumachen. Dann blickte er Ralph an. Der Kellner stand mit halboffenem Mund da, völlig fassungslos, daß der Mann, auf den er eben noch mit dem Finger gezeigt hatte, mit den atemberaubenden Ereignissen zu tun hatte, von denen er in der Zeitung gelesen hatte.

»Sind Sie nach Ihrem Besuch im Diner weiter nach Süden gefahren, Mr. Gottschalk?«

»Ja. Ich bin auf dem Highway geblieben. Ich habe erst wieder angehalten, als ich tanken mußte, etwa hundertfünfzig Meilen weiter.«

»Welcher Sicherheitsstufe unterliegen Sie, Mr. Gottschalk? fragte Tibbs.«

»Secret und Q.«

»Dann waren oder sind Sie im Nuklearbereich tätig.«

»Ganz recht. Unsere Firma hat mehrere Verträge in diesem Bereich.«

»Um noch eine Sache zu klären, hätte ich gern gewußt, warum Sie so spät mit dem Wagen unterwegs waren, statt zu fliegen oder den Zug zu nehmen.«

»Eine verständliche Frage, Mr. Tibbs. Ich bin mit dem Wagen gefahren, weil ich hoffte, meine Frau würde mit zurückkommen, und wir könnten nach dem Start noch eine Woche auf den Keys Urlaub machen. Vorausgesetzt natürlich, daß es keine Probleme gab. Aber nach dem Start mußte ich unerwartet zurück zum Werk, deshalb bin ich auch jetzt hier. Genaueres darf ich Ihnen leider nicht sagen.«

»Dann sind Sie also nur mit dem Wagen gefahren, um ein Auto zu haben, falls Mrs. Gottschalk nachkommen sollte, weil Sie vorhatten, gemeinsam eine Woche Urlaub zu machen?«

»Genau.«

»Und warum sind Sie so spät gefahren?«

»Wegen der Hitze. Es war brütend heiß, und mein Wagen hat keine Klimaanlage, daher hielt ich es für besser, nachts zu fahren, zumindest einen Teil der Strecke, damit es etwas erträglicher war.«

»Dann möchte ich Ihnen nur noch eine letzte Frage stellen, Sir. Ist Ihnen irgend etwas Verdächtiges aufgefallen, als Sie durch Wells gefahren sind? Ich gehe davon aus, daß Sie den Toten nicht auf der Straße liegen sahen, sonst hätten Sie sicher angehalten. Aber haben Sie sonst etwas bemerkt, das uns vielleicht helfen könnte? Fußgänger? Irgend etwas Ungewöhnliches?«

Gottschalk schüttelte den Kopf. »Ich kann Ihnen versichern, daß ich keinerlei Informationen zurückhalte, um nicht in die Sache hineingezogen zu werden. Ich habe wirklich nichts bemerkt. Bitte entschuldigen Sie die Formulierung, aber die Stadt schien mir völlig tot.«

Tibbs erhob sich. »Sie haben uns sehr geholfen, Sir, und wir möchten Ihnen danken, daß Sie bereit waren, uns Ihre kostbare Zeit zu opfern.«

Gottschalk stand auf. »Kann ich jetzt gehen?«

»Selbstverständlich, Sir. Sie hätten jederzeit gehen können, Sie hätten sogar ablehnen können herzukommen. Ich hoffe, man hat

Ihnen zu verstehen gegeben, daß es sich lediglich um eine Bitte handelte.«

»Ehrlich gesagt«, erwiderte Gottschalk, »hatte ich einen ganz anderen Eindruck. Ich habe angenommen, ich wäre in irgendwas reingeraten, Geschwindigkeit oder so, womit die hiesige Polizei Geld machen will, wovon man ja immer wieder liest. Ich habe fest damit gerechnet, ein Bußgeld zahlen zu müssen.«

»Chief Gillespie und die anderen Verantwortlichen hier in der Stadt würden so etwas niemals tun. Ich versichere Ihnen hiermit offiziell, daß Sie in keiner Weise unter Verdacht stehen.«

»Da bin ich aber erleichtert. Ich wünschte mir nur, alle Polizisten wären wie Sie. Nehmen Sie mir die Bemerkung bitte nicht übel, aber ich bin froh zu sehen, daß die Demokratie, und das meine ich nicht im politischen Sinn, endlich auch hier im Süden Einkehr gehalten hat. Auf Wiedersehen, Gentlemen.«

Als alle gingen, bedeutete Gillespie Tibbs zu bleiben. Er forderte ihn jedoch nicht auf, wieder Platz zu nehmen, daher blieb Tibbs stehen, bis die anderen außer Hörweite waren. Gillespie nahm einen Bleistift und begann, ihn zwischen den Fingern hin und her zu rollen. »Virgil, ich habe Sie das Verhör führen lassen, da Sie mit dem Fall betraut sind, aber halten Sie es wirklich für eine gute Idee, dem Mann offiziell zu sagen, daß er nicht unter Verdacht steht? Er arbeitet für ein sehr wichtiges Unternehmen. Wenn er denen davon erzählt, und das wird er höchstwahrscheinlich auch tun, was wollen Sie dann unternehmen, wenn sich herausstellen sollte, daß er doch mehr weiß, als er uns gesagt hat?« Gillespie lehnte sich zurück. »Denken Sie mal darüber nach, falls Sie es noch nicht getan haben. Der Mann ist durch unsere Stadt gefahren, in südliche Richtung. Er hat selbst zugegeben, daß er genau an der Stelle vorbeigefahren ist, an der Sam die Leiche gefunden hat – ich meine, wo Mr. Wood die Leiche gefunden hat. Und nach ihm ist keiner mehr in eine der beiden Richtungen gefahren. Natürlich wirkt er auf den ersten Blick unschuldig, aber immerhin war er ungefähr zur Tatzeit am Tatort. Sie erinnern sich sicher noch, was der Arzt über die Todeszeit gesagt hat, und Ihr Freund Gottschalk ist genau zu dem Zeitpunkt dort vorbeigefahren. Und Sie sagen ihm offiziell, es würde kein Verdacht gegen ihn bestehen.«

Falls Tibbs verärgert war, zeigte er es nicht. »Sie haben einige wichtige Punkte angesprochen, Chief Gillespie, und ich würde auch völlig mit Ihnen übereinstimmen, wenn da nicht eine Sache wäre.«

»Und das wäre, Virgil?«

»Die Tatsache, daß Mantoli nicht an der Stelle ermordet wurde, an der man seine Leiche gefunden hat.«

# Kapitel 8

Um vier Uhr nachmittags erschien Sam Wood im Revier, um sich über den Stand der Dinge zu informieren. Pete, der inzwischen Tagschicht hatte, warf ihm einen wissenden Blick zu, als er zur Tür hereinkam, daher begab sich Sam in die Herrentoilette, wo Pete kurz darauf ebenfalls erschien.

»Dein Freund Virgil hat Gillespie heute morgen endgültig kleingekriegt«, vertraute Pete ihm an.

Sam beugte sich vor und schaute nach, ob die Kabinen auch alle leer waren. »Was ist denn passiert?« fragte er.

»Soviel ich mitgekriegt habe, hat Gillespie noch einen Verdächtigen aufgegabelt, den Virgil auch wieder hat sausen lassen.«

»Noch einen Verdächtigen?« erkundigte sich Sam.

»Ja. Einen Mann, der in der Mordnacht genau zur Tatzeit hier durchgefahren ist. Ralph, der Junge aus dem Diner, hat ihn erkannt, und Gillespie hat ihn herholen lassen. Dann hat er Virgil das Verhör übergeben, und Virgil hat ihn laufenlassen.«

»Und das hat Gillespie so einfach geschluckt?«

»Hat er. Danach haben Virgil und Gillespie sich ein wenig unterhalten...«

»Kann ich mir lebhaft vorstellen.«

»Nicht so, wie du meinst – ein richtig nettes, *freundliches* Gespräch. Virgil hat Gillespie alles erklärt. Als Arnold an der Tür vorbeigegangen ist, war Gillespie so zahm wie ein Kätzchen und hat sich angehört, was Virgil ihm zu sagen hatte. Arnold hat nicht verstanden, worum es ging, aber es hat offenbar gesessen.«

»Vielleicht verrät Virgil uns, was los war. Wir könnten ihn doch fragen, ob es irgendwas Neues gibt. Interesse an seiner Arbeit zeigen.«

»Ist er hier?«

»Nein, er ist schon den ganzen Tag weg. Hat sich seine alte Kiste geschnappt und ist weggefahren. Keiner weiß, wo er ist.«

»Vielleicht hat er sich einsam gefühlt und ist los, um sich ein nettes schwarzes Mädchen aufzureißen.« Sam taten seine Worte sofort leid, nachdem er sie gesagt hatte. Er hätte lieber den Mund gehalten.

»Ich weiß nicht«, antwortete Pete. »Für 'nen Niggerjungen ist er ganz schön helle. Ich wette, es hat irgendwas mit dem Fall zu tun.«

Sam versuchte, es wieder gutzumachen, und war froh, daß er die Möglichkeit dazu hatte. »Ich hab' bloß Spaß gemacht. Virgil ist in Ordnung. Würde mich nicht wundern, wenn er den Fall sogar löst.«

»Wenn er das schafft, erntet Gillespie die Lorbeeren.«

»Dumm ist er jedenfalls nicht.«

»Der intelligenteste Schwarze, der mir je untergekommen ist«, schloß Pete und schickte noch eine beachtliche Anerkennung hinterher. »Schade, daß er kein Weißer ist.«

Sam nickte zustimmend.

Reverend Amos Whiteburn trug trotz der Hitze des Tages und der Tatsache, daß er sich allein in seinem eigenen Haus befand, seine schwarze Priesterkleidung. Das Wohnzimmer wirkte ärmlich und schäbig, die wenigen Möbel waren schon mehrere Jahrzehnte alt. Der billige Teppich war abgenutzt, und die Vorhänge an den Fenstern waren völlig ausgeblichen. Dennoch war das winzige Zimmer sauber und machte einen so freundlichen Eindruck, wie es die alten Möbel nur zuließen.

»Seit ich in dieser Gemeinde bin«, sagte Reverend Whiteburn mit gebieterischer Baßstimme, »hat sich die Polizei noch nie an mich gewandt. Es ist also eine Ehre für mich.«

»Vielleicht«, bemerkte Virgil Tibbs, »war Ihre geistliche Führung so gut, daß dazu nie ein Anlaß bestand.«

»Sehr freundlich von Ihnen, Mr. Tibbs, aber ich fürchte, ich weiß es besser. Sind Sie oft hier im Süden?«

»Nur wenn es sich nicht vermeiden läßt«, gab Tibbs zu. »Meine Mutter lebt hier. Ich versuche zwar immer, sie zu überreden, nach Kalifornien zu ziehen, wo ich ihr ein viel schöneres Haus besorgen könnte, aber sie ist schon älter, und einige meiner Geschwister leben an der Ostküste.«

»Ich verstehe«, meinte der Geistliche, und seine tiefe Stimme erfüllte den Raum. »Für einige von uns, die ihr ganzes Leben hier zugebracht haben, wäre es ein Schock, in ein anderes Klima verpflanzt zu werden, wo die Menschen völlig anders denken.«

Tibbs fuhr fort: »Vor zwei Nächten wurde hier ein Mann ermordet, Sie haben sicher davon gehört. Ich ermittle in diesem Fall – mit amtlicher Genehmigung. Momentan interessieren mich zwei Dinge: wo der Mord stattgefunden hat und wie die Tatwaffe aussieht.«

Reverend Whiteburn beugte sich so weit vor, daß sein Stuhl unter seinem Gewicht ächzte.

»Ich hatte den Eindruck, der arme Mann hätte mitten auf dem Highway den Tod gefunden.«

»Nein, so war es nicht«, antwortete Tibbs.

Der Geistliche strich sich über sein massiges Kinn. »Dürfen Sie darüber sprechen?« fragte er.

»Dieses Gespräch ist vertraulich«, teilte Tibbs ihm mit. »Ich möchte nicht, daß Sie mit jemandem darüber reden.«

»Von mir erfährt keiner etwas«, versicherte ihm der Reverend mit ernster Miene.

»Maestro Mantoli wurde irgendwo am Stadtrand umgebracht.«

Der Priester verlagerte wieder sein Gewicht auf dem unbequemen Stuhl.

»Woher wissen Sie das?« unterbrach er.

»Ich habe die Leiche untersucht und meine Schlüsse daraus gezogen, das ist alles.«

Der Priester zögerte und wählte dann seine Worte sehr vorsichtig. »Mr. Tibbs, steht einer von uns unter Verdacht, direkt oder indirekt etwas mit der Tat zu tun zu haben?«

»Soweit ich weiß«, antwortete Tibbs genauso vorsichtig, »hat bisher niemand angedeutet, daß der Täter notwendigerweise ein Schwarzer ist.«

»Das an sich ist ja schon ein kleines Wunder«, meinte der Geistliche. »Aber ich habe Sie unterbrochen. Bitte, fahren Sie fort.«

Tibbs betrachtete den kräftigen Mann, der wie ein ehemaliger Schwergewichtsboxer aussah, und wagte sich noch weiter vor. »Mantoli wurde mit einem Stück unbearbeitetem Holz erschlagen – Fichte, vermutlich, aber das werde ich erst mit Sicherheit sagen können, wenn ich die Ergebnisse des Speziallabors vorliegen habe. Ich habe einen Splitter davon am Toten gefunden und eingeschickt. Ich muß den Holzscheit unbedingt finden. Es allein zu versuchen, wäre völlig aussichtslos. Deshalb bin ich auch zu Ihnen gekommen, da Sie, wie ich höre, sich sehr um die schwarzen Jugendlichen hier kümmern.«

Reverend Whiteburns Stirn legte sich in nachdenkliche Falten. Er legte die Fingerspitzen aneinander und ließ sie dann leicht abfedern. »Wenn man ihn damit niedergeschlagen hat, dürfte es nicht allzu groß gewesen sein. Wahrscheinlich nur ein relativ kurzes Stück Holz.«

»Das denke ich auch. Vielleicht um die sechzig Zentimeter lang.«

»Hm. Das klingt ganz nach einem Stück Feuerholz.« Tibbs wartete geduldig darauf, daß der Mann sein Schweigen wieder brach. Nach wenigen Sekunden sprach der kräftige Mann wieder. »Ich hätte da eine Idee... Was halten Sie davon, Mr. Tibbs: Ich werde unseren Jugendlichen – ich meine, den zehn- bis fünfzehnjährigen Jungen und Mädchen, die zu unserer Pfarrjugend gehören – sagen, daß ich einen großen Stapel Brennholz für unsere Kirche benötige. Ich werde sie losschicken, um nach geeigneten Holzscheiten Ausschau zu halten, jedoch darauf bestehen, daß sie nichts von den Stößen anderer Leute wegnehmen dürfen, auch wenn die Leute es ihnen ausdrücklich anbieten. Ich werde ein Spiel daraus machen. Sie sollen alle Scheite herbringen, die sie finden. Sie werden eine Menge zusammentragen, und dann werde ich versuchen, nach der Tatwaffe zu suchen. Worauf muß ich achten?«

»An einem Ende müßten sich Spuren von bräunlich verfärbtem, getrocknetem Blut finden. Es sieht auf den ersten Blick nicht wie Blut aus, jedenfalls nicht für die Kinder. Allerdings stehen unsere Chancen nicht allzu gut.«

Reverend Whiteburn sah das Problem bereits als gelöst an. »Ich werde sofort alles in die Wege leiten. Ich kann Ihnen zwar nicht versprechen, daß es klappt, aber wir werden einen guten Teil des Holzes aufsammeln, das hier in der Gegend herumliegt. Die Kinder brauchen vom wahren Zweck dieser Übung nichts zu erfahren.«

»Leute wie Sie könnten wir in Kalifornien gebrauchen«, sagte Tibbs bewundernd.

»Ich werde bereits hier gebraucht«, antwortete sein Gastgeber einfach.

Als das Telefon klingelte, hob Bill Gillespie den Hörer ab. »Ja?« schnauzte er.

»Bill, falls Sie sich ein paar Minuten frei machen können, wäre ich Ihnen dankbar, wenn Sie kurz bei mir im Büro hereinschauen würden. Ein paar Mitglieder des Stadtrates sind hier, und ich finde, Sie sollten auch dabeisein.«

Gillespie erkannte die Stimme des Bürgermeisters. »Ich komme sofort, Frank«, antwortete er und legte auf. Während er durch die Eingangshalle ging, schaute er den diensthabenden Beamten mit einem durchdringenden Blick an und stellte befriedigt fest, daß in den Augen des Mannes ein Schimmer Angst aufflackerte, als er den Blick erwiderte. Dann schritt er hinaus ins gleißende Sonnenlicht. Er fühlte sich hervorragend und bezweifelte keinen Moment, daß er mit dem, was Frank Schubert auf dem Herzen hatte, problemlos fertig werden würde.

Doch es war nicht ganz so einfach. Schubert empfing ihn in seinem Büro und wies auf die drei anderen Männer, die dort auf ihn warteten. »Sie kennen ja Mr. Dennis, Mr. Shubie und Mr. Watkins bereits, Bill.«

»Natürlich. Guten Tag, Gentlemen.« Gillespie setzte sich mit der Miene einer bedeutenden Amtsperson, die man gerufen hatte, um ihren Rat zu hören. Zumindest versuchte er, diesen Eindruck zu wecken. Und er beabsichtigte, ruhig und besonnen zu bleiben, ganz gleich, was ihn auch erwartete, denn die vier Männer, denen er jetzt gegenüber saß, hatten genügend Stimmen im Stadtrat, daß sie ihn ohne weiteres rauswerfen konnten.

»Bill, die Herren hier haben mich gebeten, daß wir zusammen den Fall Mantoli besprechen. Er liegt uns natürlich allen sehr am Herzen.«

Watkins fiel ihm ins Wort. »Reden wir nicht lange um den heißen Brei herum. Mr. Gillespie, wir wollen wissen, was in der Sache unternommen wird und was sich hier tut.«

»Ist das nicht ein und dieselbe Frage?« erkundigte sich Gillespie.

»Lassen Sie es mich anders formulieren. Wir möchten wissen, was Sie unternommen haben, um den Mordfall aufzuklären, und ob die Gerüchte zutreffen, daß ein Nigger-Cop bei Ihnen auf dem Revier arbeitet.«

Gillespies Schultern strafften sich. »Ich möchte Ihre Fragen in umgekehrter Reihenfolge beantworten, Mr. Watkins. Einer unserer Männer war etwas übereifrig und hat am Bahnhof einen Neger aufgegriffen. Er hatte ziemlich viel Geld bei sich, also hat mein Mann ihn mitgenommen.«

»Richtig gehandelt«, meinte Watkins.

»Als ich ihn verhörte, hat er behauptet, ein kalifornischer Cop zu sein. Ich habe seine Angaben überprüft, und sie stellten sich als richtig heraus.«

»Wir sind hier aber nicht in Kalifornien«, mischte sich Shubie ein.

»Das weiß ich auch«, brauste Gillespie auf, beherrschte sich jedoch sofort wieder. »Tut mir leid, aber wenn ich nur an den Kerl denke, werde ich schon wütend.« Er schaute Shubie an und stellte fest, daß diese Erklärung Verständnis fand. »Leider hat sich George Endicott eingeschaltet. Ich möchte keineswegs respektlos über ein Mitglied des Stadtrates sprechen, aber ich bezweifle, daß er viel von Polizeiarbeit versteht. Nun ja, Mr. Endicott hat sich mit dem Vorgesetzten von Virgil, so heißt dieser Neger, in Verbindung gesetzt und herausgefunden, daß Virgil in der Mordkommission arbeitet. Daraufhin hat er beschlossen, ihn auszuborgen, um uns bei den Ermittlungen zu helfen.«

»Und das ist dieser Nigger?« fragte Watkins.

»Genau«, bestätigte Gillespie. »Ich will niemandem den schwarzen Peter zuschieben, aber Mr. Schubert hat gemeint, wir sollten mit ihm zusammenarbeiten, und er ist schließlich der Boß, also habe ich getan, worum er mich gebeten hatte.«

»Das paßt mir aber ganz und gar nicht«, rief Watkins und machte Anstalten, sich zu erheben. »Ich will nicht, daß ein Nigger hier durch unsere Stadt läuft und den Weißen dumme Fragen stellt, als ob er wer weiß wie wichtig wäre. Er wollte sogar meinen Nachtkellner Ralph verhören, aber Ralph hat ihn nicht reingelassen. Und dann war er auch noch auf der Bank und hat sich aufgeführt wie ein Weißer. Ein paar von unseren Jungs wollen ihm eine Lektion erteilen, die er nicht so schnell vergißt, und das werden sie auch, wenn Sie nicht dafür sorgen, daß er so schnell wie möglich hier verschwindet.«

Gillespie sah Frank Schubert an und wartete darauf, daß der Bürgermeister sich einschaltete. Als Schubert sich bewußt wurde, daß er im Mittelpunkt der Aufmerksamkeit stand, griff er in seine Schreibtischschublade und zog ein Bündel Zeitungen heraus. »Mantoli war zwar nicht gerade berühmt, aber als er ermordet wurde, kam er in die Schlagzeilen. Und als dann auch noch ein farbiger Cop auf der Bildfläche erschien, gab es noch mehr fette Überschriften. Falls Sie diese Artikel noch nicht gelesen haben, sollten Sie sich das hier unbedingt ansehen. Sie wissen, daß wir die gesamte Presse am Hals haben. Bisher war man sehr wohlwollend, und wir haben eine Menge kostenloser Publicity für unsere Musikfestspiele bekommen.«

Jetzt äußerte sich auch Dennis. »Alles Quatsch«, sagte er.

Schubert blickte ihn an, als falle es ihm zunehmend schwer, die Geduld nicht zu verlieren. »Luke, ich weiß, daß Sie von Anfang an gegen die Festspiele waren, und das ist auch Ihr gutes Recht. Aber ob Sie nun wollen oder nicht, wir haben uns darauf eingelassen und müssen die Sache jetzt durchziehen. Wenn es tatsächlich ein Reinfall wird, hatten Sie recht, okay. Aber wenn es ein Erfolg wird, fließt vielleicht eine Menge Geld in unsere Stadt, und wir haben alle was davon.«

»Vielleicht«, gab Dennis zu.

Schubert zeigte wieder auf seine Zeitungen. »Meine Herren, ein paar Minuten, bevor Sie herkamen, hatte ich sogar einen Anruf von der *Newsweek*. Sie wollen einen genauen Bericht über die Zusammenarbeit mit Tibbs. Wenn sie den Artikel bringen, kennt man uns überall in den Staaten.«

»Und was zum Teufel werden die Leute hier in Wells denken?« wollte Watkins wissen.

»Will, das tut doch jetzt gar nichts zur Sache. Wir haben den Nigger so lange am Hals, bis wir ihn irgendwie loswerden können oder Bill den Fall aufklärt.« Schubert wandte sich an Gillespie. »Darüber wollte ich gerade mit Ihnen sprechen. Ich will Sie wirklich nicht unter Druck setzen, aber brauchen Sie noch lange für den Fall?«

Gillespie machte keinen Hehl aus seiner Verärgerung. »Für solche Fälle gibt es eine bestimmte Verfahrensweise, die am Ende auch Resultate zeitigen wird. Wir halten uns an diese Routine. Außerdem stelle ich, unabhängig davon, noch meine eigenen Ermittlungen an. Ich kann Ihnen zwar nicht sagen, wann genau wir den Täter hinter Schloß und Riegel bringen, doch ich kann Ihnen im Vertrauen sagen, daß wir schon viel erreicht haben. Außerdem habe ich ein wachsames Auge auf Virgil, und wenn er auch nur einen Schritt zu weit geht, werde ich ihm die Hölle heiß machen. Ich weiß, daß er in der Bank war, doch er hat sich sehr respektvoll benommen und sich auch sonst bisher nichts zuschulden kommen lassen.«

»Es paßt mir trotzdem nicht.« Watkins blieb stur. »Keine New Yorker Zeitschrift, die von ein paar Niggerfreunden gemacht wird, hat uns zu sagen, was wir in der Stadt zu tun und zu lassen haben. Schließlich leben wir hier, und es ist unsere Stadt.«

Frank Schubert schlug hart mit der Handfläche auf seinen Schreibtisch. »Will, natürlich sind wir alle der gleichen Ansicht wie

Sie. Aber wir müssen realistisch sein. Gillespie hat den Kerl fest im Griff. Und was die *Newsweek* betrifft, weiß ich nicht, wer die Herausgeber sind, und es ist mir, ehrlich gesagt, auch völlig schnurz. Ich mag diese Zeitschrift und habe sie abonniert. Jetzt seien Sie doch bitte vernünftig. Wir müssen die Sache durchstehen. Und es könnte unser großer Durchbruch werden.«

»Das kratzt mich alles überhaupt nicht«, erwiderte Watkins. »Ich will nur, daß dieser Nigger verschwindet, bevor die Jungs die Geduld verlieren und ihn fertigmachen. *Dann* machen wir nämlich Schlagzeilen, die uns schaden. Vielleicht holen wir uns damit sogar das FBI an den Hals...«

Schubert schlug erneut auf seinen Schreibtisch. »Kann ja sein. Aber der entscheidende Punkt ist doch, daß wir alle wollen, daß der Fall möglichst schnell geklärt wird und der Bimbo verschwindet. Bill hat gesagt, daß er alles im Griff hat. Und wenn er das sagt, stimmt es auch.« Er wandte sich an Gillespie. »Wir stehen hinter Ihnen, Bill, das wissen Sie. Machen Sie weiter, tun Sie Ihre Pflicht, aber beeilen Sie sich ein bißchen. Wenn das erst erledigt ist, klärt sich alles schon von selbst, und dann kehrt hier hoffentlich endlich wieder Ruhe ein.«

Das verärgerte Dennis. »Nein, das wird es eben nicht. Da ist erst mal das Musikfestival, und wir müssen unsere Fauen nachts einschließen, solange die verdammten Touristen in der Stadt sind. Außerdem haben wir ja bloß Mist zu bieten: Baumstämme, auf denen die Leute sitzen sollen, und eine Leiche als Dirigenten. Erst mal müssen wir mit diesem Käse fertigwerden, und dann erst kehrt vielleicht wieder Ruhe ein.«

Schubert befand sich am Rande eines Wutausbruchs, und er konnte sich nur mit Mühe beherrschen. »Das führt doch alles zu nichts. Ich hoffe, wir verstehen uns«, sagte er bestimmt. »Und Bill hat alle Hände voll zu tun. Ich übrigens auch. Vielen Dank, daß Sie gekommen sind, wir werden Sie auf dem laufenden halten.«

Die Versammlung löste sich auf, ohne daß noch ein weiteres Wort gewechselt wurde.

Auf seiner Fahrt zurück zum Revier krampften sich Gillespies Hände immer wieder um das Lenkrad. Es *mußte* doch eine bestimmte Routine geben, nach der man in einem solchen Mordfall verfuhr. Er beschloß, sich darüber zu informieren und sie in die Tat umzusetzen. Er hatte genug Leute, und er würde dafür sorgen, daß sie ihre Arbeit taten.

Als Sam Wood um Viertel vor zwölf Uhr nachts zum Dienst erschien, fand er zu seiner Überraschung Virgil Tibbs in der Eingangshalle sitzend vor. Noch überraschter war er, als er erfuhr, daß Virgil auf ihn gewartet hatte.

Nachdem Sam sich zum Dienst gemeldet hatte, kam Tibbs zu ihm und sprach ihn an. »Wenn es Ihnen nichts ausmacht, würde ich Sie heute nacht gern begleiten.«

Virgils Bitte verwirrte Sam. Ihm fielen verschiedene Gründe ein, die für oder gegen die Begleitung des schwarzen Polizisten sprachen. »Sie meinen, die ganze Nacht?« fragte Sam.

Tibbs nickte. »Die ganze Nacht.«

»Ich weiß nicht, ob Gillespie damit einverstanden wäre.« Sam zögerte.

»Er hat mir gesagt, ich könne tun, was ich wolle. Und ich würde gern mit Ihnen fahren.«

»Dann kommen Sie.« Sam konnte sich zwar nicht besonders mit der Vorstellung anfreunden, Tibbs acht Stunden lang neben sich sitzen zu haben, doch andererseits war es keine Zumutung, nach drei Jahren Streife einmal nicht allein zu fahren. Vielleicht war es gerade in dieser Nacht ganz angenehm, jemanden bei sich im Wagen zu haben. Schuldbewußt erinnerte er sich daran, wie unruhig und besorgt er sich in der letzten Nacht gefühlt hatte. Und wenn er es ablehnte, Tibbs mitzunehmen, bekam er vielleicht schon wieder eine Abreibung von Gillespie. Der Diensthabende der Nachtschicht war Zeuge, daß Tibbs ihn gefragt und sich auf Gillespies Einverständnis berufen hatte. Sam beschloß, das Beste daraus zu machen, und ging voraus zum Streifenwagen.

Als Sam sich hinter das Steuer setzte, öffnete Tibbs ruhig und gelassen die Beifahrertür und setzte sich neben ihn. Sam umklammerte das Steuer und fragte sich, wie er reagieren sollte. Immerhin hatten sie auch nebeneinander gesessen, als sie zum Haus der Endicotts gefahren waren, er würde es also auch ein zweites Mal überleben. Er ließ den Wagen an und fuhr rückwärts vom Parkplatz.

»Soll ich irgend etwas Besonderes tun?« fragte er, nachdem sie das Revier ein gutes Stück hinter sich gelassen hatten.

»Wenn es Ihnen nicht zuviel Mühe macht«, antwortete Tibbs, »hätte ich gern, daß Sie genau dasselbe tun wie in der Nacht, als Mantoli ermordet wurde. Fahren Sie möglichst die gleiche Route, etwa mit der gleichen Geschwindigkeit. Meinen Sie, das wäre möglich?«

»Kein Problem. Ich kann genau dieselbe Route fahren. Die Zeit wird höchstens um fünf Minuten differieren, bis ich meinen Bericht schreibe.«

»Das würde mir sehr helfen. Möchten Sie, daß ich den Mund halte und nur mitfahre?«

»Reden Sie, soviel Sie wollen«, erwiderte Sam. »Sie stören mich überhaupt nicht.«

Dennoch fuhren sie eine Weile schweigend durch die Nacht. Sams beruflicher Stolz wuchs zunehmend, als er seinen Wagen geschickt durch die gleichen Straßen lenkte wie in jener Nacht. Er schaute auf seine Armbanduhr. »Haben Sie schon etwas bemerkt?« fragte er.

»Ich habe bemerkt, wie heiß es mitten in der Nacht sein kann«, antwortete Tibbs.

»Ich dachte, das wüßten Sie schon«, erinnerte ihn Sam.

»Touché«, antwortete Tibbs.

»Was genau bedeutet dieses Wort?« fragte Sam.

»Es ist ein Ausdruck aus dem Fechtsport. Wenn Ihr Gegner einen Punkt bekommt, bestätigt man das mit dem Wort ›touché‹. Wörtlich übersetzt heißt es ›berührt‹.«

»In welcher Sprache?«

»Französisch.«

»Sie sind wirklich ziemlich gebildet, Virgil, das muß man Ihnen lassen.« Sam lenkte den Wagen schweigend um die Ecke und blickte wieder auf seine Uhr.

»Aber Sie fahren besser als ich«, meinte Tibbs. »Ich habe noch nie einen so guten Fahrer gesehen.«

Sam fühlte sich geschmeichelt. Er wußte selbst, daß er hervorragend fuhr und es mit den Besten aufnehmen konnte, aber er freute sich, daß es auch jemand anderem auffiel. Allen Prinzipien zum Trotz fing er allmählich an, Tibbs als Person zu mögen.

»Vielleicht können Sie mir eine Frage beantworten, Virgil. Ich habe mal eine Geschichte über einen Mann gelesen, der Todesangst hatte. Er ging durch die Nacht und wartete darauf, daß sich jeden Moment jemand auf ihn stürzen würde, und er konnte die Angst in der Luft riechen, wenn Sie verstehen, was ich meine. Der Schriftsteller hat dafür ein Wort gebraucht, das mir nicht mehr einfällt, aber es fing mit ›M‹ an. Es klang so ähnlich wie – ja, wie Miauen. Ich weiß noch genau, daß ich es nachgeschlagen habe.«

»Mal überlegen. War es vielleicht ›Miasma‹?« schlug Tibbs vor.

»Genau!« rief Sam. »Ich habe mir schon den Kopf darüber zerbrochen. Ein ziemlich seltenes Wort. Woher kennen Sie es?«

»Ich habe es auch in einer Geschichte gelesen. Mehr als einmal sogar, daher hat es sich eingeprägt. Reiner Zufall.«

»Schade, daß ich nicht länger zur Schule gehen konnte«, sagte Sam und wunderte sich über seine eigene Offenheit. »Ich bin eine Zeitlang auf die High School gegangen, aber dann habe ich einen Job in einer Autowerkstatt angenommen. Da habe ich eine Weile gearbeitet, bis ich bei der Polizei angefangen habe.«

»Haben Sie den FBI-Lehrgang mitgemacht?« fragte Tibbs.

»Nein, leider nicht, ich hatte nicht die Möglichkeit. Da fällt mir übrigens noch was ein, was ich Sie fragen wollte.«

Tibbs wartete einen Moment und sagte dann: »Fragen Sie ruhig.«

»Vielleicht geht es mich ja nichts an, aber ich habe gehört, daß Sie heute etwas zu Gillespie gesagt haben, das ihn ziemlich schokkiert hat. Ich würde wirklich gern wissen, was es war.«

Virgil Tibbs starrte einen Moment nach draußen auf den Straßenbelag. »Ich habe ihm mitgeteilt, daß Mantoli nicht an der Stelle ermordet wurde, wo Sie ihn gefunden haben, sondern daß man die Leiche erst später dorthin gebracht hat. Deshalb konnte Gottschalk, der Raketenexperte, auch nichts mit der Sache zu tun haben. Als er durch Wells fuhr, lag die Leiche noch gar nicht da. Sie mußte erst vom Tatort zum Highway transportiert werden, wo Sie sie schon nach wenigen Minuten gefunden haben.«

»Woher zum Teufel wissen Sie das alles, Virgil?«

»Sie wüßten es auch, Sam, wenn Sie die Möglichkeit gehabt hätten, sich die Leiche genauer anzusehen.«

Sam zuckte zusammen, als Virgil seinen Vornamen benutzte. Ausgerechnet jetzt, wo ihm der dunkle Mann an seiner Seite langsam sympathisch wurde, fing er an, ihn wie seinesgleichen zu behandeln, und das wollte Sam auf keinen Fall zulassen. Doch er beschloß, sich dazu momentan nicht zu äußern und statt dessen eine weitere Frage zu stellen. »Wie?« fragte er nur.

»Indem ich mir seine Handflächen angesehen habe.«

»Das müssen Sie mir schon genauer erklären.« Sam war immer noch verärgert und versuchte, einen gebieterischen Ton anzuschlagen, doch seine Worte klangen viel milder als beabsichtigt.

»Okay, Sam, gehen wir zu dem Moment zurück, als Mantoli den Schlag auf den Kopf bekam. Wir wissen inzwischen, daß es ein tödlicher Schlag war, aber wir wissen nicht, ob er sofort gestorben ist oder danach noch einige Sekunden bei Bewußtsein war.«

Sam lenkte den Wagen eine leicht ansteigende Straße hinauf und schaute wieder auf die Uhr. Er hatte die Zeit genau eingehalten. Und er hörte aufmerksam zu.

»Angenommen, der Mann war sofort tot oder noch eine Zeitlang bewußtlos, was wäre die Folge davon gewesen?«

»Er wäre hingefallen.«

»Genau. Aber *wie* wäre er gefallen? Vergessen Sie nicht, daß er tot oder bewußtlos war.«

Sam dachte kurz über diese Frage nach. »Vermutlich wäre er umgefallen wie ein Sack Kartoffeln.« Er schaute zu Tibbs hinüber, der sich ihm halb zugewandt hatte, den Arm auf dem Wagenfenster.

»Haargenau. Seine Knie hätten nachgegeben, seine Schultern wären erschlafft, sein Kopf wäre nach vorn gefallen, und er wäre einfach in sich zusammengesackt.«

Sams Gedanken überschlugen sich, als ihm allmählich klar wurde, worauf Virgil hinauswollte. »Aber Mantoli hat ganz anders gelegen, mit ausgestreckten Armen!«

»Eben«, stimmte Tibbs zu. »Ich habe die Fotos gesehen.«

»Moment mal«, unterbrach Sam. »Angenommen, er war nach dem Schlag noch ein paar Sekunden lang bei Bewußtsein...«

»Weiter«, ermunterte ihn Tibbs.

»Dann hätte er doch versucht, den Sturz mit den Armen abzufangen.«

»Sie klingen schon ganz wie ein Detective«, stellte Tibbs fest.

»Und so habe ich ihn gefunden.«

»Richtig.«

»Dann war er nach dem Schlag vielleicht doch noch bei Bewußtsein.«

Sam war so in das Gespräch vertieft, daß er ganz vergessen hatte abzubiegen. Nachdem er kurz nach hinten geschaut hatte, wendete er und gab kräftig Gas, um die Zeit wieder aufzuholen, die er verloren hatte.

»Das glaube ich nicht«, sagte Tibbs.

»Dann habe ich vielleicht was übersehen.«

»Angenommen, Mantoli wäre an der Stelle erschlagen worden, wo Sie ihn gefunden haben. Seiner Lage nach zu urteilen, müßte er versucht haben, sich mit den Händen abzufangen, als er fiel.«

»Ich hab's!« rief Sam aufgeregt. »Wenn er das getan hätte, dann wären seine Hände verletzt, er hätte wahrscheinlich Hautabschürfungen davongetragen.«

»Und?«

»Wenn er keine Hautabschürfungen oder andere Spuren an den Händen hatte, ist er auch nicht dort hingefallen.«

»Und wenn doch«, führte Tibbs die Überlegung zu Ende, »hat ihn hinterher jemand so hingelegt, wie Sie ihn gefunden haben.«

»Was allerdings nicht sehr wahrscheinlich ist«, fügte Sam hinzu. »Immerhin lag er mitten auf dem Highway, es hätte jederzeit jemand vorbeikommen können. Ich, beispielsweise.«

»Sam«, sagte Tibbs, »Sie haben das Zeug zu einem erstklassigen Kriminalisten.«

Diesmal fiel es Sam nicht einmal auf, daß Tibbs seinen Vornamen benutzt hatte. In Gedanken war er schon in der Zukunft, war er Sam Wood, Detective im Morddezernat. Doch dann erinnerte er sich daran, daß der Schwarze neben ihm genau das war. »Wie haben Sie Ihren Beruf erlernt, Virgil?«

»Ich habe eine hervorragende Ausbildung und zehn Jahre Erfahrung hinter mir. Jeder, der in Pasadena Polizist wird, muß zuerst die Schulbank drücken. Es ist erstaunlich, was die einem in relativ kurzer Zeit alles beibringen können.«

Sam dachte eine Minute lang gründlich nach, bevor er seine nächste Frage stellte. »Virgil, ich möchte Sie gern etwas fragen, das Ihnen sicher nicht gefallen wird. Aber es interessiert mich nun mal. Wieso haben die Sie genommen? Nein, so meine ich das eigentlich gar nicht. Ich frage Sie einfach geradeheraus. Wieso erhält ausgerechnet ein Farbiger all diese Chancen? Ich kann verstehen, wenn Sie jetzt sauer auf mich sind.«

Tibbs konterte mit einer Gegenfrage. »Sie haben wohl Ihr ganzes Leben hier im Süden gelebt?«

»Ich bin nie weiter als Atlanta gekommen«, gab Sam zu.

»Dann fällt es Ihnen bestimmt schwer zu glauben, daß es hier in den Staaten Gegenden gibt, in denen Farbige, um Ihr Wort zu benutzen, genauso für menschliche Wesen gehalten werden wie Weiße. Diese Einstellung teilt zwar nicht jeder, aber doch so viele, daß es zu Hause manchmal wochenlang dauert, bis mir bewußt wird, daß ich eine andere Hautfarbe habe. Hier dauert es nicht mal fünfzehn Minuten. Wenn Sie irgendwo leben würden, wo man Ihren Südstaatenakzent verachtet, obwohl Sie bloß ganz normal sprechen, wie Sie es nun mal gelernt haben, würden Sie vielleicht anfangen zu verstehen, was es heißt, ständig für etwas angegriffen zu werden, für das man nichts kann und das überhaupt keine Rolle spielen sollte.«

Sam schüttelte den Kopf. »Hier gibt's Leute, die würden Sie glatt umbringen für das, was Sie gerade gesagt haben«, meinte er.

»Ich sehe, Sie verstehen mich«, erwiderte Tibbs.

Sam dachte eine Weile darüber nach. Dann fand er, daß er genug geredet hatte, und schwieg, bis er schließlich den Wagen neben dem Bürgersteig gegenüber der Simon-Apotheke anhielt. Als er ein letztes Mal auf die Uhr schaute, stellte er fest, daß er genau eine Minute vor seiner Zeit lag. Er nahm das Klemmbrett und füllte langsam sein Berichtformular aus. Als er wieder auf die Uhr schaute, stellte er fest, daß er die Hälfte der fehlenden Minute ausgefüllt hatte. Mit gutem Gewissen schrieb er die Uhrzeit auf, schaltete die Innenbeleuchtung an und reichte Tibbs schweigend das Klemmbrett.

Tibbs studierte das Blatt aufmerksam und gab es ihm wieder zurück. Sam wußte, auch ohne zu fragen, daß ihm aufgefallen war, daß die Zeitangaben der heutigen Nacht und der Mordnacht identisch waren. Er hatte recht. »Wirklich erstaunlich, Sam«, teilte ihm Tibbs mit. »Ich kenne nur sehr wenige Männer, die es geschafft hätten, die Zeit so genau einzuhalten wie Sie.« Tibbs wartete einen Moment. »Der nächste Teil ist allerdings noch schwieriger, aber das wissen Sie selbst.«

»Selbstverständlich weiß ich das, *Mr.* Tibbs«, meinte Sam ein wenig gehässig.

»Dann ist mein Vertrauen in Sie gerechtfertigt«, meinte Tibbs. Die Antwort verwirrte Sam, denn er wußte nicht genau, wie sie gemeint war. Doch er konnte sein Unbehagen an nichts festmachen. »Okay, dann wollen wir mal«, sagte er und legte den Gang ein.

Er fühlte sich immer noch unbehaglich, als sie über die Bahngleise rumpelten und durch das Armenviertel und das Negerviertel der Stadt fuhren. Dort angekommen, lehnte er sich etwas nach vorne, um wie üblich nach schlafenden Hunden auf der Straße Ausschau zu halten. Weit und breit war kein Hund zu sehen. Vorsichtig fuhr er wie in der Mordnacht an den winzigen schäbigen Holzhäusern vorbei, überquerte erneut die Schienen und rollte auf die Straße, in der das Haus der Purdys stand.

In diesem Augenblick mußte Sam an Delores denken. Angenommen, sie war wieder auf und im Haus unterwegs? Das war nun schon dreimal passiert. Das würde bedeuten, daß ein Neger ein hübsches weißes Mädchen völlig unbekleidet zu Gesicht bekam! Zwei Blocks vor dem Haus der Purdys bog Sam nach rechts ab und fuhr dort weiter. Er verspürte leise Gewissensbisse, die er jedoch unterdrückte. Außerdem würde der kleine Umweg niemandem auffallen.

Hinter den beiden Blocks bog Sam wieder nach links ab und fuhr weiter über die dunkle Straße, ohne sich etwas anmerken zu lassen. Als der Wagen plötzlich über Schotter rumpelte, war Sam zunächst erschrocken, doch dann fiel ihm ein, daß es an der nächsten Ecke eine Kreuzung gab, die ihn wieder auf seine ursprüngliche Route zurückführen würde. Das Haus der Purdys lag jetzt einen Block hinter ihnen. Er bog um die Ecke, stieß wieder auf den glatten Asphalt und und fuhr immer geradeaus, bis sie den Highway erreichten. Wie immer hielt er an und fuhr dann Richtung Diner.

Während er beschleunigte, fragte er sich, was er mit Virgil anfangen sollte, wenn er in den Diner ging, da Farbige dort keinen Zutritt hatten. Auch als er bereits auf den Parkplatz schwenkte, hatte er noch keine Lösung für dieses Problem gefunden. Er schaute auf seine Uhr. »Immer noch planmäßig?« fragte Tibbs.

Sam nickte. »Ich mache hier immer fünfzehn Minuten Pause, um was zu essen.«

Noch bevor er weitersprechen konnte, half Tibbs ihm aus der Patsche. »Gehen Sie ruhig rein, und lassen Sie sich Zeit«, sagte er. »Ich warte hier auf Sie.«

Im Inneren des Diners wurde Sam von Gewissensbissen gequält. Angefangen hatte es mit dem kleinen Umweg, der an sich völlig unwichtig gewesen war und für den er seine guten Gründe gehabt hatte. Aber jetzt einen Mann draußen warten zu lassen, selbst wenn es ein Schwarzer war, während er sich gemütlich hier drinnen erholen konnte, fiel Sam schwer. Er wandte sich an Ralph. »Machen Sie mir ein Schinkensandwich zum Mitnehmen. Und packen Sie auch noch ein Stück Kuchen ein. Am besten dazu eine Tüte Milch und ein paar Strohhalme.«

»Doch wohl nicht für den Nigger-Cop, oder?« wollte Ralph wissen. »Falls ja, hab' ich leider nichts mehr da.«

Sam richtete sich zu seiner vollen Größe auf. »Wenn ich Ihnen sage, Sie sollen mir was einpacken«, fuhr er ihn an, »dann tun Sie das gefälligst auch. Was ich mit dem Zeug mache, geht Sie einen Dreck an.«

Ralph war zwar sichtlich eingeschüchtert, gab jedoch nicht auf. »Meinem Chef wär' das aber gar nicht recht«, konterte er.

»Jetzt machen Sie schon«, befahl Sam.

Ralph machte sich widerwillig an die Arbeit. Als Sam einen Dollar auf die Theke legte, nahm der Kellner ihn an sich und reichte Sam das Wechselgeld, als sei es etwas Schmutziges. Und nachdem der Polizist die Tür hinter sich zugezogen hatte, verzog ein hämisches Grinsen das pickelige Gesicht des jungen Mannes. »Niggerfreund!« Auf jeden Fall würde er seinen Chef informieren, *der* war nämlich im Stadtrat und *den* konnte Sam Wood nicht herumkommandieren!

Ralphs Verstimmung kümmerte Sam überhaupt nicht, sondern beruhigte vielmehr sein schlechtes Gewissen etwas. Als er Virgil Tibbs das Essen gab, war er sogar ein wenig stolz auf sich. Er ließ den Wagen an, fuhr wieder auf den Highway, schaute prüfend auf seine Armbanduhr und stellte zufrieden fest, daß er auf die Minute pünktlich war. Vorsichtig fuhr er genau auf die Stelle zu, wo er die Leiche gefunden hatte, schaltete das Warnlicht ein und hielt an.

»Wie genau sind Sie in der Zeit?« erkundigte sich Tibbs.

»Auf die Minute genau«, antwortete Sam.

»Dann danke ich Ihnen vielmals«, sagte Tibbs. »Sie haben mir sehr geholfen, vielleicht mehr, als Sie ahnen. Und vielen Dank auch für das Abendessen.« Er hielt inne, um in sein Sandwich zu beißen und einen Schluck Milch zu trinken.

»Ich hätte allerdings noch eine Frage. Warum haben Sie eben absichtlich Ihre Fahrtroute geändert, kurz nachdem wir über die Bahngleise gefahren sind?«

## Kapitel 9

Als Bill Gillespie erfuhr, daß er Polizeichef in der kleinen Stadt Wells werden sollte, hatte er dies gefeiert, indem er sich verschiedene Bücher über Ermittlungstechniken und polizeiliche Verwaltung gekauft hatte. Während der ersten Wochen in Wells hatten sie ihm ein gewisses Gefühl von Wichtigkeit verliehen, obwohl er nicht die Zeit gefunden hatte, sie zu lesen. Nach dem Treffen in Bürgermeister Schuberts Büro hatte er beschlossen, dies auf der Stelle nachzuholen. Nachdem er gut gegessen und sich die Pantoffeln angezogen hatte, nutzte er die ruhigen Stunden des frühen Abends, setzte sich unter eine helle Lampe und machte sich ernsthaft an die Lektüre.

Er begann mit Snyders Buch über Ermittlungsarbeit in Mordfällen. Noch bevor er sehr weit gekommen war, stellte er fest, daß es unzählige Dinge gab, die er nicht wußte, die er hätte tun müssen, aber unterlassen hatte. Beispielsweise bei der Leiche: Er hätte sie entweder selbst sorgfältig untersuchen oder untersuchen lassen sollen. Statt dessen hatte er nur einen kurzen Blick darauf geworfen und sofort danach das Zimmer verlassen. Und das auch noch vor Zeugen. Glücklicherweise war sein Fehler den Zeugen wahrscheinlich nicht aufgefallen.

Doch dann fiel ihm ein, daß auch Virgil Tibbs dagewesen war. Im Gegensatz zu ihm hatte Tibbs die Leiche offenbar sehr gründlich untersucht, nachdem er dazu aufgefordert worden war, auch wenn sein Interesse zu diesem Zeitpunkt rein akademisch gewesen war.

Gillespie legte das Buch zur Seite und verschränkte die Hände hinter dem Kopf. In einer ungewöhnlichen Anwandlung von Fairneß mußte er sich eingestehen, daß dieser Punkt an den Neger ging. Dann kam ihm der glückliche Einfall, daß er Tibbs immer noch um seinen Bericht bitten konnte und damit die Lücke in seinen eigenen Ermittlungen schließen konnte. Das einzige, was dagegen sprach, war, daß er damit Tibbs' berufliche Fähigkeiten offen anerkannte. Gillespie ließ sich das Problem kurz durch den Kopf gehen und entschied, daß der Preis nicht zu hoch war. Er würde besser dastehen, wenn er den Bericht hatte. Das wollte er gleich am Morgen tun.

Als er sich schließlich in sein Bett legte, hatte er das Gefühl, den Abend sehr sinnvoll genutzt zu haben. Er schlief ausgezeichnet.

Auch am Morgen fühlte er sich immer noch ziemlich zuversichtlich und nahm sich eine Menge vor, während er sich rasierte und frühstückte. Als er in seinem Büro eintraf, wartete dort Eric Kaufmann auf ihn. Gillespie begrüßte ihn und bedeutete ihm, Platz zu nehmen. »Was kann ich für Sie tun?« fragte er.

»Ich brauche einen Waffenschein«, antwortete Kaufmann ohne Umschweife.

»Sie wollen eine Waffe tragen? Warum? Haben Sie normalerweise große Mengen Bargeld bei sich?« erkundigte sich Gillespie.

»Leider nicht«, antwortete Kaufmann. »Maestro Mantoli hatte manchmal viel Geld bei sich, und – aber ich eigentlich nie.«

»Warum wollen Sie dann eine Waffe tragen?«

Kaufmann beugte sich vor. »Ich hege keinerlei Zweifel an der Qualität Ihrer Arbeit, Chief Gillespie, bitte verstehen Sie mich nicht falsch, aber hier in der Stadt läuft ein Mörder frei herum. Er hat den Maestro ermordet. Als nächstes hat er es vielleicht auf seine Tochter oder mich abgesehen. Bis nicht wenigstens geklärt ist, warum dieser Mord begangen wurde, würde ich mich mit einer Waffe bedeutend sicherer fühlen.«

»Dann haben Sie also vor, noch eine Weile hier zu bleiben?«

»Ja, Mr. Endicott und die Mitglieder des Komitees haben mich gebeten, die Organisation der Festspiele weiter zu betreuen, zumindest bis sie jemand anderen gefunden haben. Duena – Miss Mantoli – wird bis nach den Festspielen im Haus der Endicotts bleiben. Sie hat kein richtiges Zuhause, wissen Sie.«

»Ich dachte, sie würde die Leiche ihres Vaters zurück nach Italien begleiten.«

»Sie fährt zwar mit nach Italien, kommt aber sofort nach der Bestattung wieder zurück. Schließlich ist sie hier geboren. Mantoli war amerikanischer Staatsbürger, auch wenn alle seine Angehörigen in seiner alten Heimat leben.«

Gillespie gab sich mit dieser Information zufrieden. »Sind Sie vorbestraft, Mr. Kaufmann?«

Kaufmann reagierte sofort. »Selbstverständlich nicht. Ich habe mir noch nie etwas zuschulden kommen lassen, nicht einmal ein ernsthaftes Verkehrsvergehen.«

Gillespie schaltete die Sprechanlage ein. »Arnold, kümmern Sie sich bitte um Mr. Kaufmanns Antrag auf einen Waffenschein, und machen Sie die Karte für seine Fingerabdrücke fertig.«

»Vielen Dank«, sagte Kaufmann. »Heißt das, ich kann mir jetzt eine Waffe kaufen gehen?«

»Noch nicht ganz«, antwortete Gillespie. »Der Antrag muß erst durch die verschiedenen Kanäle gehen.«

»Und wie lange dauert das etwa?«

»Ach, nur ein paar Tage. Ich bin zwar fest davon überzeugt, daß wir Sie hier ausreichend schützen können, falls Sie sich aber trotzdem bedroht fühlen, kaufen Sie sich eine Waffe und bringen Sie sie her, damit wir sie registrieren können. Ich werde Ihnen dann eine Sondergenehmigung für unsere Stadt ausstellen, bis Ihr Antrag genehmigt worden ist. Aber wenn Sie nach Atlanta oder in eine andere Stadt fahren, nehmen Sie sie bitte nicht mit.«

Kaufmann stand auf. »Danke für Ihr Verständnis«, sagte er.

»Keine Ursache.« Gillespie erhob sich, schüttelte seinem Gegenüber die Hand und ließ sich wieder auf seinen Stuhl sinken, während Kaufmann das Zimmer verließ.

Kurz darauf erschien Pete mit dem Tagesbericht. »Irgendwas Interessantes passiert?« erkundigte sich Gillespie.

Pete schüttelte den Kopf. »So gut wie nichts. Jedenfalls nichts, was uns im Fall Mantoli weiterhilft.« Pete zögerte einen Moment. »Wußten Sie, daß Sam Wood einen Teil der letzten Nacht Gesellschaft hatte?«

Gillespie hob fragend die Augenbrauen.

»Virgil ist mitgefahren«, erklärte Pete. »Er ist kurz vor Mitternacht hier hereinspaziert und hat ihn gebeten, ihn mitzunehmen. Sie hatten angeordnet, daß Virgil freie Hand hätte, also hat Sam ihn mitgenommen.«

»Ich wette, das hat ihm Spaß gemacht«, sagte Gillespie.

»Schien mir nicht so«, erwiderte Pete. »Ich habe gehört, Sam ist gegen vier hier aufgekreuzt und hat ihn wieder abgesetzt. Angeblich soll er stinksauer gewesen sein.«

»Wo ist Virgil jetzt?«

»Das weiß ich auch nicht genau. Er hat sich einen Bebauungsplan der Stadt geschnappt, auf dem alles draufsteht, die ganzen

Einzelheiten und Entfernungen, und ist dann mit dem Wagen weggefahren, den Sie ihm zur Verfügung gestellt haben.«

»Sobald er zurückkommt, bestellen Sie ihm, daß ich ihn sprechen will«, befahl Gillespie.

»In Ordnung, Sir. Übrigens liegt ein Brief auf Ihrem Schreibtisch, den wir nicht aufgemacht haben. Es steht ›Streng vertraulich‹ darauf.«

»Danke.« Gillespie entließ Pete mit einer Kopfbewegung und fischte den besagten Brief aus dem ordentlichen Stapel auf seinem Schreibtisch. Als er sah, daß es sich um einen neutralen Umschlag ohne Absender handelte, wußte er, was er zu erwarten hatte. Wütend riß er den Umschlag auf und überflog, so schnell es ging, die Zeilen auf dem einzelnen Blatt, um das Ganze möglichst rasch hinter sich zu bringen.

*Gillespie,*

*Vielleicht haben Sie sich schon gefragt, warum ausgerechnet Sie den Job hier gekriegt haben, obwohl wir eine Menge anderer Bewerber abgelehnt haben, die besser qualifiziert waren und die Stelle gern gehabt hätten. Wir haben Sie genommen, weil Sie aus dem Süden sind und wir geglaubt haben, daß Sie Manns genug sind, um die Nigger hier in Schach zu halten. Wir halten nichts von Integration, und wir wollen, daß Sie die verdammten Nigger aus unseren Schulen und überall sonst raushalten, wo die Niggerfreunde sie drinhaben wollen. Und bei der Polizei haben die schon gar nichts zu suchen. Also schmeißen Sie den schwarzen Mistkerl raus und jagen Sie ihn aus der Stadt, sonst passiert was. Wenn nicht, erledigen wir das für Sie, und das ist keine leere Drohung. Und Sie jagen wir direkt hinterher, denn so groß sind Sie auch wieder nicht, daß wir Sie nicht zurechtstutzen könnten.*

*Wir haben Sie gewarnt!*

Der Zorn, Gillespies größtes Problem, schoß in ihm hoch, daß er ihn nur mit Mühe bezähmen konnte. Er wußte, daß er den Brief unbedingt genau untersuchen sollte, um einen Hinweis auf den Absender zu finden, doch er wußte auch, daß es zwecklos sein würde. Er knüllte das Blatt mit seiner riesigen Hand zu einem harten kleinen Ball zusammen, den er aufgebracht in den Papierkorb feuerte. Die wollten *ihn* zurechtstutzen! Er hoffte inbrünstig, daß sie das wirklich versuchten! Er ballte die Fäuste und hielt sie hoch, damit er sie richtig sehen konnte. Von diesem weißen Südstaatengesindel ließ sich ein Texaner nicht einschüchtern. Und ob es denen paßte oder nicht, hier war immer noch *er* der Polizeichef, und daran würden sie nichts ändern! Er hatte sich noch nicht wieder beruhigt, als die Sprechanlage klickte.

»Was gibt's?« fragte Gillespie.

»Virgil hat gerade angerufen und wollte wissen, welche Werkstatt sich um unsere Streifenwagen kümmert. Ich habe ihm gesagt, daß Sie ihn sprechen wollen. Er ist schon auf dem Weg hierher.«

Zunächst flammte neue Wut in Gillespie auf, diesmal gegen den schwarzen Detective, der ihn in diese Lage gebracht hatte, doch dann schlug seine Stimmung wieder um. Man hatte ihm *befohlen*, Tibbs aus der Stadt zu jagen. Allein aus diesem Grund beschloß er, ihn so lange dazubehalten, wie es ihm paßte.

Er dachte immer noch über mögliche Gegenmaßnahmen nach, als es an die Tür klopfte. Er blickte auf und sah den Grund all seiner Probleme respektvoll auf der Schwelle stehen. »Sie wollten mich sprechen?« fragte Tibbs.

»Ja, Virgil. Ich hätte gern gewußt, wann Sie mir endlich den Bericht über Ihre Untersuchung der Leiche Mantolis vorlegen wollen.«

Tibbs' sonst so beherrschtes Gesicht sah mit einem Mal überrascht aus. »Ich habe ihn vor zwei Tagen Mr. Arnold gegeben. Ich dachte, Sie hätten ihn längst.«

Gillespie versuchte, sich herauszureden. »Dann liegt er wahrscheinlich noch irgendwo hier auf meinem Schreibtisch. Außerdem wollte ich Sie fragen, warum Sie vorige Nacht mit Sam – ich meine, Mr. Wood – gefahren sind.«

»Weil ich wissen wollte, wo genau er sich befunden hat, bevor er auf die Leiche stieß. Wann er durch welche Straßen gefahren ist.«

»Ach ja? Halten Sie das für wichtig?«

»Allerdings, Sir.«

»Verstehe. Und haben Sie alles herausgefunden, was Sie wissen wollten?«

»So ziemlich. Ich glaube, den Rest habe ich heute morgen erfahren.«

»Virgil, ich habe gehört, Sam hat Sie hier heute morgen abgesetzt und war nicht gerade gut auf Sie zu sprechen. Womit haben Sie ihn so wütend gemacht? Mr. Wood ist normalerweise ein sehr ausgeglichener Mensch.«

Tibbs zögerte und verschränkte die Finger, bevor er antwortete. »Mr. Wood und ich haben uns gut verstanden, aber einmal hat er versucht, mich ein bißchen aufs Glatteis zu führen, und als ich mich dazu geäußert habe, hat er mich kurzerhand hier abgesetzt.«

»Wie meinen Sie das, er hat Sie aufs Glatteis geführt? Erklären Sie das!«

»Wenn Sie es genau wissen wollen, Chief Gillespie, ich habe ihn gebeten, exakt die gleiche Route zu fahren wie in der Mordnacht. Aber an einer Stelle ist er ein wenig davon abgewichen.«

Gillespie kippte seinen Stuhl etwas nach hinten. »Virgil, vergessen Sie nicht, daß Mr. Wood seit über drei Jahren jede Nacht Streife fährt. Er hat sich angewöhnt, seine Route ständig zu ändern, damit niemand weiß, wann genau er wo sein wird. Sie können wohl kaum erwarten, daß er sich an jede einzelne Kurve erinnert, die er in einer bestimmten Nacht gefahren ist, selbst wenn es erst ein oder zwei Nächte her ist.«

»Verstehe, Sir«, sagte Tibbs. »Wollten Sie mich sonst noch etwas fragen?«

Gillespie dachte nach. Er hatte den Eindruck, daß Tibbs' Antwort irgendwie respektlos war, konnte jedoch nichts Greifbares festmachen. »Nein, das war alles.«

Als Tibbs das Büro verlassen hatte, setzte Gillespie sich wieder bequemer hin. Ein höchst unangenehmer Gedanke schoß ihm durch den Kopf. Er wunderte sich nur, daß er nicht schon früher daran gedacht hatte. Die Vorstellung überraschte ihn selbst, doch vielleicht lag genau hier die Lösung.

Er schloß die Augen und sah im Geiste, wie jemand ein Stück Holz in der Hand hielt, es durch die Luft sausen ließ, um damit brutal und gnadenlos den Schädel eines kleinen Italieners zu zertrümmern. Und der Mann, den er jetzt mit dem Holzknüppel in der Hand als gemeinen Mörder vor sich sah, war Sam Wood.

Sam hatte Gelegenheit zu dieser Tat gehabt, daran bestand nicht der geringste Zweifel. Für Sam wäre es leicht gewesen, für jeden anderen hätte es dagegen ein ungeheures Risiko bedeutet. Wenn Sam auf den kleinen Mann zugegangen wäre, hätte Mantoli selbst in den frühen Morgenstunden kaum Verdacht geschöpft, da er sich bei einem Polizisten in Uniform sicher gewähnt hätte. Einer plötzlichen Eingebung folgend, griff Gillespie nach dem Telefon, rief die Bank an und ließ sich mit Mr. Jennings verbinden.

»Ich möchte Ihnen eine streng vertrauliche Frage stellen, die einen meiner Männer hier betrifft«, begann Gillespie. »Kennen Sie Sam Wood?«

»Ich kenne Mr. Wood sehr gut«, antwortete Jennings prompt.

»Ich hätte gern eine Information von Ihnen«, sagte Gillespie. »Hat er in den letzten beiden Monaten ungewöhnliche Kontobewegungen vorgenommen? Beispielsweise ungewöhnlich hohe Summen eingezahlt oder abgehoben? Oder hat er einen Kredit aufnehmen müssen?«

»Normalerweise behandeln wir alle Angelegenheiten unserer Kunden streng vertraulich«, antwortete Jennings, der offenbar versuchte, Zeit zu gewinnen. »Und telefonisch geben wir grundsätzlich keinerlei Auskünfte. Das werden Sie sicher verstehen.«

Gillespie begann wieder die Geduld zu verlieren. »Schon gut, schon gut! Sie müssen vorsichtig sein, das kann man Ihnen nicht verübeln, Sie tun schließlich nur Ihre Pflicht. Aber Sie haben meine Frage nicht beantwortet.«

»Um eins klarzustellen, Mr. Gillespie«, erwiderte Jennings, »ist das eine dienstliche Anfrage?«

»Davon können Sie ausgehen.«

»In diesem Fall werden wir natürlich eine Ausnahme machen. Kommen Sie doch einfach in mein Büro, sobald Sie die Zeit dazu finden, dann können Sie die betreffenden Unterlagen einsehen.«

»Können Sie sie nicht zu mir ins Büro bringen lassen?«

»Wenn Sie uns eine entsprechende gerichtliche Verfügung vorlegen, werden wir Ihnen diesen Gefallen gern tun«, antwortete Jennings gelassen. »Ansonsten wäre es viel besser, wenn Sie sich herbemühen würden. Sie verstehen sicher, daß wir unsere Unterlagen nur ungern aus dem Haus geben und es soweit wie möglich vermeiden, Kopien zu machen.«

Gillespie gab sich geschlagen und legte auf. Er ärgerte sich, daß die Unterredung mit Jennings ihn keinen Schritt weitergebracht hatte. Raub schien zwar nicht das Motiv gewesen zu sein, doch Kaufmann hatte erwähnt, daß Mantoli häufig große Barbeträge bei sich getragen hatte. Sam Wood hatte ihn vielleicht getötet und beraubt, aber genug Geld zurückgelassen, um keinen Verdacht zu erregen. So etwas gab es schließlich oft genug.

Arnold erschien in der Tür, er hielt einige Bögen Papier in der Hand. »Virgil sagt, Sie möchten seinen Bericht über Mantoli sehen.«

»Selbstverständlich will ich das«, fuhr Gillespie ihn an. »Warum sind Sie nicht sofort damit gekommen?«

»Ich dachte, Sie würden sich nicht dafür interessieren«, antwortete Arnold. Er zuckte mit den Schultern und verschwand wieder.

Bill Gillespie las sich den Bericht genau durch. Mit jedem neuen Abschnitt steigerte sich seine Wut. Er haßte diesen Bericht, weil er das Werk eines Untergebenen war und dennoch besser als alles, was er je hätte zustande bringen können oder zustande gebracht hatte. Doch es würde ihn davor bewahren, später im Zeugenstand in eine peinliche Lage zu geraten, falls es je zu einer Verhandlung kommen sollte. Außerdem erfuhr er eine Menge über den verstorbenen Maestro Mantoli, wovon er bisher keine Ahnung gehabt hatte. Doch auch wenn er sich noch soviel Mühe gab, konnte er eine gewisse Verwirrung über die Tatsache nicht unterdrücken, daß der Bericht von einem Neger verfaßt worden war. Neger hatten kein Recht, intelligent zu sein.

Das Telefon klingelte.

Frank Schubert meldete sich. »Bill, tut mir schrecklich leid, daß ich Sie schon wieder stören muß, aber bei mir geht ununterbrochen das Telefon. Können Sie mir heute mehr über den Fall sagen als gestern? Der Stadtrat wird langsam ungeduldig, und jeder, den ich kenne, ruft bei mir an und will wissen, wann der Mörder endlich gefaßt wird.«

»Verdammt noch mal, Frank, warum sagen Sie den Leuten nicht, sie sollen uns vom Hals bleiben und mich endlich in Ruhe meine Arbeit machen lassen? Mit Druck erreicht man überhaupt nichts, das sollten Sie eigentlich wissen.«

Schubert zögerte. »Schon gut, Bill. Ich verstehe ja, wie Ihnen zumute ist. Was ich Sie übrigens noch fragen wollte: Haben Sie den Nigger inzwischen nach Kalifornien zurückgeschickt?«

»Nein, und ich denke auch nicht daran.« Gillespie konnte seine Stimme nur mühsam beherrschen.

»Das sollten Sie aber, Bill.«

»Das ist ja wohl meine Sache.« Gillespie schaffte es nicht, seine Stimme im Zaum zu halten. »Frank, ich muß jetzt Schluß machen. Ich verspreche Ihnen, Sie sofort anzurufen, wenn sich etwas Neues ergibt.«

»Na gut. In Ordnung, Bill«, sagte Schubert und legte auf. Gillespie begriff, daß auch die Geduld des Bürgermeisters allmählich nachließ. Und wenn Frank Schubert allzu wütend wurde, war Gillespie seinen Job als Polizeichef los.

Gillespie schaltete seine Sprechanlage ein. »Wo ist Virgil?« fragte er.

»Weggegangen«, antwortete Pete. »Er hat einen Anruf von einem Reverend Soundso bekommen und ist wie von der Tarantel gestochen losgestürzt. Wollen Sie ihn sprechen?«

»Das kann warten«, sagte Gillespie und schaltete den Apparat wieder aus. Die widersprüchlichsten Gefühle bedrängten ihn, zerrten in alle Richtungen. Er erhob sich, setzte seinen Hut auf und eilte zu seinem Wagen. Eine Sache wollte er jetzt jedenfalls klären. Er fuhr zur Bank, um Jennings aufzusuchen.

Der Bankdirektor empfing ihn höflich und ließ sich sofort Sam Woods Unterlagen bringen. Gillespie stellte befriedigt fest, daß sein Wort und seine Gegenwart in dieser Stadt, für die er eine wachsende Abneigung empfand, immer noch *etwas* Gewicht besaßen. Als die Papiere vorlagen, schaute Jennings sie schweigend durch und behielt sie in der Hand, während er sprach.

»Mr. Wood hat seit mehreren Jahren ein Konto bei uns. Der Kontostand war nie höher als ein paar hundert Dollar. Er hat zweimal überzogen, doch jedesmal rechtzeitig wieder ausgeglichen, so daß seine Kreditwürdigkeit nie in Frage gestellt war. Einzahlungen und Auszahlungen fanden seit geraumer Zeit regelmäßig statt.«

»Sonst nichts?« fragte Gillespie ungeduldig.

»Darauf wollte ich gerade zu sprechen kommen«, erwiderte Jennings unbeeindruckt. »Vor zwei Tagen kam Mr. Wood zu uns und hat die Hypothek auf sein Haus beglichen. Es ist nur ein kleines Haus, und der Betrag war nicht sehr hoch. Bezahlt hat er mit einem Scheck, wie er sagt, aus einer Erbschaft, den er mit der Post erhalten hatte, und etwas über sechshundert Dollar in bar.«

»Sechshundert Dollar in bar!« wiederholte Gillespie. »Das scheint mir allerdings ziemlich ungewöhnlich.«

»Ja und nein«, erwiderte der Bankier. »Viele Menschen horten immer noch ihre Ersparnisse in Matratzen oder Plätzchendosen, obwohl sie dadurch jedes Jahr eine Menge Zinsen verlieren.«

»Aber nicht, wenn sie seit Jahren ein Konto bei einer Bank haben«, meinte Gillespie. Die Tragweite seiner Entdeckung wurde ihm nur langsam bewußt, er war seinem Instinkt gefolgt und hatte, wie es schien, mitten ins Schwarze getroffen.

Sam Wood hatte es sich zur Gewohnheit gemacht, jeden Tag um vier Uhr im Revier vorbeizuschauen. An diesem Tag verspürte er zwar wenig Lust dazu, wollte sich jedoch vor den anderen keine Blöße geben. In der zweiten Hälfte der Nacht, als er wieder allein gefahren war, war ihm langsam klargeworden, daß er seinem ungebetenen Fahrgast unrecht getan hatte. Er hatte lange darüber nachgedacht, wodurch sein kleines Täuschungsmanöver aufgeflogen war. Aber da Virgil Tibbs es nun einmal bemerkt hatte, wollte er ihm auf keinen Fall in die Arme laufen.

Als Sam die Eingangshalle betrat, sah er, daß Eric Kaufmann bei Pete an der Theke stand und sich mit ihm unterhielt. Kaufmann zeigte ihm eine kleine Pistole, und Pete notierte sich anscheinend Marke und Seriennummer.

Kaufmann drehte sich um, sah Sam, kam zu ihm und sprach ihn an. »Hätten Sie einen Moment Zeit für mich?« erkundigte sich Kaufmann. »Ich bin hier gleich fertig.«

»Selbstverständlich.« Sam setzte sich auf eine Bank an der Wand, wo sie etwas ungestörter waren, und wartete. Ein oder zwei Minuten später ließ Kaufmann die kleine Waffe in seine Tasche gleiten, kam zu Sam herüber und nahm neben ihm Platz.

»Zuerst möchte ich mich bei Ihnen entschuldigen«, begann er. »Tut mir verdammt leid, daß ich neulich nachts so gereizt war. Ich war ziemlich aufgewühlt und besorgt, obwohl das mein Verhalten natürlich nicht rechtfertigt.«

»Schon in Ordnung«, meinte Sam großzügig.

»Später ist mir klargeworden, wie nett es von Ihnen war, den ganzen Weg bis zu den Endicotts hochzufahren, nur um nachzusehen, ob alles in Ordnung war. Ich möchte Ihnen auch im Namen von Duena danken, wir wissen Ihr Verhalten sehr zu schätzen.«

Der letzte Satz wirkte auf Sam genauso, als hätte man ihm einen Schlag in die Magengrube versetzt. Er blieb stumm.

»Nachdem ich über alles nachgedacht hatte«, fuhr Kaufmann fort, »bin ich hergekommen und habe einen Waffenschein beantragt.«

»Können Sie denn mit einer Waffe umgehen?« fragte Sam.

»Nicht allzu gut. Aber ich will sie im Grunde auch gar nicht benutzen. Es genügt mir schon, wenn ich sie auf jemanden richten kann, falls man mich bedroht. Nur dafür brauche ich die Waffe, bis die ganze Sache ausgestanden ist. Ich nehme an, Sie haben schon etwas herausgefunden?«

»Darüber darf ich nicht sprechen«, erwiderte Sam. Damit befand er sich auf sicherem Grund.

»Das verstehe ich. Ach ja, übrigens, bevor ich es vergesse, Duena hat mich gebeten, Ihnen für die Freundlichkeit zu danken, die Sie ihr am Todestag ihres Vaters erwiesen haben. Sie hat sich immer noch nicht ganz erholt, aber es geht ihr schon besser, als unter den Umständen zu erwarten war. Wenn Sie sie so gut kennen würden wie ich, wüßten Sie, was für ein wunderbarer Mensch sie ist.«

»Das kann ich mir gut vorstellen«, sagte Sam, und er meinte es ernst. Er beschloß, daß er sich genausogut noch weiter vorwagen konnte. »Mich wundert nur, daß Sie beide noch nicht geheiratet haben.«

»Das wünsche ich mir sehr«, gestand Kaufmann. »Wahrscheinlich wäre auch alles gut gegangen, wenn dieses furchtbare Unglück nicht passiert wäre. Wenn alles überstanden ist und wir endlich wieder abreisen können, wird sie sich vielleicht doch noch dazu entschließen.«

»Ihre Chancen stehen sicher nicht schlecht«, sagte Sam, obwohl er sich damit nur selbst quälte.

»Das hoffe ich.«

»Ich wünsche Ihnen jedenfalls alles Gute«, log Sam herzlich und reichte dem jungen Mann die Hand.

Kaufmann war ihm heute trotz allem viel sympathischer. Es war ein angenehmes Gefühl, andere zu mögen und von ihnen gemocht zu werden. Sam schaute sich suchend um, ob Virgil Tibbs vielleicht in der Nähe war.

Pete fing seinen suchenden Blick auf und rief ihn zu sich herüber. »Der Boß will dich sehen.«

»Schon unterwegs«, antwortete Sam. Er trat in den Korridor, der zu Gillespies Büro führte, verschwand jedoch zuerst noch schnell in der Toilette, um sich zu kämmen und sein Hemd in die Hose zu stopfen. Auch wenn er für Gillespie wenig Respekt empfand, wollte er doch von Kopf bis Fuß wie ein kompetenter, zuverlässiger Polizist aussehen – und einer sein –, wenn er das Büro des Chiefs betrat. Dann schritt er den Gang hinunter und klopfte respektvoll an die geschlossene Tür.

Es war kurz vor sechs Uhr, als Virgil Tibbs seinen geliehenen Wagen auf den Parkplatz des Polizeireviers lenkte und erschöpft aus dem Auto kletterte. Bevor er die Fahrertür zuschloß, nahm er etwas vom Rücksitz. Dann stieg er die Eingangsstufen empor.

Der Beamte, der im ersten Teil der Nacht Dienst tat, schaute hoch, als Tibbs die Eingangshalle betrat.

»Ja?« fragte er.

»Ist Chief Gillespie zufällig noch da?« fragte Tibbs.

»Ja, ist er, aber ich glaube nicht, daß er momentan gestört werden will.«

»Ist jemand bei ihm?« erkundigte sich Tibbs.

»Nein, er ist allein. Aber Sie müssen schon einen wichtigen Grund haben, wenn Sie ihn jetzt stören wollen.«

»Sagen Sie ihm bitte, daß ich hier bin und ihn sprechen möchte«, sagte Tibbs.

Der Beamte ließ sich viel Zeit, bis er endlich die Hand ausstreckte und nach der Sprechanlage griff. »Virgil ist hier«, meldete er. »Ich habe ihm gesagt, daß Sie nicht gestört werden möchten, aber er besteht darauf, Sie zu sehen.«

»Okay«, hörten sie Gillespie sagen.

»Gehen Sie rein«, sagte der Mann und vertiefte sich wieder in seine Zeitung.

Tibbs ging den Korridor hinunter und klopfte an Gillespies Tür.

Gillespies Stimme war durch das Holz deutlich zu hören. »Ich habe doch gesagt, Sie könnten reinkommen.«

Virgil Tibbs öffnete die Tür und betrat gelassen Gillespies Büro. Als er den großen Mann hinter dem Schreibtisch anschaute, sah er sofort, daß er sehr mitgenommen war. »Und? Was ist denn so wichtig, Virgil?« fragte Gillespie. Seine Worte klangen kraftlos. Seine Stimme war die eines Mannes, der einen kühnen, riskanten Schritt gewagt hatte und sich im nachhinein fragte, ob er nicht einen Fehler begangen hatte.

Tibbs legte einen Holzscheit auf Gillespies Schreibtisch. Es war ein rauhes, rundes Aststück von ungefähr fünf Zentimetern Durchmesser und etwa fünfundfünfzig Zentimetern Länge. Gillespie starrte es wortlos an. »Was soll ich denn damit?« fragte er schließlich.

»Das ist die Tatwaffe«, klärte ihn Tibbs auf.

Gillespie nahm das Holzstück in die Hand und betrachtete es interessiert. An einem Ende waren eindeutig Spuren zu sehen, die ahnen ließen, welch grausigem Zweck es gedient hatte. Der Chief drehte es hin und her und hielt es dann hoch, um festzustellen, wie gerade es war. »Wie haben Sie es gefunden?« fragte er.

»Man hat mir geholfen«, gestand Tibbs und wartete auf weitere Fragen.

Gillespie fuhr fort, das Aststück hin und her zu drehen. Als er immer noch nichts sagte, brach Tibbs das Schweigen. »Stimmt etwas nicht?« fragte er.

»Ich habe Ihnen schon mal gesagt, daß wir hier unsere Arbeit sehr gut allein machen können, was nicht heißen soll, daß ich nicht zu schätzen weiß, daß Sie mir die Mordwaffe bringen. Und Ihr Bericht über Mantolis Leiche war auch zufriedenstellend. Aber ich sollte es Ihnen besser gleich sagen – ich habe vor einer Stunde Mantolis Mörder festgenommen.«

Tibbs holte tief Luft. »Können Sie mir sagen –« begann er.

»Wer es ist?« soufflierte Gillespie.

»– ob er ein Geständnis abgelegt hat?« führte Tibbs seinen Satz zu Ende.

»Nein, hat er nicht. Er hat natürlich alles abgestritten.« Gillespie zögerte und nahm das Holzscheit wieder in die Hand. »Aber er hat es getan. Ich weiß, daß er es war.« Er betrachtete immer noch den Gegenstand in seiner Hand und versuchte zu schätzen, wieviel er wohl wiegen mochte. »Was schließen Sie aus Ihrem Fund, Virgil?« fragte er.

»Er bestätigt eigentlich nur, was ich schon vorher wußte, Chief Gillespie.«

»Und was genau wäre das?«

»Wer der Mörder ist«, antwortete Tibbs.

Gillespie legte das Aststück wieder auf den Schreibtisch. »Hm. Tja, da bin ich Ihnen wohl zuvorgekommen. Falls Sie Ihren Freund Sam jetzt gern sehen wollen, finden Sie ihn in der ersten Zelle, wenn Sie reinkommen.«

Virgil warf Gillespie einen bestürzten, ungläubigen Blick zu und starrte sekundenlang aus dem Fenster, bis er sich wieder gefaßt hatte. »Sam Wood?« fragte er, als sei ihm diese Vorstellung unbegreiflich.

»Sehr richtig«, antwortete Gillespie. »Sam Wood.«

Tibbs sank schweigend auf einen der Stühle vor Gillespies Schreibtisch. »Sir«, sagte er schließlich sehr vorsichtig, »ich weiß, daß Sie das nicht gern hören werden, aber ich muß es Ihnen einfach sagen. Mr. Wood ist ganz sicher unschuldig. Sie können sich bestimmt vorstellen, welche Folgen es für Ihre Karriere hätte, wenn Sie ihn nicht sofort wieder freilassen.« Er schwieg wieder und schaute Gillespie mit seinen dunklen, braunen Augen unverwandt an. »Ich weiß mit absoluter Sicherheit, daß Sie den falschen Mann haben, Sir.«

# Kapitel 10

Schon als Junge war Bill Gillespie größer gewesen als seine Klassenkameraden und alle anderen Kinder, mit denen er gespielt hatte. Deshalb hatte stets er bestimmt, was gespielt wurde und wie die Spielregeln auszusehen hatten, und anderen, die ihm körperlich unterlegen waren, seinen Willen aufzwingen können. Man mußte ihm jedoch zugute halten, daß er sich trotz seiner Größe nicht zum Tyrannen entwickelt hatte, der andere willkürlich herumkommandierte und Andersdenkende bewußt schikanierte. Doch aufgrund seiner natürlichen Führerrolle hatte er eine der wichtigsten Eigenschaften, Diplomatie, nie entwickeln können. Er war sich dessen bewußt, und manchmal ärgerte es ihn.

In der Nacht nach Sam Woods Verhaftung ärgerte es ihn ganz besonders. Er wälzte sich ruhelos in seinem Bett hin und her und ließ seine Wut an den Kissen aus, die sich zwar nicht wehrten, ihm aber auch nicht weiterhalfen. Schließlich stand er auf und machte sich Kaffee. Im Geiste durchlebte er immer wieder die Szene in seinem Büro. Noch nie war ihm jemand so unerschrocken entgegengetreten wie Sam Wood, und dafür bewunderte er ihn. Gillespie war natürlich, wie immer, der Stärkere gewesen, doch inzwischen plagten ihn quälende Zweifel, die sich vor seinem geistigen Auge formierten wie römische Legionen. Schuld daran war zu einem großen Teil Virgil Tibbs' felsenfeste Überzeugung, daß Sam Wood unschuldig war. Gillespie wehrte sich dagegen, dem schwarzen Ermittler zu glauben, und hatte dies auch ziemlich deutlich gemacht, wußte jedoch, daß der Mann aus Pasadena bisher verdammt oft recht behalten hatte.

Gillespie hoffte, wenigstens einen einzigen stichhaltigen Beweis zu finden, der ihm recht gab. Es fehlte nicht viel, und er hätte sogar ein Stoßgebet zum Himmel geschickt. Er mochte Sam Wood, auch wenn er ihn nicht für einen guten Polizisten hielt, aber er verabscheute Mörder, und er war sicher, daß Sam Wood einer war.

Doch Sam hatte leidenschaftlich alles abgestritten, und Virgil Tibbs hatte dann auch noch seine Partei ergriffen. Gillespie legte sich wieder ins Bett und schlief den unruhigen Schlaf des Schuldbewußten. Am Morgen fühlte er sich kein bißchen besser, und als er sich in sein Büro begab, wünschte er sich zum ersten Mal, er hätte den Posten als Polizeichef, für den er nicht ausreichend qualifiziert war, niemals angenommen.

Er spürte die Spannung, die in der Luft lag, als er durch die Eingangshalle ging. Pete grüßte ihn zwar genauso respektvoll wie immer, doch seine Worte klangen hohl wie ausgeblasene Eier. Gillespie verschanzte sich mit Geschäftsmiene hinter seinem Schreibtisch und begann, die Post durchzugehen, die aufgestapelt vor ihm lag. Noch während er las, formte sich ein rettender Gedanke in seinem Kopf: Er würde das Beweismaterial noch einmal sorgfältig überprüfen, und wenn er eine andere Erklärung für alles fand, wollte er Sam eventuell wieder freilassen. Er wußte, daß dies nicht ging, ohne daß er eine neue Information erhielt, doch zumindest konnte er sein Gewissen damit beruhigen, daß das fair war.

Mit einem Mal bemerkte er, daß in der Lobby etwas vorging. Er vernahm Stimmen und glaubte, seinen Namen gehört zu haben. Am liebsten wäre er hinausgeeilt und hätte nachgesehen, was dort vorging, doch die Würde seines Amtes erforderte, daß er wartete, bis man sich an ihn wandte.

Er brauchte sich nicht lange zu gedulden. Arnold erschien an der Tür und wartete, bis Gillespie hochschaute.

»Sir«, begann er, »wir haben gerade eine Beschwerde bekommen, die Sie sich vielleicht anhören sollten. Ich meine, Sie sollten es sich ganz bestimmt anhören. Soll ich die Leute hereinholen?«

Der Polizeichef nickte zustimmend. Zuerst hörte man unsichere Schritte im Flur, dann wurden zwei Personen in sein Büro geführt. Zuerst kam ein grobknochiger Mann mit einem extrem hageren Gesicht, das so wettergegerbt war, daß es von unzähligen feinen Falten durchzogen war. Er trug Arbeitskleidung und hatte die Schultern in einer Geste ewigen Mißtrauens lauernd nach vorn gezogen. Er trug eine Brille mit Metallgestell, die sein Gesicht noch härter wirken ließ. Sein Mund mit den fest zusammengepreßten Lippen wirkte gewohnheitsmäßig verspannt. Gillespie hatte den Eindruck, daß er, wenn er betrunken war, äußerst unangenehm werden konnte. Die zweite Person war ein junges Mädchen, Gillespie schätzte ihr Alter auf etwa fünfzehn oder sechzehn. Sie trug eine Kombination aus Rock und Pullover, die ihre ausgeprägten Rundungen noch unterstrich. Die flachen Schuhe ließen sie zwar noch pummeliger erscheinen, doch sie besaß eindeutig den Körper einer reifen Frau. Ihre Kleidung war viel zu eng und stellte ihre Brüste auf übertriebene und unübersehbare Weise zur Schau. Gillespie konnte sich gut vorstellen, daß sie bestimmt bald in Schwierigkeiten geraten würde, wenn genau das nicht schon längst geschehen war.

»Sin' Sie Chief Gillespie?« wollte der hagere Mann wissen. Die wenigen Worte verrieten Gillespie, daß der Mann nicht sehr gebildet und ihm hoffnungslos unterlegen war.

»Ganz recht«, sagte Gillespie. »Was kann ich für Sie tun?«

»Ich heiße Purdy, und das hier is' meine Tochter Delores.« Als ihr Name genannt wurde, setzte Delores ein strahlendes Lächeln auf, das offenbar faszinierend und verführerisch wirken sollte. Gillespie richtete den Blick wieder auf den Vater.

»Jemand hat sie in Schwierigkeiten gebracht, Chief, un' deshalb sin' wir auch hier.«

»Die üblichen Schwierigkeiten?«

»Na ja, sie kriegt ein Baby. Das hab' ich gemeint.«

Gillespie wandte sich an das Mädchen. »Wie alt bist du, Delores?« fragte er.

»Sechzehn«, antwortete sie strahlend.

Ihr Vater legte eine Hand auf ihre Schulter. »Das stimmt nich' ganz. Delores war nämlich krank, wissen Sie, un' hat ziemlich lange in der Schule gefehlt. Kinder sin' ziemlich gemein, wenn jemand sitzengeblieben is', also haben wir gesagt, Delores is' fünfzehn, als wir voriges Jahr hergezogen sin'. Aber in Wirklichkeit war sie schon siebzehn, also is' sie jetzt achtzehn.«

»Das Alter ist sehr wichtig«, erklärte Gillespie. »Wenn in unserem Staat ein sechzehnjähriges Mädchen schwanger wird, gilt das als Vergewaltigung, selbst wenn es mit ihrem Einverständnis geschehen ist.«

»Außer, sie is' verheiratet«, warf Purdy ein.

»Richtig, außer wenn sie verheiratet ist. Wenn sie allerdings achtzehn oder noch älter ist und ihr Einverständnis gegeben hat, handelt es sich lediglich um Verführung Minderjähriger, und das ist ein viel geringfügigeres Vergehen.«

Purdys Gesicht wurde noch härter. Er sah aus, als ob er auf ein Geräusch warte, das von weither zu ihnen dringen würde. »Und was passiert, wenn irgendein Kerl sich an ein armes, unschuldiges Mädchen wie meine Delores ranmacht und sie zu was bequatscht, was ihr später verdammt leid tut? Is' das etwa keine Vergewaltigung?«

Gillespie schüttelte den Kopf. »Das ist Verführung Minderjähriger. Es ist zwar eine Straftat, aber lange nicht so schwerwiegend wie Vergewaltigung. Vergewaltigung ist ein Kapitalverbrechen, ebenso wie Mord, bewaffneter Raubüberfall und solche Dinge. Am besten, Sie nehmen Platz und erzählen mir genau, was passiert ist.«

Arnold verstand den Hinweis und zog sich zurück. Während Purdy und seine Tochter noch dabei waren, sich zu setzen, summte die Sprechanlage. Bill drückte auf den Knopf. »Virgil ist in der Eingangshalle und möchte wissen, ob er zu Ihnen reinkommen kann. Er sagt, es sei wichtig für den Fall, an dem er arbeitet.«

Gillespie holte tief Luft und wollte gerade ablehnen, als ihm ein sadistischer Gedanke kam. Er fragte sich, wie Purdy wohl reagieren würde, wenn er gezwungen wäre, die Probleme seiner Tochter im Beisein eines Negers darzulegen. Purdy hatte ihn unterbrochen und korrigiert, als er ihm die Rechtslage erklärt hatte, und das nahm Gillespie ihm übel. »Soll reinkommen«, sagte er.

Tibbs betrat das Zimmer so diskret wie möglich und setzte sich auf die Bank, als warte er auf Anweisungen.

»Schicken Sie den Kerl raus«, sagte Purdy. »Ich sag' kein Wort, wenn der Nigger hier drin bleibt.«

»Ich möchte, daß er hier bleibt, also bleibt er auch hier«, stellte Gillespie fest. »Und jetzt erzählen Sie Ihre Geschichte. Vergessen Sie einfach, daß er hier ist.«

Purdy ließ sich nicht einschüchtern. »Zuerst schicken Sie ihn hier raus«, verlangte er.

Zu Gillespies Überraschung stand Tibbs leise auf und machte Anstalten, zur Tür zu gehen. Gillespie warf ihm einen wütenden Blick zu, doch Tibbs sagte ruhig: »Ich habe nur etwas vergessen, ich bin gleich wieder zurück.« Als Purdy in die andere Richtung sah, zeigte Tibbs auf die Sprechanlage. Dann schloß er die Tür hinter sich.

Da damit die Situation ohne Gesichtsverlust für Gillespie bereinigt war, legte er einige Schriftstücke von einer Seite seines Schreibtisches auf die andere und schaltete dabei heimlich die Sprechanlage ein. Dann lehnte er sich zurück. »Okay, wir sind allein«, sagte er. »Jetzt sagen Sie schon, was Ihnen auf dem Herzen liegt.«

»Also, meine Delores is' wirklich ein braves Mädchen, hat noch nie was angestellt, außer was alle Kinder halt so tun. Und dann trifft sie auf einmal, ohne mir was zu sagen, heimlich diesen Kerl, der doppelt so alt is' wie sie. Er is' nich' verheiratet un' hat angefangen, mit meinem Mädchen hier im Auto rumzufahren.«

»Warum haben Sie nichts dagegen unternommen?« wollte Gillespie wissen.

Purdy fühlte sich provoziert. »Mister, ich arbeite die ganze Nacht. Ich hab' keine Zeit, zu Hause rumzuhocken un' mich um die Kinder zu kümmern un' sie ständig im Auge zu behalten. Außerdem hat Delores mir ers' davon erzählt, als es schon passiert war.«

»Er war wirklich nett«, warf Delores ein. »Ich hab' mir nix Schlimmes dabei gedacht. Er is' wirklich nett zu mir gewesen.«

»Kommen Sie bitte zur Sache«, sagte Gillespie. »Wann ist es passiert?«

»Mitten in der Nacht. Meine Frau hat schon geschlafen, wie sich das gehört, und Delores is' einfach aufgestanden un' hat sich mit dem Kerl getroffen. Un' dabei is' es passiert.«

Gillespie wandte sich an das Mädchen. »Erzähl mir mal genau, was passiert ist.«

Delores versuchte krampfhaft, die Unschuldige zu spielen. »Na ja, Pa hat's ja schon gesagt, er war wirklich nett zu mir. Zuerst haben wir geredet, un' dann haben wir ganz eng nebeneinander gesessen, un' dann...« Sie suchte nach Worten.

Der Chief nahm einen Stift und klopfte damit auf den Schreibtisch. »Ich möchte, daß du mir eins erklärst«, sagte er in bestimmtem Ton. »Hat der Mann dich mit Gewalt zu etwas gezwungen, so daß du dich wehren mußtest, oder ist es passiert, weil er einfach nur weiter gegangen ist, als er durfte?«

Delores zögerte so lange, daß Gillespie sich die Antwort denken konnte. »Ich hab' das damals noch nich' so richtig verstanden«, sagte sie schließlich.

Gillespie entspannte sich ein wenig. »Okay, Delores, dieser Mann hat deine Situation ausgenutzt, und dafür werden wir ihn einsperren. Wir können ihn der Verführung Minderjähriger beschuldigen, und das ist schlimm genug. Kannst du mir Näheres über ihn erzählen?«

Purdy konnte sich nicht länger zurückhalten. »Sie kennen den Kerl ziemlich gut«, platzte er heraus. »Deswegen wollten wir Sie auch persönlich sprechen. Es is' der Polizist, der nachts immer Streife fährt un' angeblich unsre Frauen beschützen soll. Ich weiß auch, wie er heißt, er heißt – Sam Wood.«

Als Bill Gillespie wieder allein war, drückte er auf die Sprechanlage und gab eine Anweisung. »Schick Virgil wieder rein«, befahl er.

»Virgil ist nicht hier«, erwiderte Pete.

»Und wo zum Teufel ist er?« wollte Gillespie wissen. »Ich dachte, er hat das Gespräch draußen mitgehört!«

»Ja, Sir, das hat er auch. Aber in dem Moment, als Sie fertig waren, hat er gesagt, er wäre der größte Dummkopf aller Zeiten, und ist abgerauscht.«

»Das war alles?«

»Ja, Sir, aber er hat noch ganz kurz telefoniert, bevor er weg ist.« Mit dieser Aussage belog Pete seinen Chef. Es war keine besonders große Lüge, sondern es handelte sich, fand Pete, vielmehr um einen Akt der Barmherzigkeit. Beim Verlassen des Reviers hatte Virgil Tibbs ihm nämlich noch zugerufen: »Sagen Sie Sam Wood, er soll sich keine Sorgen machen.« Pete brauchte nur sekundenlang zu überlegen, um zu beschließen, daß es besser war, diesen Satz vor Gillespie nicht zu wiederholen. Der Polizeichef war unberechenbar, wer weiß, wie er reagiert hätte.

Der alte Wagen, den Virgil Tibbs von Jess, dem Automechaniker, geliehen hatte, fuhr zwar noch recht gut, war jedoch nicht sonderlich belastbar und konnte den kurvenreichen Weg den Hügel hinauf zum Haus der Endicotts nur mühsam bewältigen. Als er schließlich oben angekommen war, dampfte der Kühler. Tibbs parkte auf dem kleinen Platz neben dem Haus, zog die Handbremse an und stieg aus. Wenig später klingelte er.

George Endicott öffnete sofort die Tür. »Kommen Sie herein, Mr. Tibbs«, lud er ihn ein. Er war höflich, wenn auch nicht herzlich. Er führte seinen Besucher in das eindrucksvolle Wohnzimmer, setzte sich und forderte Tibbs mit einer Handbewegung auf, ebenfalls Platz zu nehmen. »Was führt Sie zu mir?« fragte er.

»Ich möchte Ihnen einige Fragen stellen, die ich Ihnen eigentlich schon viel früher hätte stellen sollen«, antwortete Tibbs. »Aufgrund diverser Ereignisse unten in der Stadt sind sie jetzt ziemlich dringend geworden. Daher habe ich Sie um ein sofortiges Treffen gebeten.«

»In Ordnung«, meinte Endicott. »Stellen Sie einfach Ihre Fragen, und ich werde mein Bestes tun, sie zu beantworten.«

»Vielen Dank, Sir. Stimmt es, daß Maestro Mantoli in der Mordnacht hier bei Ihnen den Abend verbracht hat?«

Endicott nickte. »Ja, das stimmt.«

»Wer hat als erster das Haus verlassen?«

»Mr. Kaufmann.«

»Wann ungefähr war das?«

»Ich würde sagen, gegen zehn.« Endicott überlegte einen Moment. »Ganz genau möchte ich mich da allerdings nicht festlegen. Ich glaube, keiner von uns hat sonderlich auf die Zeit geachtet. Wir haben uns viel zu sehr auf andere Dinge konzentriert.«

»Wer genau war an dem Abend hier bei Ihnen?«

»Enrico – ich meine, Maestro Mantoli –, seine Tochter, meine Frau und ich, und dann noch Mr. Kaufmann.«

Virgil Tibbs beugte sich vor und verschränkte seine Finger. Er starrte auf seine Hände, als er die nächste Frage stellte. »Können Sie ungefähr sagen, um welche Zeit Maestro Mantoli Ihr Haus verlassen hat?«

»Gegen elf, halb zwölf«, antwortete Endicott.

Tibbs wartete einen Moment. »Wie ist er von hier in die Stadt gekommen?« Diesmal zögerte Endicott, bevor er antwortete.

»Ich habe ihn hingefahren«, sagte er schließlich.

»Waren Sie mit ihm allein?«

»Ja. Als wir losfuhren, sind die Damen zu Bett gegangen.«

»Und um wieviel Uhr waren Sie wieder zurück?«

»Etwa eine Stunde später. Die genaue Zeit kann ich Ihnen leider nicht nennen. Ich sagte ja schon, wir hatten an dem Abend eine Menge anderer Dinge im Kopf.«

»Wo haben Sie Maestro Mantoli abgesetzt?«

Endicotts Gesicht verriet leichte Ungeduld. »Ich habe ihn vor seinem Hotel abgesetzt. Wir hatten ihm angeboten, ihn hier bei uns unterzubringen, aber er hat das Angebot abgelehnt, weil er ein sehr rücksichtsvoller Mensch war und wußte, daß meine Frau und ich ihm in diesem Fall unser Schlafzimmer überlassen hätten. Wir haben zwar ein Gästezimmer, aber dort hatten wir schon seine Tochter untergebracht. Daher hat er es vorgezogen, im Hotel zu übernachten, auch wenn es nicht gerade sonderlich gut ist.«

»Haben Sie jemanden gesehen oder getroffen«, fuhr Tibbs fort, »während Sie mit Mantoli zur Stadt und dann allein wieder zurückgefahren sind?«

Endicott blickte seinem Gast fest in die Augen. »Diese Frage gefällt mir ganz und gar nicht, Mr. Tibbs. Soll das etwa bedeuten, daß Sie mein Alibi überprüfen? Sie wollen doch nicht andeuten, ich hätte so einen engen und lieben Freund umgebracht?«

Virgil Tibbs preßte seine Finger noch fester zusammen. »Mr. Endicott, ich will überhaupt nichts andeuten. Ich suche schlicht und einfach nach Hinweisen. Falls Sie während der Fahrt jemanden gesehen haben, hätten wir vielleicht einen Anhaltspunkt, wer der Mörder sein könnte.«

Endicott starrte aus den riesigen Fenstern hinaus auf das weit entfernte, eindrucksvolle Bergpanorama. »Sie haben recht, tut mir leid«, sagte er. »Ich sehe natürlich ein, daß Sie allen möglichen Spuren nachgehen müssen.«

Ihr Gespräch wurde unterbrochen, da Grace Endicott und Duena Mantoli den Raum betraten. Die Männer erhoben sich, und Tibbs begrüßte die beiden Frauen. Er bemerkte, daß Duena sich wieder gefangen zu haben schien, ihre Augen waren klar, und ihr Blick verriet, daß sie keine Angst mehr verspürte.

Nachdem sich alle gesetzt hatten, stellte Grace Endicott eine Frage. »Sind Sie mit Ihren Ermittlungen weitergekommen?«

»Ich glaube schon, Mrs. Endicott«, antwortete Tibbs, »besonders heute. Aber es ist immer schwierig, bei polizeilichen Ermittlungen von Erfolgen zu sprechen. Manchmal verfolgt man monatelang eine Spur und stellt auf einmal fest, daß sie falsch war. Man kann sich erst völlig sicher sein, wenn man einen Beweis gefunden hat, der den Täter nicht nur identifiziert, sondern auch keinen Zweifel mehr an seiner Schuld läßt.«

»Theoretisch klingt das ja alles sehr interessant«, unterbrach Endicott, »aber momentan interessieren wir uns doch mehr für Fakten. Ist schon abzusehen, wann jemand verhaftet wird?«

Virgil Tibbs starrte auf seine Finger. »Es ist jemand verhaftet worden«, sagte er. »Aber es ist der Falsche. Da bin ich mir sicher.«

»Aber warum hält man ihn dann fest?« wollte Endicott wissen.

Tibbs schaute hoch. »Weil Chief Gillespie mir nicht weit genug vertraut, um den Gefangenen wieder freizulassen.«

»Wer ist es denn?« fragte Grace Endicott. »Jemand, den wir kennen?«

»Sie kennen ihn tatsächlich, Mrs. Endicott. Es ist Officer Wood, der Mann, der mich bei meinem letzten Besuch begleitet hat.«

Duena Mantoli saß mit einem Mal kerzengerade. »Meinen Sie den großen Mann, der so nett zu mir war, an dem Tag, als...«

»Ja, genau der ist es, Miss Mantoli.«

»Und er steht unter dem Verdacht –«, sie zögerte und zwang sich dann, die Worte auszusprechen –, »meinen Vater ermordet zu haben?«

»Nicht nur das«, antwortete Tibbs. »Aber ich bin fest davon überzeugt, daß er unschuldig ist, auch wenn momentan niemand meine Meinung teilt.«

»Wenn das so ist«, meinte Endicott, »warum beweisen Sie dann nicht seine Unschuld?«

Als Tibbs aufblickte, glomm ein heimliches Feuer in seinen Augen. Diese innere Kraft hätte Endicott in dem schlanken schwarzen Mann gar nicht erwartet. »Das versuche ich ja gerade«, sagte Tibbs. »Genau deshalb stelle ich Ihnen all diese Fragen.«

Endicott stand auf und stellte sich ans Fenster. Es war ganz still im Raum, bis Endicott wieder sprach.

»Läßt Gillespie Ihnen denn freie Hand?« fragte er, ohne sich umzudrehen.

»Momentan besteht meine Aufgabe darin, Gillespie vor seinen eigenen Fehlern zu schützen«, antwortete Tibbs ruhig. »Sam Woods Verhaftung ist einer davon. Wenn ich damit fertig bin, werde ich ihm den Täter präsentieren, und zwar so, daß selbst er die Wahrheit erkennt. Und dann fahre ich zurück nach Hause, wo ich das Recht habe, ungehindert den Bürgersteig zu benutzen.«

Endicott drehte sich um. »An dem Abend habe ich niemanden gesehen, Mr. Tibbs, und Maestro Mantoli, glaube ich, auch nicht. Das heißt, nicht bis zu dem Zeitpunkt, als ich ihn vor dem Hoteleingang abgesetzt habe. Dort habe ich mich von ihm verabschiedet und bin sofort wieder heimgefahren. Soweit ich weiß, gibt es niemanden, der meine Angaben bezeugen kann, aber genau so ist es gewesen.«

»Ich danke Ihnen«, antwortete Tibbs. »Jetzt möchte ich Ihnen nur noch ein paar wenige Fragen stellen und Sie bitten, sich die Antworten genau zu überlegen. Es hängt sehr viel davon ab. Erstens habe ich gehört, daß Mr. Mantoli häufig größere Geldbeträge bei sich trug. Wissen Sie, ob dies auch der Fall war... als Sie ihn zum letzten Mal sahen?«

»Ich habe keine Ahnung. Ich würde auch nicht sagen, daß Enrico wirklich *große* Beträge dabei hatte. Manchmal hatte er ein paar hundert Dollar bei sich, aber niemals mehr, soweit ich weiß.«

»War er ein impulsiver Mensch?«

»Das ist schwer zu beantworten«, sagte Endicott.

»Ich glaube schon, daß man das sagen könnte«, sagte Duena unvermittelt. »Manchmal hat er sich ganz spontan zu etwas entschlossen, und meistens hat er damit recht behalten. Aber falls Sie damit gemeint haben sollten, ob er jähzornig war, dann lautet die Antwort nein.«

Tibbs richtete die nächste Frage an Duena. »Miss Mantoli, gehörte Ihr Vater zu den Menschen, die schnell Freundschaft schließen?«

»Alle hatten ihn gern«, antwortete Duena.

In diesem bitteren Moment wurde allen Anwesenden gleichzeitig bewußt, daß es einen Menschen geben mußte, der das nicht tat. Doch niemand sagte etwas.

»Eine letzte Frage noch«, wandte sich Tibbs wieder an das Mädchen. »Wenn ich die Ehre gehabt hätte, Ihrem Vater zu begegnen, meinen Sie, er hätte mich gemocht?«

Die junge Frau hob den Kopf und nahm die Herausforderung an. »Ja, da bin ich mir ganz sicher. Ich habe noch nie jemanden getroffen, der so frei von Vorurteilen war.«

Tibbs erhob sich. »Vielen Dank. Sie haben mir sehr geholfen, auch wenn Ihnen dies momentan vielleicht gar nicht bewußt ist. Aber ich glaube, Sie werden es schon bald erkennen.«

»Das ist gut zu wissen«, sagte Endicott.

Das junge Mädchen stand auf. »Ich würde gern in die Stadt fahren«, verkündete sie. »Vielleicht ist Mr. Tibbs so freundlich, mich mitzunehmen.«

»Mein Wagen ist ziemlich bescheiden«, meinte Tibbs, »aber ich nehme Sie natürlich gerne mit.«

»Würden Sie bitte noch einen Moment warten?« bat sie und verschwand ohne weitere Erklärung.

Als sie zurückgekehrt war und man sich an der Haustür voneinander verabschiedete, rieb sich George Endicott nachdenklich das Kinn. »Wie kommst du wieder zurück?« fragte er.

»Wenn ich niemanden finde, der mich herfährt, ruf ich euch an«, versprach sie.

»Fühlst du dich auch sicher genug?«

»Falls irgend etwas sein sollte, wende ich mich an Mr. Tibbs.«

Tibbs führte das Mädchen zu seinem Wagen, stieg ein und ließ den Motor an. Während ihrer kurzen Abwesenheit hatte sie sich ein anderes Kleid und einen ausgesprochen femininen Hut angezogen. Tibbs fand sie bezaubernd, doch ihm war nicht entgangen, daß sie etwas vorhatte und sehr genau wußte, was sie wollte. Sie hatte einen entschlossenen Zug um den Mund und entspannte sich erst, als sie die Stadt erreicht hatten.

»Wo soll ich Sie hinfahren?« erkundigte sich Tibbs.

»Zum Polizeirevier«, sagte sie.

»Sind Sie sicher, daß das eine gute Idee ist?« fragte er.

»Ganz sicher.«

Bis zum Parkplatz des Polizeireviers fuhr Tibbs schweigend weiter. Dann begleitete er sie die Treppe hinauf in die Eingangshalle. Duena ging geradewegs auf den Diensthabenden zu. »Ich möchte gern zu Mr. Wood«, sagte sie.

Pete wußte nicht, wie er reagieren sollte. »Mr. Wood ist momentan nicht im Dienst«, versuchte er sich herauszureden.

»Das weiß ich«, erwiderte Duena Mantoli. »Er sitzt im Gefängnis. Ich möchte ihn sehen.«

Pete griff nach der Sprechanlage. »Hier ist eine Dame, die Sam besuchen möchte«, meldete er. »Und Virgil ist auch gerade eingetroffen.«

»Wer ist die Frau?« fragte Gillespie über den Lautsprecher.

»Duena Mantoli«, schaltete sich das junge Mädchen ein. »Sie können ihm bestellen, daß Mr. Tibbs so nett war, mich auf meine Bitte hin herzufahren.«

Pete gab die Information an seinen Vorgesetzten weiter.

»Tut mir leid, aber sie kann ihn nicht sehen«, sagte Gillespie.

»Wer war das?« wollte Duena wissen.

»Chief Gillespie.«

Der entschlossene Ausdruck kehrte auf Duenas Gesicht zurück. »Führen Sie mich bitte zu Mr. Gillespie«, sagte sie. »Falls er mich nicht empfangen will, wende ich mich an den Bürgermeister.«

Pete führte sie über den Flur zu Gillespies Büro.

Sam Wood hatte den Punkt erreicht, an dem sein Verstand aufgegeben hatte und vor lauter Erschöpfung nicht mehr in der Lage war, all die Wut, Anspannung, Hoffnungslosigkeit und grenzenlose Enttäuschung am Leben zu erhalten, die ihn während der

Stunden, die er hier allein verbracht hatte, geplagt hatten. Inzwischen war ihm alles gleichgültig. An die Möglichkeit, daß man ihn schuldig sprechen könnte, wagte er gar nicht zu denken, aber er war davon überzeugt, daß seine Laufbahn als Polizist zu Ende war. Nach diesem Vorfall konnte er unmöglich wieder seinen Dienst antreten. Kurz vor Mittag, als Gillespie sein Büro verlassen hatte, war Arnold zu ihm gekommen und hatte ihn aufs laufende gebracht. Sam wußte jetzt, daß man ihn außer des Mordes auch noch der Verführung Minderjähriger bezichtigte. Das war mehr, als er ertragen konnte, und er war zutiefst unglücklich und erschöpft.

Sam hatte die Ellbogen auf die Knie gestützt und das Gesicht in den Händen vergraben. Es war nicht die Haltung eines Besiegten oder Schuldbewußten, er war einfach todmüde. Er hatte sich völlig verausgabt im verzweifelten Kampf gegen die quälenden Gedanken und im Ringen um die Beherrschung der heftigen Gefühle, die seinen Verstand und seinen Körper bedrängten. Pete erschien vor der vergitterten Zelle. »Du hast Besuch«, verkündete er.

»Mein Anwalt?« fragte Sam.

»Der ist noch nicht zurück, er kommt wahrscheinlich erst heute abend wieder in die Stadt. Nein, jemand anderes.« Pete steckte den Schlüssel ins Schloß und öffnete die Tür halb. Sam beobachtete ihn mit gedämpfter Neugier, doch dann machte sein Herz einen Sprung. Duena Mantoli schritt durch die Tür und betrat die kahle, unfreundliche Zelle. Zutiefst verlegen sprang Sam auf. Er hatte sich an diesem Morgen nicht rasiert, und sein Hemdkragen stand offen. Außerdem trug er keine Krawatte. In diesem Augenblick störten ihn diese Dinge mehr als die Anschuldigungen, die man gegen ihn erhoben hatte.

»Guten Tag, Mr. Wood. Bitte bleiben Sie doch sitzen«, sagte Duena ruhig.

Völlig verwirrt setzte sich Sam auf die harte, unbequeme Holzpritsche. Duena setzte sich ebenfalls hin, aufrecht und anmutig, etwa eineinhalb Meter neben ihm. Sam sagte nichts, er traute weder seinem Verstand noch seiner Stimme.

»Mr. Wood«, begann Duena nüchtern und klar, »ich habe erfahren, daß Sie beschuldigt werden, meinen Vater ermordet zu haben.« Einen Augenblick lang bebte ihre Unterlippe, doch dann faßte die junge Frau sich wieder, ihre Stimme klang ein klein wenig weicher, und ihre Worte waren weniger förmlich.

»Ich bin mit Mr. Tibbs hergekommen. Er hat mir gesagt, daß Sie nicht der Täter sind.«

Sam umklammerte den Pritschenrand so fest er konnte. Entgegen aller Vernunft spürte er den Impuls, sich ihr zuzuwenden, das Mädchen in die Arme zu nehmen und an sich zu drücken. Doch statt dessen blieb er unbeweglich sitzen und überlegte, ob sie eine Antwort erwartete.

»Ich war es nicht«, sagte er und starrte auf den Betonboden.

»Bitte, erzählen Sie mir, was in der Nacht passiert ist, als Sie... meinen Vater gefunden haben«, sagte Duena. Sie schaute starr geradeaus auf die großen Steinquader, aus denen die Zellenwände bestanden. »Ich will alles wissen.«

»Ich...« Sam suchte verzweifelt nach den richtigen Worten. »Ich habe ihn nur gefunden, sonst nichts. Ich bin die ganze Nacht Streife gefahren. Ich habe wie immer im Diner etwas gegessen und bin dann wieder auf den Highway gefahren. Und da habe ich ihn dann gefunden.«

Duena schaute weiter unverwandt die mitleidlose Wand an. »Mr. Wood, ich glaube, Mr. Tibbs hat recht. Ich glaube auch nicht, daß Sie es getan haben.« Sie wandte sich ihm zu und sah ihn an. »Als ich Sie das erste Mal getroffen habe, stand ich noch unter Schock... ich konnte es gar nicht fassen, ich war völlig außer mir. Aber ich habe trotzdem gespürt, daß Sie ein guter Mensch sind. Und das denke ich heute auch noch.«

Sam erwiderte ihren Blick. »Soll das heißen, daß Sie mich wirklich für unschuldig halten?«

»Es gibt eine einfache Methode, das herauszufinden«, sagte Duena. »Es ist bestimmt ganz einfach. Wollen Sie es versuchen?«

Sam spürte, wie er langsam wieder zum Leben erwachte. Sein müder Geist wurde wieder munter. Und mit einem Mal fühlte er sich auch wieder als Mensch. Er schaute dem jungen Mädchen direkt ins Gesicht. »Ich tue alles, was Sie wollen«, sagte er. »Sie brauchen es mir nur zu sagen.«

»Gut. Dann stehen Sie auf«, wies Duena ihn an.

Sam erhob sich, widerstand dem Impuls, sich das Hemd in die Hose zu stopfen, und wünschte sich nur, er hätte sich eine Krawatte umgebunden. Er war verlegen und kam sich linkisch vor.

Zu seiner großen Verwirrung stand die junge Frau ebenfalls auf, kam auf ihn zu und blieb unmittelbar vor ihm stehen. Er spürte, wie sein Herz immer schneller schlug und ein geheimnisvoller Mechanismus seinen Körper mit einem Adrenalinschub überschwemmte. Und zum ersten Mal seit vielen Jahren hatte er plötzlich richtige Angst.

»Sie heißen mit Vornamen Sam, nicht?« fragte sie. »Ich möchte, daß Sie mich Duena nennen. Sagen Sie meinen Namen.«

»Ja, Ma'am«, antwortete Sam verwundert. »Duena«, wiederholte er gehorsam.

»Halt mich fest, Sam«, sagte das Mädchen. »Ich möchte, daß du mich ganz fest an dich drückst.«

Sams Verstand, der während der letzten vierundzwanzig Stunden so viele hundert Male nein gesagt hatte, machte es ihm unmöglich, der Aufforderung nachzukommen. Als er sich nicht bewegte, warf das Mädchen den Kopf nach hinten. Mit der rechten Hand riß sie sich den Hut herunter, dann schüttelte sie den Kopf, so daß ihr dunkelbraunes Haar ungebändigt auf ihre Schultern fiel. »Du hast gesagt, daß du alles tust, was ich will«, sagte sie herausfordernd. »Dann tu es auch.« Während sie noch sprach, trat sie so nahe an ihn heran, daß ihre Körper sich berührten, und legte die Hände auf seine Schultern.

Sam dachte an gar nichts mehr, vergaß die Welt um sich herum und nahm das Mädchen fest in seine Arme. In einem Augenblick maßloser Verwirrung wurde er sich bewußt, wie warm, anschmiegsam und wunderschön sie war. Er wollte sie nie wieder loslassen. Die vergitterte Zelle versank in einem Meer aus Begehren und Zärtlichkeit.

»Sieh mich an«, sagte Duena.

Sam sah sie an. Sam hatte schon viele Mädchen in den Armen gehalten, doch das Gefühl, das ihn jetzt überwältigte, hatte er noch nie empfunden.

»Und jetzt«, sagte das Mädchen, »will ich, daß du mich ansiehst und sagst: ›Duena, ich habe deinen Vater nicht umgebracht.‹ Sag es!« befahl sie.

»Duena«, begann Sam mit belegter Stimme. Er setzte erneut an. »Duena, ich habe deinen Vater nicht umgebracht.« Sam ließ das Mädchen wieder los, seine Arme fielen kraftlos herunter, und trotz seiner Größe und Stärke hätte er am liebsten geweint. Er war einfach nicht mehr Herr seiner Gefühle.

Während er noch dastand und um Fassung rang, fühlte er, wie der Druck ihrer Hände auf seinen Schultern stärker wurde. Dann bewegten sie sich nach oben und schlossen sich um seinen Nacken.

»Ich glaube dir«, sagte sie. Und bevor er wußte, wie ihm geschah, spürte Sam, wie sein Kopf nach unten gezogen wurde, fühlte er Duenas warmen Körper und den kühlen, elektrisierenden Druck ihrer Lippen auf seinem Mund.

Sie hatte sich wieder von ihm gelöst, bevor er sich auch nur bewegen konnte. In aller Ruhe hob sie ihren Hut vom Boden auf, sah sich kurz in der kahlen Zelle nach einem Spiegel um, und nahm schließlich ihre kleine Handtasche von der Pritsche. »Wie komme ich hier wieder raus?« fragte sie.

Sam holte tief Luft und rief nach Pete.

Den ganzen Nachmittag über saß Sam ganz ruhig in seiner Zelle und durchlebte im Geiste immer wieder die wenigen Minuten, die ihm neuen Lebensmut verliehen hatten. Jetzt hoffte er sogar wieder, daß er vielleicht doch unbeschadet aus der ganzen Sache hervorgehen und weiterhin von allen respektiert werden konnte. Das Wissen, daß sie an ihn glaubte, obwohl man ihn des Mordes an ihrem eigenen Vater bezichtigte, machte ihn unendlich stark. Ihr Glaube würde ihn retten!

Dann erinnerte er sich an etwas. Der reife Körper einer grinsenden Delores Purdy erschien vor seinem inneren Auge. Wie unendlich weit war sie doch von dem Mädchen entfernt, das er heute umarmt hatte. Aber Delores behauptete, er habe sie verführt. Was würde Duena denken, wenn sie *davon* erfuhr?

Die Luftschlösser, die Sam errichtet hatte, fielen wie Kartenhäuser restlos in sich zusammen.

# Kapitel 11

Es war schon fast dunkel, als Virgil Tibbs seinen alten, geliehenen Wagen vor die kleine Tankstelle fuhr, in der Jess seine Reparaturwerkstatt hatte. Der Hüne arbeitete gerade an einem riesigen Lincoln mit Klimaanlage, der hinten in der Werkstatt auf Blöcken aufgebockt stand.

»Ich brauche Sprit, Jess«, sagte Virgil. »Und den Wagen kann ich Ihnen wahrscheinlich morgen zurückgeben.«

»Sie verlassen uns?« erkundigte sich Jess, während er die Zapfsäule bediente.

»Höchstwahrscheinlich«, erwiderte Tibbs, »aber das bleibt unter uns. Behalten Sie es lieber für sich.«

Jess steckte die Zapfpistole in den Tank und begann, den Wagen vollzutanken. »Ich sag' nichts.«

»Hübscher Wagen.« Tibbs nickte in Richtung Lincoln. »Wie sind Sie denn an den gekommen?«

»Gehört 'nem Touristen«, antwortete Jess lakonisch. »Die Tankstelle am Highway nimmt den Auftrag an, und dann bringen sie mir die Dinger zum Reparieren. Ich möchte mal so viel bekommen, wie die für meine Arbeit in Rechnung stellen.«

»Tankstellen haben ziemlich hohe Unkosten«, erklärte Tibbs. »Und am Highway sind sie sicher besonders hoch.«

Jess hatte den Tank gefüllt. »Moment noch«, sagte er und verschwand hinter seinem Laden. Wenige Minuten später kehrte er wieder zurück.

»Wir würden uns freuen, wenn Sie mit uns essen würden«, sagte er ohne Umschweife.

»Vielen Dank für die Einladung«, antwortete Tibbs, »aber es geht leider nicht.«

»Ich hab' 'nen Sohn«, erklärte Jess. »Er ist dreizehn und hat noch nie 'nen echten Detective gesehen. Ich hab's ihm versprochen.«

Wortlos stieg Tibbs aus dem Wagen. Kurz darauf nahm er Platz, um gemeinsam mit der Familie einen bescheidenen Hackbraten zum Abendessen einzunehmen, der anscheinend seinetwegen gestreckt worden war. Rechts neben ihm saß Andy, Jess' Sohn, und beobachtete jede seiner Bewegungen. Tibbs war die Bewunderung des Jungen richtig peinlich. Schließlich konnte der Knabe sich nicht länger beherrschen. »Erzählen Sie uns was von Ihrem ersten Fall?« platzte er heraus und wartete mit glänzenden Augen.

Tibbs tat ihm den Gefallen. »Es ging um Rauschgiftschmuggel. Irgendwo in Pasadena wurden kleine Kapseln mit Heroin weitergegeben und verkauft. Ich wurde gemeinsam mit mehreren anderen Beamten auf den Fall angesetzt.«

»Waren Sie da schon Detective?« fiel ihm der Junge ins Wort.

»Nein, noch nicht. Aber ich war schon fünf Jahre bei der Polizei, und man wollte mir eine Chance geben. Und dann hat eines Tages ein Mann, der sich auf der Straße bei einem Schuhputzer die Schuhe polieren ließ, die Zeitung, die er gelesen hatte, an einen anderen Mann weitergegeben, der sich ebenfalls die Schuhe putzen lassen wollte. Ungewöhnlich war daran nur, daß der erste Mann ein Paar nagelneue Schuhe anhatte, die gar nicht geputzt zu werden brauchten.«

»Und wie haben Sie das rausgefunden?«

»Ich war der Schuhputzer«, erklärte Tibbs. »Keiner hat damit gerechnet, daß ein Schwarzer, der anderen die Schuhe putzt, ein Polizist sein könnte.«

»Wenn Sie weiß gewesen wären, wär's aber schiefgelaufen!« platzte der Junge heraus.

»Da könntest du recht haben«, stimmte Tibbs zu. »Obwohl man die Kerle bestimmt früher oder später geschnappt hätte. Aber das war mein allererster Fall.«

Andy wandte sich wieder seinem Teller zu und machte sich an die schwierige Aufgabe, die Gabel zum Mund zu führen, ohne den aufregenden Gast aus den Augen zu lassen, der leibhaftig hier bei ihnen am Tisch saß.

Als sie fertig gegessen hatten, entschuldigte sich Tibbs und erklärte, daß er noch etwas Wichtiges zu erledigen hatte. Da das Haus des Automechanikers nicht weit von der Werkstatt entfernt lag, wo Tibbs geparkt hatte, verabschiedete er sich an der Tür und ging die dunkle Straße hinunter zurück zu seinem Wagen. Er überdachte noch einmal genau, was er als nächstes tun mußte. Es würde alles andere als angenehm sein und sicher Probleme mit sich bringen. Aber er hatte schon vor vielen Jahren gelernt, daß man Probleme anpacken mußte, wollte man in seinem Beruf bleiben. Hier war es lediglich noch schwerer, das war alles. Er hatte den Gedanken noch nicht zu Ende gedacht, als er plötzlich spürte, daß er in Gefahr war – doch es war schon zu spät.

Er wirbelte herum und blickte in die Gesichter zweier Männer, die sich von hinten an ihn herangeschlichen hatten. Als sie sich auf ihn stürzten, sah er noch, daß einer der beiden einen schweren Holzknüppel in der Hand hielt und bereits zum Schlag ausgeholt hatte. Tibbs konzentrierte sich darauf, dem Schlag auszuweichen, obwohl er wußte, daß er bereits ein wenig aus dem Gleichgewicht geraten war. Als der Mann gerade zuschlagen wollte, sprang Virgil nach vorn und rammte seine linke Schulter in die rechte Achselhöhle des Angreifers. Während der schwere Knüppel auf den Boden fiel, packte Tibbs den Unterarm des Mannes und ließ gleichzeitig sein Knie mit aller Kraft nach oben schnellen.

Der Arm des Angreifers lag gefangen über Tibbs' Schulter. Er wurde nach vorn geworfen, so daß er, als Tibbs sich schnell vorwärts beugte, über dessen Schulter nach unten rutschte, bis er kopfüber auf dem Rücken seines Opfers hing. Mit der gleichen konzentrierten Kraft riß Tibbs am Handgelenk seines Gegners. Der Mann schrie, als er mit dem Kopf auf das Pflaster schlug.

Tibbs hatte ihn schon während des Falls losgelassen und konzentrierte seine Aufmerksamkeit auf den zweiten Mann, der groß und kräftig, aber nicht sehr geschickt und zudem unbewaffnet war. Der Mann ballte die Fäuste und stürzte sich auf sein Opfer. Tibbs duckte sich und wich dem ersten Schlag aus, packte das Handgelenk des Mannes und wirbelte nach links. Sein kräftiger Gegner wurde durch seine eigene Wucht vorwärts geschleudert, flog durch die Luft und krachte schwer auf den Boden. Tibbs griff nach dem Holzscheit, das der Mordwaffe so ähnlich war. Als er hochschaute, sah er, wie der Sohn von Jess, den der Lärm angelockt hatte, ihn mit einer Mischung aus Ungläubigkeit und Angst anstarrte.

»Andy, lauf, so schnell du kannst, und hol deinen Vater. Und dann rufst du die Polizei an und sagst, sie sollen sofort kommen.«

Andy rannte auf der Stelle los. Auf halbem Weg traf er seinen Vater und sprudelte heraus, was passiert war. Kurze Zeit später stand der riesige Mechaniker auch schon neben Tibbs. Seine großen Hände öffneten und schlossen sich unablässig, als warte er nur auf eine Gelegenheit zuzuschlagen. »Die beiden haben mich überfallen«, sagte Tibbs. »Helfen Sie mir, sie in Schach zu halten.«

Jess sah sich die Männer genau an. »Bleibt bloß liegen!« befahl er. Der Mann, der Tibbs als erster angegriffen hatte, wimmerte leise vor sich hin, sein rechter Arm sah unnatürlich verdreht aus. Andy kam zu ihnen zurückgelaufen. »Die sind unterwegs«, berichtete er. »Ich hab' gesagt, zwei Männer haben Mr. Tibbs überfallen, un' sie sollen einen Arzt schicken.«

»Gut gemacht, Junge«, sagte Jess. »Und jetzt lauf und hol mir einen von den großen Wagenhebern. Ich werd' ihn wahrscheinlich nicht brauchen, aber man kann nie wissen.«

Andy flitzte davon, außer Atem, aber froh, daß er sich nützlich machen konnte. Sekunden später war er mit dem gefährlichen Werkzeug zurück. »Ein Glück, daß ich das Telefon für dringende Reparaturaufträge in der Werkstatt habe«, meinte Jess.

Wenig später hörten sie das Heulen einer Polizeisirene, das vom Highway her immer näher kam. Rotes Licht blitzte am anderen Ende der Straße auf, und schließlich reagierte der Fahrer des Streifenwagens auf Andys wildes Winken und hielt neben dem Bürgersteig. Zwei uniformierte Beamte saßen im Wagen. Tibbs zeigte auf die beiden Gestalten, die immer noch regungslos auf der Straße lagen. »Überfall mit Tötungsabsicht«, konstatierte Tibbs. »Ich werde Anzeige erstatten, wenn wir im Revier sind.«

»*Was* willst du erstatten?« fragte einer der Uniformierten.

»Ich glaube, das ist Virgil«, meinte sein Partner.

»Ich bin Virgil«, erklärte Tibbs. »Gehen Sie mit dem Mann rechts vorsichtig um. Sein Arm ist vermutlich ausgerenkt oder gebrochen.«

Als sie das Polizeirevier erreichten, wartete Gillespie bereits in der Eingangshalle auf sie. »Was ist passiert?« wollte er wissen.

»Ich habe bei Jess zu Abend gegessen«, berichtete Virgil. »Sie wissen schon, der Automechaniker, mit dem Sie mich bekannt gemacht haben. Als ich zu meinem Wagen zurückgehen wollte, haben mir zwei Männer aufgelauert. Einer von ihnen hat versucht, mich mit einem Knüppel niederzuschlagen.«

Gillespie wirkte merkwürdig zufrieden. »Bringt sie in mein Büro«, befahl er und ging voraus. Als dies geschehen war, setzte sich Gillespie hinter seinen Schreibtisch und musterte die beiden Männer eine Zeitlang wortlos. Dann holte er tief Luft und fuhr sie mit dröhnender Stimme an. »Wer von euch Mistkerlen hat mir den anonymen Brief geschrieben?« wollte er wissen.

Keiner antwortete. Das Summen der Sprechanlage durchbrach die Stille. Gillespie drückte auf den Knopf. »Der Arzt ist da«, sagte der Mann von der Nachtschicht.

»Soll reinkommen«, wies ihn Bill an.

Kurz darauf führte der Mann einen großen, sehr schlanken älteren Schwarzen, der eine schwarze Tasche trug, ins Zimmer. »Ich bin Dr. Harding«, sagte er.

Gillespie wies mit dem Finger auf den Mann, der seinen verletzten Arm umklammert hielt. »Bringen Sie das in Ordnung«, befahl er. »Als ich gehört habe, daß zwei Kerle Virgil überfallen hatten, bin ich davon ausgegangen, daß Virgil verletzt war, daher habe ich einen farbigen Arzt benachrichtigen lassen. Aber da Sie nun schon mal hier sind, können Sie auch genausogut an die Arbeit gehen.«

Dr. Harding ignorierte die Beleidigung und sah sich seinen Patienten an. »Er muß sich hinlegen«, sagte er. »Geht das hier irgendwo?«

»Hände weg«, protestierte der Mann. »Ich will meinen Hausarzt.«

»Halt die Klappe!« bellte Gillespie. »Ich kann Leute nicht leiden, die mir Briefe schreiben und mir auch noch vorschreiben wollen, was ich zu tun habe. Du wirst jetzt ärztlich versorgt, wie es das Gesetz vorschreibt!«

»Sie bleiben bestimmt nicht mehr lange hier in der Stadt«, versetzte der Mann.

»Immer noch lange genug«, sagte Gillespie. »Bringen Sie ihn weg. Der Doktor kann ihn in der Zelle verarzten.«

Der Verletzte wurde abgeführt. Gillespie richtete seine Aufmerksamkeit auf den anderen Mann. »Und jetzt raus mit der Sprache, wessen Idee war das? Wenn du nicht auspackst, wirst du dein blaues Wunder erleben!«

»Vor Ihnen hab' ich keine Angst«, erklärte der Mann. »Ich verlange 'nen Prozeß mit Geschworenen. Was das heißt, wissen Sie ja wohl.«

»Klar weiß ich das«, meinte Gillespie. »Ich sag' dir jetzt mal genau, was ich tun werde: Ich werde der Presse erzählen, wie du und dein sauberer Kumpan ein schwarzes Fliegengewicht überfallen habt, das euch daraufhin beiden eine ordentliche Tracht Prügel verabreicht hat. Und dann kannst du gern deine Geschworenen haben.«

»Und ich werd' denen erzählen, daß er und der Riesenneger mit Knüppeln auf uns losgegangen sind«, konterte der Mann ungerührt. »Wir haben bloß 'nen kleinen Spaziergang gemacht.«

»Ach ja, mitten im Niggerviertel! Du und dein Kumpel, ganz allein! Ihr wart auf dem Weg zu einem netten schwarzen Puff. Zwei harmlose ehrbare Bürger, die hinterrücks überfallen wurden. Sei doch vernünftig, damit kommst du doch nie durch!«

»Ich sag' nichts«, beharrte der Mann stur.

Gillespie wandte sich an Tibbs. »Sie sind zwar kein Weißer, aber kämpfen können Sie offenbar«, meinte er.

»Das Lob gebührt meinem Lehrer«, sagte Tibbs. »Er heißt Takahashi und ist auch kein Weißer.«

Er steuerte auf die Tür zu. »Ich muß meinen Fall zu Ende bringen. Bitte entschuldigen Sie mich, ich habe noch zu arbeiten.«

Zu Tibbs' Überraschung stand Gillespie auf und ging mit ihm den Flur hinunter. »Virgil«, sagte er, als sie allein waren. »Sie sind klug genug, um zu wissen, daß Sie schnellstens aus der Stadt müssen. Heute nacht haben Sie noch mal Glück gehabt. Beim nächsten Mal schießen die vielleicht auf Sie, und Sie haben keine Chance. Ich gebe Ihnen einen guten Rat – verlassen Sie die Stadt, bevor ich noch einen Mordfall am Hals habe. Ich werde Ihren Leuten in Pasadena melden, daß Sie gute Arbeit geleistet haben.«

»Ich werde verschwinden, Chief Gillespie«, antwortete Virgil. »Aber zuerst will ich Ihnen Mantolis Mörder präsentieren, und den Beweis für seine Schuld gleich mit. Das bin ich mir einfach schuldig, das können Sie vielleicht verstehen.«

»Auf Ihre eigene Verantwortung«, sagte Gillespie.

»Schon in Ordnung«, meinte Tibbs und eilte durch die Lobby.

Duena Mantoli nutzte die Ruhe des frühen Abends und ging zu der einsamen Bank, auf der sie noch vor wenigen Tagen neben dem verlegenen Sam Wood gesessen hatte. Jetzt war sie allein, ließ ihre Blicke über das schweigende Bergpanorama gleiten und versuchte, ihre Gedanken zu ordnen. Inzwischen hatte sie erfahren, daß Sam Wood beschuldigt wurde, ein sechzehnjähriges Mädchen verführt zu haben, dessen Vater ein einfacher Arbeiter war, der kaum richtig lesen und schreiben konnte.

Obwohl sie sich innerlich dagegen sträubte, verglich sie sich ganz nüchtern mit dem Bild, das sie sich von dem Mädchen machte. Und dann sah sie sich auf Zehenspitzen in der Zelle stehen und ihre

Lippen auf den Mund des Mannes pressen, an den sie plötzlich zu glauben begonnen hatte, und wurde überwältigt von Scham. Der Glaube an ihn war zerstört, so daß ihre spontane Geste im nachhinein vulgär und billig erschien. Sie verschränkte die Arme und wußte, daß sie sich lächerlich gemacht hatte. Es war sinnlos zu glauben, daß gute Erziehung und das, was man gemeinhin als Anstand bezeichnete, jemals den nackten Instinkt des Geschlechtstriebs auszulöschen vermochten. Sam Wood war ein großgewachsener, starker Mann und unverheiratet. Und dieses Mädchen, wer immer sie auch war, hatte seine animalischen Bedürfnisse zu befriedigen vermocht.

Duena schauderte, und Tränen der Wut schossen ihr in die Augen. Sie blieb auf der Bank sitzen, bis Endicott, der sich Sorgen um sie machte, sie schließlich entdeckte und zurück ins Haus holte.

Am Samstagmorgen klingelte es um kurz nach neun an der Haustür der Purdys. Delores eilte zur Tür. Bevor sie öffnete, warf sie noch einen prüfenden Blick in den Spiegel, man konnte schließlich nie wissen, wer zu Besuch kam. Als sie jedoch die Tür öffnete und in das dunkle Gesicht von Virgil Tibbs schaute, schlug ihre Stimmung schlagartig um. »Für Nigger gibt's 'ne Hintertür«, fuhr sie ihn an.

»Nicht für diesen«, sagte Tibbs. »Ich will Ihren Vater sprechen.«

»Hier kommen Sie jedenfalls nich' rein«, maulte sie und schlug ihm die Tür vor der Nase zu. Kurz darauf wurde sie von Purdy wieder aufgerissen. Sein Gesicht verhieß nichts Gutes. »Hauen Sie bloß ab«, sagte er. »Mit Ihnen woll'n wir nix zu tun haben.«

»Sie haben keine Wahl«, erklärte Tibbs und betrat seelenruhig das Haus. »Ich komme vom Polizeirevier und will mich mit Ihnen und Ihrer Tochter unterhalten.«

»Ich weiß, wer Sie sind«, zischte Purdy wütend. »Un' jetzt zieh'n Sie Leine, oder ich brech' Ihnen alle Knochen.«

»Wenn Sie das möchten«, erwiderte Tibbs, »übernehme ich für die Folgen keine Verantwortung. Letzte Nacht haben es auch schon zwei Männer versucht.«

»Hab' ich gehört. Sie und Ihr Kumpan haben sie überfallen und mit Wagenhebern zusammengeschlagen. Einer von denen liegt sogar im Krankenhaus.«

»Wenn Sie nicht auch dort landen wollen, halten Sie den Mund und setzen sich«, legte Tibbs ihm nahe. »Ich habe die Nase gestrichen voll von dem ganzen dummen Geschwätz. Sie haben Anzeige erstattet, und ich bin nun hier, um darüber zu reden.«

»Darüber gibt's nix mehr zu reden«, meinte Purdy. »Un' Nigger will ich nich' in meinem Wohnzimmer ham.«

Tibbs ging dennoch hinein und setzte sich. »Ich bin nur hergekommen, um zu verhindern, daß Sie im Gefängnis landen«, sagte er.

Delores erschien. »Pa, schmeiß den Kerl raus«, verlangte sie.

»Ich gehe, wenn ich fertig bin«, sagte Tibbs. »Bevor unser Gespräch beendet ist, werden Sie beide erkennen, was für ein Glück Sie haben, daß ich hergekommen bin.«

»Nigger bringen Unglück«, sagte Delores.

»Mr. Purdy«, begann Tibbs, der das Gespräch für eröffnet hielt, »Sie sind mit Ihrer Tochter aufs Polizeirevier gekommen und haben ausgesagt, jemand habe sich an ihr vergangen. Unsere Aufgabe besteht nun darin, dafür zu sorgen, daß sich jemand um sie kümmert, daß der Mann bestraft wird und der gute Ruf Ihrer Tochter geschützt wird.«

»Sam Wood hat sich an dem Kind vergangen«, sagte Purdy.

Tibbs nickte, als würde er ihm glauben. »Das haben Sie uns gesagt. Chief Gillespie war natürlich sehr überrascht. Mr. Wood ist seit vielen Jahren Polizist und bekannt für seine Zuverlässigkeit.«

»Er sitzt wegen Mord im Knast!« Purdy schrie fast.

Tibbs nickte wieder. »Ich weiß. Ich möchte hier keine Geheimnisse verraten, aber vielleicht gibt es für seine Verhaftung Gründe, von denen Sie nichts wissen. Ich habe auch mal fast drei Wochen im Gefängnis gesessen, bis der Mann, mit dem ich die Zelle teilte, mir etwas verraten hat, das die Polizei unbedingt wissen wollte.«

»Negerbulle!« Purdy spie das Wort aus wie einen Fluch.

»Kommen wir also zu Ihrer Tochter«, sagte Tibbs ruhig. »Wenn so etwas passiert und der Mann alles gesteht, ist der Fall geklärt. Aber Wood ist ein sturer Kerl. Er will nicht zugeben, daß er es getan hat. Man wird daher alle möglichen Tests und Untersuchungen durchführen müssen. Es sei denn, Sie helfen mir, seine Schuld zu beweisen.«

»Sie meinen, ich muß das alles noch mal aussagen?« fragte Delores.

»Was für Tests?« wollte Purdy wissen.

»In solchen Fällen gibt es eine Menge Vorschriften. Das ist gesetzlich festgelegt. Sehen Sie, es ist ziemlich schwierig für einen

Mann nachzuweisen, daß er mit einem Mädchen nichts zu tun hatte. Das kann nur durch medizinische Untersuchungen geklärt werden.«

»Was für Untersuchungen?« fragte Purdy. »Delores is' meine Tochter, daran gibt's nix zu rütteln.«

Tibbs hob beschwichtigend die Hände. »Das bezweifelt auch niemand«, sagte er. »Und jeder weiß, daß Sie ein ehrbarer Mann sind. Aber Sam Wood behauptet felsenfest, daß er nicht mal mit Ihrer Tocher gesprochen hat, daher muß die Polizei einige Untersuchungen an ihr vornehmen, um ganz sicher zu sein.«

»Es gibt gar keine Tests, womit man beweisen kann, wer was mit 'nem Mädchen gehabt hat«, protestierte Delores.

»Stimmt«, sagte Tibbs. »Aber es gibt Tests, die beweisen, daß eine bestimmte Person auf *keinen Fall* in Frage kommt. Und diesen Tests werden Sie sich unterziehen müssen.«

»Un' was muß sie da tun?« fragte Purdy.

»Na ja, zuerst wird ihr Blut abgenommen. Das ist ganz harmlos. Es wird nur eine Nadel in eine Vene im Unterarm gestochen und genug Blut für ein paar Reagenzgläser entnommen.«

»Ich will aber nich', daß mir jemand 'ne Nadel reinsteckt«, protestierte Delores.

»Un' wer macht das?« fragte Purdy nach.

»Ein Arzt«, antwortete Tibbs. »Alle Tests werden von Ärzten durchgeführt. Sonst wird kein Mensch Ihre Tochter anfassen.«

»Das will ich denen auch raten«, sagte Purdy.

»Danach«, fuhr Tibbs fort, »wird man sie untersuchen müssen, um herauszufinden, ob sie wirklich vergewaltigt worden ist, wie sie ausgesagt hat. Außerdem muß festgestellt werden, ob sie schwanger ist oder nicht.«

Purdy sprang mit wutverzerrtem Gesicht auf. »Kommt gar nich' in Frage, daß sie sich vor wem auszieht«, schrie er. »Ich knall' jeden über'n Haufen, der das versucht! Und jetzt hauen Sie endlich ab!«

Tibbs blieb ungerührt sitzen. »Ich wollte Sie lediglich warnen«, erklärte er. »Sie möchten doch sicher wissen, was man mit Ihrer Tochter macht, wenn Sie nicht zu Hause sind, oder?«

»Die brauch' sich vor keinem ausziehen«, beharrte Purdy.

»Das läßt sich nur vermeiden, wenn der Mann gesteht«, betonte Virgil. »Aber er behauptet, er sei unschuldig. Sie haben Anzeige gegen ihn erstattet, also werden die Ärzte Ihre Tochter untersuchen müssen.«

»Gillespie kann das verhindern«, sagte Purdy. »Sie werden schon sehen.«

Tibbs schüttelte den Kopf. »Er würde Ihnen bestimmt gern helfen, aber das Gesetz erlaubt es leider nicht. Wenn Wood durch seinen Anwalt eine gerichtliche Verfügung durchsetzen läßt, haben Sie keine Wahl.« Tibbs verschränkte die Hände ineinander und starrte auf seine Finger, während er weitersprach. »Ich möchte Ihnen jetzt etwas mitteilen, das sehr wichtig ist. Aber Sie dürfen niemandem verraten, daß ich es Ihnen gesagt habe. Ich möchte nicht, daß ein unschuldiger Mensch wie Sie überrumpelt wird und in Schwierigkeiten gerät.«

»Mir kann doch gar nix passieren, ich hab' doch nix getan!« Purdys Stimme klang immer hysterischer. »Ich hab' doch schon gesagt, daß sie meine leibliche Tochter is'!«

»Natürlich ist sie das«, sagte Tibbs. Seine Stimme klang mit einem Mal sehr bestimmt. »Aber stellen Sie sich mal vor, Sie stehen vor Gericht und behaupten, Sam Wood sei der Mann, der sich an ihr vergangen hat. Und dann macht der Arzt einen Fehler und sagt, daß Sam Wood es nicht gewesen sein kann. Dann wird man Sie des Meineids bezichtigen und ins Gefängnis stecken. Davor möchte ich Sie warnen und Ihnen raten, wie Sie sich schützen können.«

»So 'ne Fehler machen Ärzte nich'«, protestierte Delores, doch sie klang nicht sehr überzeugt.

»Manchmal schon«, sagte Tibbs. »Und die Geschworenen glauben ihnen. Am besten, Sie erzählen mir noch einmal genau, wie alles passiert ist, dann werde ich versuchen, Sam Wood zu einem Geständnis zu bewegen. Wenn er alles zugibt, haben Sie nichts mehr zu befürchten.«

»Sie meinen, dann läßt man uns in Ruhe?« wollte Purdy wissen.

»Richtig«, antwortete Tibbs.

Purdy wandte sich an seine Tochter. »Erzähl es ihm«, befahl er.

Delores rutschte nervös auf ihrem Stuhl hin und her und versuchte, möglichst wie eine unschuldige Jungfrau auszusehen, wirkte aber eher wie eine Karikatur.

»Also, er kommt nachts immer hier vorbei und guckt durchs Fenster«, begann Delores. »Ich hätt' es meinem Pa schon lange sagen sollen, aber ich hatte Angst, weil er ja 'n Bulle is' und so. Aber dann war Pa mal nachts weg, und da is' er an die Tür gekommen und hat geklopft. Hat gesagt, er fährt zur Arbeit. Und hat mich gefragt, ob ich Mädchen kenn', die gern Festivalkönigin bei diesem Musikfest sein wollen. Un' dann hat er gesagt, ich wär' auch ziemlich hübsch, un' er würd' mich wirklich gern vorschlagen.«

Sie unterbrach sich und schaute zögernd hoch. Virgil nickte ihr ermutigend zu.

»Na ja, dann hat er mir immer mehr Komplimente gemacht und gesagt, er arbeitet zwar nachts, aber er kennt 'ne Menge Leute und kann's so drehen, daß ich gewinne. Un' dann würd' ich 'ne Reise nach New York gewinnen. Was dann passiert is', weiß ich nich' mehr. Er hat mir was zu trinken gegeben un' gesagt, es würd' mir bestimmt nich' schaden, und danach würd' ich mich ganz toll fühlen. Er hat gesagt, daß ich Königin werd' und alle mich beneiden werden. Un' er hat gesagt, in New York kann ich singen und tanzen lernen, vielleicht komm' ich sogar zum Film. Er hat gesagt, er kann dafür sorgen, daß alles wahr wird un' daß ich ihm ewig dankbar sein werde... Was dann passiert is', weiß ich nich' mehr so genau, aber als er wieder weg is', hat er gesagt, ich soll mir keine Sorgen machen, weil er nämlich aufgepaßt hat. Genau das hat er gesagt, daß er aufgepaßt hat.«

Tibbs erhob sich.

»Sind Sie wirklich ganz sicher, daß es Sam war?« fragte er. »Ich frage Sie das nur, weil ich auf keinen Fall einen Fehler machen möchte, der Ihnen später schaden könnte.«

Delores schaute mit unbewegtem Gesicht zu ihm auf. »Es war Sam«, sagte sie.

Virgil Tibbs verließ das Haus und stieg wieder in seinen Wagen. Er fuhr zum Polizeirevier und führte ein Ferngespräch mit Gottschalk, dem Raketentechniker. Dann besuchte er Harvey Oberst, der es zwar haßte, mit einem Neger gesehen zu werden, aber nicht vergessen hatte, daß dieser besondere Neger ihn aus dem Gefängnis geholt hatte. Dann suchte er Reverend Whiteburn auf und sprach mit zwei kleinen Jungen, die eigens für ihn hergeholt worden waren. Danach kehrte er wieder zum Revier zurück und rief ein Hotel in Atlanta an. Nachdem all dies erledigt war, klingelte er zuerst bei zwei schwarzen Bürgern von Wells und danach bei vier weißen, von denen zwei sich weigerten, mit ihm zu sprechen. Er schaute auch bei Dr. Harding vorbei.

Als er endlich alles hinter sich gebracht hatte, war er vollkommen erschöpft. Er hatte kaum geschlafen und war es leid, immer wieder gegen die Opposition anzukämpfen, die man ihm entgegenbrachte und an der er keine Schuld trug. Doch zumindest hatte sich sein Kampf gelohnt. Jetzt war er bereit, Bill Gillespie seine Ergebnisse vorzulegen.

# Kapitel 12

Nach einer bitteren, ruhelosen Nacht stand Duena Mantoli auf und wußte, daß ihr Entschluß feststand. Sie gönnte sich eine lange, erfrischende Dusche. Danach betrachtete sie sich nachdenklich im Spiegel. Sie wußte, daß sie ausgesprochen hübsch war, aber sie wußte auch, daß sie viel für ihr gutes Aussehen tat. Was ihre Attraktivität betraf, konnte sie es mit allen aufnehmen, die einen Rock trugen, doch jetzt mußte sie sich auf eine andere Gabe besinnen. Es war Zeit, ihren Verstand einzusetzen.

Sie zog sich an und ging nach unten, um zu frühstücken. George und Grace Endicott erwarteten sie bereits. »Eric hat angerufen«, teilte Grace ihr mit, sobald sie sich gesetzt hatte, »und er hat wirklich gute Nachrichten. In zweierlei Hinsicht. Es ist ihm gelungen, einen sehr prominenten Dirigenten ausfindig zu machen, der bereit ist, unsere Festspiele zu retten.«

»Wer ist es denn?« fragte Duena.

»Das wollte uns Eric nicht verraten, er sagt, er will uns damit überraschen, wenn er zurückkommt. Die zweite gute Nachricht ist, daß die Agentur, die den Vorverkauf der Karten übernommen hat, ihm berichtete, daß alles sehr viel besser läuft als erwartet.«

»Das freut mich aber«, sagte Duena. Sie trank ein Glas Orangensaft und teilte ihnen dann mit, was sie auf dem Herzen hatte. »Ihr werdet mich wahrscheinlich für verrückt halten, wenn ich es euch erzähle, aber ich möchte heute in die Stadt fahren und Mr. Schubert aufsuchen. Ich will unbedingt mit ihm sprechen.«

»Worüber?« fragte Endicott.

»Mir gefällt nicht, wie sich die Dinge entwickelt haben. Irgend etwas stimmt da nicht. Im Gefängnis sitzt ein Mann, den ich für unschuldig halte. Ich verstehe nicht, warum man ihn nicht schon längst auf Kaution freigelassen oder wenigstens Anklage gegen ihn erhoben hat oder was man normalerweise sonst mit Verdächtigen macht.«

Grace Endicott schaltete sich ein. »Ich würde mich da lieber nicht einmischen, Duena. Wir sind beide keine Experten in diesen Dingen und würden sicher nur denen im Weg sein, die etwas davon verstehen. Es wird bestimmt nicht das geringste nützen, sondern alles nur noch schwerer machen.«

Duena goß sich noch etwas Orangensaft ein und trank ihn sofort. »Ihr versteht mich nicht. Mr. Wood, der Polizeibeamte, der hier bei uns war ... an dem Tag ... sitzt im Gefängnis. Er ist unschuldig, das weiß ich ganz genau. Fragt mich nicht, woher, ich weiß es ganz einfach. Deshalb muß ich auch unbedingt mit dem Bürgermeister sprechen.«

George Endicott überlegte sich jedes seiner Worte. »Duena, ich glaube, du läßt dich zu sehr von deinen Gefühlen leiten. Versuch einfach, ruhig zu bleiben, und überlaß alles den Männern. Wenn Wood wirklich unschuldig ist, wird er sicher bald entlassen. Außerdem ist Tibbs ja auch noch da. Ich habe den Eindruck, daß er sehr kompetent ist.«

»Das nützt ihm hier bei uns überhaupt nichts«, entgegnete Duena. Doch dann änderte sie ihre Taktik. »Na gut, wie ihr meint. Fahrt ihr heute in die Stadt?«

»Ja, heute nachmittag.«

»Kann ich mitkommen? Dann könnte ich wenigstens ein paar Einkäufe erledigen.«

Endicott nickte zustimmend.

Frank Schubert, den die Anwesenheit seiner attraktiven Besucherin ein wenig verlegen machte, saß noch aufrechter als sonst. Er fragte sich, wie sie es wohl geschafft hatte, George Endicott zu überreden, sie hierher zu begleiten, aber offensichtlich war es ihr gelungen.

»Miss Mantoli«, begann er, »ich will ganz ehrlich zu Ihnen sein, ich möchte Ihnen sogar eine vertrauliche Mitteilung machen. Sie müssen mir aber versprechen, niemandem etwas davon zu sagen.«

»Versprochen«, sagte Duena.

»Gut. Ich weiß nicht, wieviel Sie über die wirtschaftliche Situation der Südstaaten wissen, aber einige Gebiete hier haben große Probleme. Wells ist ebenfalls betroffen. Die Stadt liegt an keiner der Hauptverkehrsstraßen, sondern nur an einer Ausweichstrecke, die vielleicht einer von fünfzig Autofahrern als Alternative wählt. Das bedeutet, daß es hier kaum Touristen gibt. Auch um die Landwirtschaft ist es hier in der Gegend schlecht bestellt, und die Industrie hat bislang ebenfalls nicht hergefunden. Offen gesagt, steht der Stadt selbst und den meisten Leuten hier das Wasser bis zum Hals.«

Duena, die aufmerksam zugehört hatte, nickte.

»Wir – das heißt der Stadtrat und ich – haben erkannt, daß unbedingt etwas unternommen werden muß, um die Situation überhaupt noch unter Kontrolle zu halten. George hatte schließlich die Idee mit den Musikfestspielen. Zuerst konnte sich keiner so richtig dafür erwärmen, aber er hat uns davon überzeugt, daß der Ort dadurch zur Touristenattraktion werden könnte, was Wells fraglos sehr helfen würde. Also haben wir nach anfänglichen Schwierigkeiten versucht, den Plan in die Tat umzusetzen. Der Kartenverkauf läuft, wie ich höre, gut, und George scheint also mit seiner Idee richtig gelegen zu haben.

Damit wären wir bei dem Thema angelangt, das Sie direkt – oder vielleicht auch nur indirekt – betrifft. Die Stelle des Polizeichefs wurde frei, und wir mußten jemanden für den Posten finden. Keiner der Polizisten hier war auch nur annähernd in der Lage, diese Aufgabe zu übernehmen. Da kam uns eine Idee. Wir dachten, wenn wir die Stelle offiziell ausschreiben würden, fände sich vielleicht ein geeigneter Bewerber, der bereit wäre, den Posten aufgrund der besonderen Stellung und der damit verbundenen Erfahrung auch für wenig Geld zu übernehmen. Wenn es uns dann finanziell besser ginge, wollten wir entweder sein Gehalt erhöhen oder uns gegebenenfalls einen neuen Mann suchen.

Es stellte sich heraus, daß unser Einfall gar nicht so schlecht war. Es meldeten sich mehrere Bewerber, die bereit waren, auch für wenig Geld den Posten als Polizeichef zu übernehmen und die Stelle als Stufe auf der Karriereleiter zu nutzen. Einer von ihnen war Bill Gillespie. Einige Mitglieder des Stadtrates – ich möchte hier keine Namen nennen – bestanden auf einem Mann aus den Südstaaten, von dem man erwarten konnte, daß er nicht versuchen würde, unsere traditionellen Rassenschranken aufzuheben. Ein Nordstaatler hätte vielleicht versucht, uns die Integration aufzuzwingen, lange bevor wir reif dafür sind.«

»Und deshalb haben Sie Gillespie eingestellt«, sagte Duena.

»Genau. Gemessen an dem, was wir bieten konnten, hatte er hervorragende Referenzen. Ich persönlich, und das ist jetzt wirklich streng vertraulich, war allerdings von Anfang an der Meinung, daß wir uns den Falschen ausgesucht hatten, doch die Stadtratsmitglieder, von denen ich eben gesprochen habe, waren mit ihm zufrieden.«

Schubert sah sich nach allen Seiten um, als wolle er sichergehen, daß niemand in Hörweite war. Dann beugte er sich nach vorn, um die Vertraulichkeit seiner Mitteilung noch zu unterstreichen. »Wenn er wirklich den Falschen ins Gefängnis gesteckt hat, wird der Mann bald wieder auf freiem Fuß sein, das verspreche ich Ihnen. Aber Sie müssen sich darüber im klaren sein, daß sehr schwerwiegende Beweise gegen ihn vorliegen. Ich habe inzwischen mit einigen Ratsmitgliedern gesprochen, George, und wir werden Gillespie abberufen, wenn er die Sache nicht während der nächsten paar Tage klärt. Er hat zwar einen Vertrag, aber er ist schließlich immer noch in der Probezeit. Machen Sie sich also bitte keine Sorgen, wir haben die Sache im Griff.«

Es war kurz vor vier, als George Endicott und Duena Mantoli das Büro des Bürgermeisters verließen. Sie hatten erfahren, daß Eric Kaufmann gegen Abend zurück sein würde. Als George Endicott vorgeschlagen hatte, gemütlich in der Stadt zu Abend zu essen und Kaufmann danach abzuholen, hatte Duena ihre Chance wahrgenommen. Es war noch zu früh, um zu essen, aber sie hatte eine andere Idee. »Ich möchte mit Mr. Tibbs sprechen«, erklärte sie.

»Ich glaube, das solltest du lieber verschieben«, riet Endicott. »Wenn du jetzt aufs Revier gehst, könntest du dich leicht verplappern, und das hätte möglicherweise ernste Konsequenzen.«

Duena schaute ihn mit einem Blick an, der gleichzeitig enttäuscht und vorwurfsvoll war, und George Endicott beschloß, daß er in seiner Eigenschaft als Mitglied des Stadtrates vielleicht doch besser ein paar Worte mit Bill Gillespie wechseln sollte.

Arnold sprach durch das Gitter mit Sam Wood. »Du hast wieder Besuch.« Er schloß die Tür auf, um Virgil Tibbs hineinzulassen. Der Detective aus Pasadena betrat unaufgefordert die Zelle und setzte sich auf den Rand der harten Pritsche.

»Hallo, Virgil«, sagte Sam müde. »Was gibt's denn?«

»Ich wollte Ihnen nur sagen, daß ich mit Gillespie sprechen werde, sobald er zurück ist«, antwortete Tibbs. »Und dann werde ich ihm beweisen, daß Sie unschuldig sind. Ich habe Beweise, die selbst ihn überzeugen. Ich glaube, daß Sie schon bald wieder draußen sein werden.«

Sams Stimme klang kraftlos. »Warum geben Sie nicht einfach auf und fahren nach Hause? Ich habe Sie für klüger gehalten.«

»Ich bin noch nicht fertig mit meiner Arbeit«, antwortete Virgil. »Die Welt ist voller Menschen, die nie etwas schaffen, nur weil sie nicht bis zum Ende durchhalten. Zwei Dinge muß ich hier noch erledigen: Ihre Unschuld beweisen und Sie hier rausholen und Gillespie den Mörder liefern. Danach kann ich wieder nach Hause fahren.«

»Na dann, viel Glück«, sagte Sam. Er schaute Virgil dabei nicht an.

»Bevor ich zu Gillespie gehe, möchte ich nur noch ein oder zwei Punkte mit Ihnen klären«, sagte Tibbs. »Ich bin mir ziemlich sicher, daß ich die Antwort schon weiß, aber je weniger ich raten muß, desto besser kann ich meinen Standpunkt vertreten.«

Sam zuckte mit den Achseln. »Schießen Sie los«, sagte er.

»In der Nacht, als ich mit Ihnen Streife gefahren bin, haben Sie einen kleinen Umweg gemacht, und zwar absichtlich. Damals kannte ich den Grund nicht, inzwischen aber, glaube ich, schon. Ich vermute, Sie wollten nicht mit mir am Haus der Purdys vorbeifahren. Stimmt das?«

Sam wurde wieder etwas lebhafter. »Virgil, mischen Sie sich da besser nicht ein. Ich weiß, daß Sie mir nur helfen wollen, aber...«

»Ich kann mir auch denken, *warum* Sie in der Nacht nicht an dem Haus der Purdys vorbeifahren wollten«, fuhr Virgil fort.

»Sind Sie etwa selbst da vorbeigefahren?« fragte Sam mißtrauisch.

»Nein«, antwortete Tibbs. »Das brauchte ich gar nicht. Harvey Oberst hat mir alles erzählt, was ich wissen mußte. An dem Tag, als er festgenommen wurde.«

Er schwieg, und eine Weile war es ganz still. Manchmal war es gut, einem Menschen genug Zeit zu lassen, seine Gedanken zu ordnen. Er wußte, daß Sam nachdachte, und genau das sollte er. Schließlich brach Sam das Schweigen.

»Virgil, lassen Sie uns noch mal ganz von vorn anfangen. Sie haben jetzt schon ein paarmal gesagt, ich hätte in der Nacht absichtlich einen Umweg gemacht. Wie kommen Sie darauf?«

»Ganz einfach«, erwiderte Tibbs. »In der Nacht sind Sie einen Umweg über eine Schotterstraße gefahren. Als ich kurz danach draußen vor dem Diner auf Sie gewartet habe, ist mir der Staub an Ihrem Wagen aufgefallen.«

»Daran ist doch nichts Ungewöhnliches«, unterbrach ihn Sam.

»Da haben Sie zwar recht, aber in der Nacht, als Sie mich am Bahnhof festgenommen haben, war kein Staub am Wagen. Das bedeutet, daß Sie, kurz bevor Sie mich aufgabelten, diese Straße nicht genommen haben konnten.«

»Vielleicht haben Sie den Staub bloß nicht gesehen.«

»Er wäre mir bestimmt aufgefallen. Außerdem hatte ich den Eindruck, daß der Wagen nachmittags noch gewaschen worden war. Das habe ich später bei der Tankstelle nachgeprüft, bei der die Streifenwagen gewartet werden. Selbst eine ganz dünne Staubschicht wäre deutlich sichtbar gewesen.«

»Wollen Sie damit sagen, als ich Sie festgenommen – als ich Sie zum Revier gefahren habe, haben Sie noch daran gedacht, sich meinen Wagen genau anzusehen? Auf keinen Fall! Da hatten Sie doch viel zuviel Angst, Virgil. Das kauf' ich Ihnen nicht ab.«

»Ich hatte keine Angst«, antwortete Tibbs. »Ich habe einfach nur den Mund gehalten, bis ich wußte, was überhaupt los war. Alles andere wäre zu gefährlich gewesen. Aber ich habe meine Augen offen gehalten, weil ich darauf einfach getrimmt bin.«

»Woher wollen Sie denn wissen, daß es nicht geregnet hat? Dann wäre auf der kurzen Strecke kein Staub aufgewirbelt worden«, insistierte Sam.

»Weil ich beim Wetteramt nachgefragt habe.«

Wieder wurde es ganz still. Sam verdaute das eben Gehörte und entschied, daß es nicht nur dumm, sondern wahrscheinlich auch sinnlos war, weiter Widerstand zu leisten. Ob es ihm nun gefiel oder nicht, Tibbs beherrschte sein Handwerk. Dann wurde ihm bewußt, daß wenigstens ein Mensch auf seiner Seite war, und daß es ausgerechnet der Mann war, dessen Rassenzugehörigkeit zwischen ihnen eine Schranke errichtet hatte, die für ihn bislang fast unüberwindbar gewesen war. Irgendwie tröstete ihn dieser Gedanke. Er beschloß, Tibbs nicht länger hinzuhalten.

»Sie haben recht mit dem, was Sie gesagt haben«, gestand er.

»Schade, daß Sie mir das nicht schon früher gesagt haben, Sam«, sagte Tibbs erleichtert. »Es hätte eine Menge Zeit gespart – Ihre Zeit, meine ich.« Zu Sams Überraschung stand Tibbs auf. »Nur zu Ihrer Information, ich habe mich inzwischen ein wenig mit Mr. Purdy und seiner Tochter Delores unterhalten. Ich habe den beiden ganz schön Angst gemacht, indem ich ihnen erzählt habe, daß Delores hier von Ärzten untersucht werden würde, um ihre Geschichte zu belegen. Ich habe sogar einen Termin für den späten Nachmittag mit den beiden vereinbart, an dem die ›Untersuchung‹ stattfinden soll. Was für eine das sein soll, habe ich allerdings nicht gesagt. Wenn ich sie dazu bringen kann, ihre Geschichte in Gegenwart von Zeugen zu widerrufen, sind Sie aus dem Schneider. Und wenn diese Angelegenheit erst vom Tisch ist, wird alles andere auch leichter.«

Zum ersten Mal hatte Sam das Bedürfnis, Tibbs wirklich zu helfen. »Virgil, vielleicht wäre es gut, wenn Sie den Kerl finden könnten, der tatsächlich den Braten in die Röhre geschoben hat. Auch wenn das wirklich viel verlangt wäre.«

»Danke für Ihre Hilfe, Sam«, antwortete Virgil. »Ich glaube, ich weiß schon, wer es war.«

Als Bill Gillespie erfuhr, daß Virgil Tibbs ihn sprechen wollte, beschloß er, Virgil ein paar Minuten warten zu lassen, nur um ihm zu zeigen, wer das Sagen hatte. Als er das Gefühl hatte, daß die disziplinarische Wartezeit lang genug gewesen war, ließ er ihm über die Sprechanlage mitteilen, daß er hereinkommen könne.

Aufgrund der Verzögerung betrat Tibbs fast genau in dem Moment Gillespies Büro, als George Endicott gemeinsam mit Duena in der Eingangshalle des Polizeireviers erschien. Endicott fühlte sich nicht gerade wohl in seiner Haut, hatte jedoch einsehen müssen, daß Duenas Entschluß unwiderruflich feststand, und zog es daher vor, bei dem Gespräch mit Gillespie anwesend zu sein, so daß er die Möglichkeit hatte, im Notfall einzugreifen. Er trat an die Theke. »Wir hätten gern Chief Gillespie gesprochen«, sagte er. »Meinen Sie, er hat einen Moment Zeit?«

Pete war sich bewußt, daß er es mit einem Mitglied des Stadtrates und dem wohlhabendsten Bürger von Wells zu tun hatte, und antwortete: »Sie können direkt reingehen. Es ist niemand da, nur Virgil.«

Sie gingen durch den Flur, und George klopfte an die offene Tür. Gillespie schaute hoch, erkannte ihn und sagte: »Kommen Sie herein.« Als auch Duena in der Tür erschien, erhob er sich.

»Bitte, setzen Sie sich doch«, forderte er die beiden auf, nachdem er Duena vorgestellt worden war. »Sie können gehen, Virgil. Wir verschieben unser Gespräch auf später.«

Virgil rührte sich nicht von der Stelle. »Was ich Ihnen zu sagen habe, ist ziemlich wichtig, Chief Gillespie. Und da Miss Mantoli und Mr. Endicott einmal hier sind, wäre es gar nicht schlecht, wenn sie ebenfalls hören, was ich zu sagen habe.«

Gillespie hob die Faust, um sie auf den Schreibtisch niedersausen zu lassen. Er haßte es, wenn man ihm widersprach, und erst recht, wenn der Widerspruch von einem Menschen mit der falschen Hautfarbe kam.

Endicott erkannte das und reagierte sofort. »Das klingt ja sehr interessant. Wenn Sie nichts dagegen haben, Bill, würde ich mir gern anhören, was Mr. Tibbs zu sagen hat.«

»Ich auch«, fügte Duena hinzu.

Gillespie sah, daß Widerstand zwecklos war. Im stillen beschloß er, sich fürchterlich an Tibbs zu rächen, sobald er wieder mit ihm allein war, doch im Moment mußte er sich geschlagen geben. »Wie Sie meinen, Mr. Endicott.«

Alle setzten sich. »Bevor ich anfange«, sagte Virgil, »möchte ich Sie bitten, Sam Wood holen zu lassen, damit er es auch hören kann.« Er schaute Gillespie an. »Vermutlich wird Chief Gillespie ihm auch einige Fragen stellen wollen.«

Wutschnaubend drückte der in die Enge getriebene Gillespie den Knopf seiner Sprechanlage und gab eine entsprechende Anweisung. Kurz darauf wurde Sam Wood ins Zimmer geführt. Mit einer Kopfbewegung wies Gillespie schweigend auf einen Stuhl, und Wood setzte sich. Mit einem weiteren Nicken schickte Gillespie Arnold, der den Gefangenen gebracht hatte, wieder aus dem Zimmer. Immer noch innerlich vor Wut kochend, funkelte der Chief Tibbs drohend an. »Na schön, Virgil. Ich kann nur hoffen, daß Sie wissen, was Sie tun.«

Tibbs verschränkte seine Finger und preßte sie zusammen. Er starrte sie eine Weile an, bevor er schließlich zu sprechen begann. »Ich möchte mit einer Beschreibung der Persönlichkeit des jungen Mädchens, Delores Purdy, anfangen.« Er schaute auf. »Miss Purdy ist die Tochter eines unverkennbar geistig zurückgebliebenen Mannes, dessen Intelligenz und Bildung weit unter dem Durchschnitt liegen. Die Mutter habe ich zwar nicht kennengelernt, aber die Familie läßt zweifellos zu wünschen übrig.«

»Weiß ich alles schon«, fuhr ihn Gillespie an.

Tibbs wartete einen Moment und fuhr dann fort: »Delores Purdy ist achtzehn Jahre alt, behauptet aber, sie sei erst sechzehn, damit man sie in der Schule nicht damit hänselt, daß sie zwei Klassen zurück ist. Die Tatsache, daß sie bereits achtzehn ist, bedeutet, daß der Tatbestand der Unzucht mit Minderjährigen nicht mehr gegeben ist.

Miss Purdy hat eine Eigenheit, die klar und deutlich aus den Polizeiakten hervorgeht: Sie ist exhibitionistisch veranlagt. Aus unerfindlichen Gründen ist sie davon überzeugt, daß ihr Körper so verführerisch ist, daß er jedes männliche Wesen, das ihn zu Gesicht bekommt, sofort in höchste Erregung versetzt. Für Mädchen ihres Alters, die das Gefühl haben, daß sie von der Gesellschaft nicht akzeptiert werden, ist dies nicht ungewöhnlich. Sie versuchen, diesen Makel durch provozierendes Auftreten wettzumachen, und reden sich ein, sie seien unwiderstehlich.«

Er schaute auf, um zu sehen, wie Duena seine Worte aufnahm. Sie zeigte unverhohlenes Interesse, genau wie die drei Männer. Er sprach weiter. »Meist endet das Ganze damit, daß ein Mädchen mit dieser Vorgeschichte sich einem Mann hingibt, weil sie hofft, ihn durch ihre körperlichen Vorzüge an sich zu binden. Manchmal klappt es, manchmal kommt es aber auch nur zu einer weiteren Zurückweisung.

Harvey Oberst, der ein bißchen älter ist als sie, hat ausgesagt, sie habe sich vor ihm ausgezogen, ohne daß er sie dazu aufgefordert habe. Ich glaube ihm, weil zwei Punkte dafür sprechen. Erstens die Tatsache, daß sie hergekommen ist, um Anzeige gegen Mr. Wood zu erstatten. Es ist nicht einfach, auf ein Polizeirevier zu gehen und einen beliebten und geachteten Polizeibeamten einer solchen Tat zu beschuldigen. Doch sie war nicht etwa aufgewühlt oder nervös, wie man in ihrer Situation normalerweise erwarten würde, sondern trug figurbetonte Kleidung und einen Büstenhalter, der ihre Brüste auf unnatürliche, aufreizende Weise nach oben preßte. Ein schüchternes junges Mädchen, dem Gewalt angetan worden ist, würde sich wohl kaum so verhalten.«

Tibbs wartete einen Moment, doch keiner seiner vier Zuhörer machte Anstalten, ihn zu unterbrechen.

»Kommen wir jetzt zu Mr. Wood. In der Mordnacht ist Mr. Wood mit dem Streifenwagen am Haus der Purdys vorbeigefahren. Das gehörte zu seiner normalen Route, die er gewissenhaft befolgte. In der fraglichen Nacht hatte er schon fast alle anderen Straßen abgefahren und sah es als seine Pflicht und Aufgabe an, auch hier nach dem Rechten zu sehen. Er fuhr kurz nach drei Uhr morgens an dem Haus vorbei. Er hat mir nicht erzählt, was genau sich zu dieser Zeit abspielte, doch ich kann es mir auch so denken.

Einige Nächte später, als ich ihn auf seiner Streife begleitet habe, ist Mr. Wood ganz bewußt nicht an dem besagten Haus vorbeigefahren, sondern hat einen Umweg gewählt. Da ich den Grund nicht kannte, habe ich den voreiligen Schluß gezogen, er hätte etwas zu verbergen. Mein Vertrauen in ihn war vorübergehend erschüttert, doch ich habe mich geirrt und muß mich im nachhinein bei ihm für meinen Verdacht entschuldigen.«

»Woher haben Sie gewußt, wo die Purdys wohnen?« fragte Gillespie.

»Harvey Oberst hat es erwähnt, als ich ihn vor einigen Tagen hier befragt habe, außerdem habe ich die Adresse in den Akten nachgeschaut.«

Gillespie zeigte durch ein Nicken an, daß ihm die Erklärung genügte.

»Wenn wir jetzt die verschiedenen Teile des Puzzles zusammensetzen, können wir ziemlich genau rekonstruieren, was passiert ist. Miss Purdy muß vor kurzem mit einem ihrer Bekannten intim geworden sein und ist dabei entweder tatsächlich schwanger geworden oder glaubt dies zumindest. Wer dieser Mann ist, tut im Moment nichts zur Sache, wichtig ist nur, daß sie ihn aus irgendeinem Grund nicht heiraten kann oder will. Da sie davon überzeugt war, in ernsten Schwierigkeiten zu stecken, versuchte sie etwas, das schon viele Frauen in ihrer Lage getan haben. Sie hat sich nach einem Mann umgesehen, der sich nicht glaubwürdig verteidigen konnte, um ihm die Schuld für ihr Mißgeschick zuzuschieben. Wichtig war dabei nur, daß er einen guten Ehemann abgäbe oder wenigstens die Kosten für die Entbindung und die Alimente für das Kind übernehmen würde. Glücklicherweise ist dieser Trick der Polizei wohlbekannt, so daß man in solchen Fällen immer zuerst nach stichhaltigen Beweisen sucht, bevor man der Aussage eines Mädchens Glauben schenkt. Das ist natürlich auch Mr. Gillespie bekannt.

Miss Purdy wußte, daß Mr. Wood nachts in Wells allein Streife fuhr und es daher durchaus möglich gewesen wäre, wenn er ihr im Laufe des Jahres gelegentlich oder wenigstens einmal frühmorgens einen kleinen Besuch abgestattet hätte. Außerdem wußte sie, daß er ledig ist, und hielt es daher für möglich, ihn zu einer Ehe zwingen zu können. Darüber hinaus fand sie ihn durchaus begehrenswert und zeigte ihm dies, indem sie sich ihm mindestens einmal unbekleidet zeigte und es wie einen Zufall aussehen ließ. Ich vermute, daß sie dies wiederholt getan hat, wenn auch nicht häufig genug, um einem pflichtbewußten Polizisten verdächtig zu erscheinen.« Tibbs wandte sich an Sam Wood. »Ich möchte Sie nicht in Verlegenheit bringen, Mr. Wood, besonders nicht in Gegenwart von Miss Mantoli, aber können Sie meine Vermutung bestätigen?«

Sam zögerte einen Moment und suchte nach den richtigen Worten, sagte dann jedoch einfach nur: »Ja.«

»Jetzt kommt eine Art Wahrscheinlichkeitsrechnung«, fuhr Tibbs fort. »*Falls* Mr. Wood tatsächlich auf derartige Annäherungsversuche eingegangen wäre oder sie sogar provoziert hätte, wäre diese Neigung doch sicherlich irgendwann im Laufe der letzten drei Jahre, in denen er Nacht für Nacht hier in Wells Streife gefahren ist, ans Licht gekommen. Man könnte natürlich argumentieren, daß schon häufiger unbescholtene Bürger ohne jede Vorwarnung Morde verübt oder Banken ausgeraubt und sich dann davongemacht haben. Mr. Wood ist Junggeselle und hätte also das Recht, sich an so viele junge Mädchen heranzumachen, wie er wollte. Wenn er jedoch dazu neigen würde, unwissende Mädchen zu verführen, wäre sein Ruf in Wells sicher nicht so gut, wie er offenbar ist. Niemand kennt den Leumund eines Menschen besser als seine Bank, und die Bank, an der Mr. Wood seine Geschäfte tätigt, hält große Stücke auf ihn, das hat man mir dort selbst versichert.«

Virgil holte tief Luft und fuhr fort: »Zusammenfassend möchte ich sagen, daß ich die Anzeige, die Miss Purdy gegen Mr. Wood gemacht hat, für eine infame Lüge halte.«

»Können Sie das Mädchen dazu bringen, das zuzugeben?« fragte George Endicott.

Die Sprechanlage summte.

Bill Gillespie drückte auf den Knopf. »Mr. Purdy und seine Tochter sind hier und möchten Sie sprechen«, wurde gemeldet.

Gillespies Blick glitt forschend über die Gesichter der vier Anwesenden. »Sie sollen hereinkommen«, ordnete er an. »Und bringen Sie zwei Stühle mit.«

Angespanntes Schweigen erfüllte den Raum, während man die Schritte der Purdys draußen im Flur näherkommen hörte. Alle sahen zur Tür.

Delores erschien als erste. Sie machte kleine, langsame Schritte. Das Gesicht ihres Vaters wirkte noch immer hart und verkniffen, aber die Falten um seinen Mund schienen sich noch tiefer eingegraben zu haben. Direkt hinter ihnen kam Arnold und trat, da er zwei Stühle trug, seitwärts durch die Tür. Niemand sprach, bis er die Stühle aufgestellt und den Raum wieder verlassen hatte.

»Setzen Sie sich«, forderte er die beiden Besucher auf.

Purdy warf Tibbs einen abfälligen Blick zu. »Schmeißen Sie erst den da raus«, befahl er.

Gillespie schien immer größer zu werden. »Der Mann bleibt hier«, sagte er und wies erneut auf die Stühle. Die Purdys setzten sich.

»Mit 'nem Nigger im Zimmer sag' ich kein Wort«, verkündete Delores.

Gillespie schenkte ihr keinerlei Beachtung. »Sie beide müssen sich auf einiges gefaßt machen«, informierte er die Purdys. »Die ärztliche Untersuchung kann ziemlich lange dauern. Gibt es noch irgend etwas, das Sie mir sagen wollen, bevor wir anfangen?«

Lange Zeit herrschte Schweigen. Gillespie lehnte sich so weit zurück, daß der Stuhl unter seinem Gewicht ächzte. Dann war es wieder ganz still.

Delores rutschte nervös auf ihrem Stuhl hin und her und strich sich mit beiden Händen den Rock glatt. »Ich glaub', ich hab' vielleicht 'nen Fehler gemacht«, sagte sie schließlich.

»Das hast du uns beim letzten Mal schon erzählt«, antwortete Gillespie.

Delores wartete, bis ihr langsamer Verstand die richtigen Worte gefunden hatte. »Ich glaub', er war's vielleicht doch nich'.«

»Du meinst Mr. Wood?« fragte Gillespie.

»Ja, genau.«

Purdy räusperte sich und ergriff das Wort. »Also, meine Delores, die kann manchmal nachts nich' gut schlafen, wissen Sie. Un' dann hat sie 'n paarmal den Wagen gesehen un' gewußt, wer drin saß. Un' als sie danach eingeschlafen is', hat sie irgendwie von dem Mann geträumt. So is' das wohl passiert.«

»Sie meinen«, sagte der Chief, »Ihre Tochter hat Mr. Wood im Streifenwagen gesehen und danach geträumt, sie hätte was mit ihm?«

Purdys Kiefermuskeln arbeiteten, bevor er antwortete. »Ja, so ungefähr«, sagte er.

Gillespie beugte sich nach vorn. »Ich kann mir nur schwer vorstellen, daß ein Mädchen wie Delores so lebhaft von so etwas träumt, daß sie anschließend herkommt und Anzeige erstattet.

Wenn sie ein paar Jahre jünger wäre, hätte sie einen Mann damit glatt in Lebensgefahr bringen können.«

»Hat sie aber nich'«, brauste Purdy auf. »Sie is' schließlich alt genug, um zu tun, was sie will.«

»Jetzt muß ich nich' mehr untersucht werden, oder?« fragte Delores.

»Nein«, antwortete Gillespie. »Wenn du und dein Vater hier vor Zeugen erklären, daß die Anzeige gegen Mr. Wood auf einem Irrtum beruht, ist eine Untersuchung nicht mehr notwendig.«

»Das geht jetzt sowieso nich' mehr«, fügte Delores hinzu.

Duena Mantoli stieß einen kleinen Laut aus, dann war es wieder still im Zimmer.

Virgil Tibbs brach schließlich das Schweigen. »Es war sehr mutig von Ihnen, heute abend herzukommen«, sagte er zu Delores. »Viele Mädchen wären dazu bestimmt nicht bereit gewesen.«

»Pa hat mich gezwungen«, gestand Delores ohne Umschweife.

»Wenn Sie möchten, könnten Sie etwas für uns tun«, fuhr Tibbs fort. »Es ist wichtiger, als Sie vielleicht denken. Können Sie uns verraten, wieso Sie von Mr. Wood geträumt haben?«

»Ich hab' doch eben gesagt, sie hat ihn gesehen, wenn er vorbeigefahren is', un' so is' sie drauf gekommen«, sagte Purdy verärgert.

Tibbs überging die Bemerkung und sah auf Delores. Sie brauchte ziemlich lange, um zu reagieren. Sie strich wieder ihren Rock glatt und zeigte zum ersten Mal Anzeichen von Verlegenheit.

»Na ja«, sagte sie langsam, »er is' doch 'n netter Kerl. Ich hab' ihn zwar nie kennengelernt, aber ich hab' die Leute reden hören. Er hat 'nen guten, festen Job un' 'nen Wagen, un' ich hab' an ihn gedacht. Hab' mir gedacht, vielleicht mag er mich, besonders wo er doch keine Freundin hat und so.«

»Ich bin seine Freundin«, sagte Duena.

Sam Wood starrte sie überrascht und ungläubig an.

Auch Delores starrte sie an und wandte sich danach verstört an Gillespie. Sie war verunsichert, bereit, sich ihnen unterzuordnen, egal was sie sagten.

»Der Kerl kriegt mein Mädchen sowieso nich', der is' viel zu alt für sie«, sagte Purdy.

Bill Gillespie traf eine Entscheidung. »Da Sie beide Ihre Anzeige gegen Mr. Wood zurückgezogen haben, können wir den

Fall vom Department aus als abgeschlossen betrachten. Das heißt natürlich nicht, daß Mr. Wood Sie nicht wegen Verleumdung verklagt, was er vermutlich auch tun wird.«

»Ich will niemanden verklagen«, sagte Sam.

Purdy wandte sich an seine Tochter. »Wir geh'n jetzt nach Hause«, sagte er und erhob sich. Delores stand ebenfalls auf. Dann drehte sie sich um und versuchte, Sam anzulächeln. »Tut mir ehrlich leid«, sagte sie.

Sam erinnerte sich daran, daß er ein höflicher Mensch war, und erhob sich. Virgil Tibbs ebenfalls. George Endicott blieb sitzen. Ohne ein weiteres Wort verließen die Purdys das Zimmer. Nachdem sie fort waren, dauerte es eine Weile, bis sich alle wieder gefaßt hatten.

»Und was jetzt?« fragte Gillespie.

Virgil Tibbs antwortete. »Wir schließen den Fall Wood ab. Gibt es noch irgend etwas, das Sie gern wissen würden, bevor Sie ihn gehen lassen?«

»Allerdings«, erwiderte Gillespie. »Ich würde gern wissen, woher er die über sechshundert Dollar in bar hatte, um seine Hypothek zu bezahlen.«

Tibbs kam Sam zuvor. »Ich glaube, die Frage kann ich Ihnen auch beantworten. Die Bank hat Ihnen zwar mitgeteilt, daß er den Betrag in bar eingezahlt hat, aber man hat Ihnen sicher nicht gesagt, um welche Art von Bargeld es sich dabei handelte.«

»Bares ist Bares«, sagte Gillespie.

»In diesem Fall nicht«, erwiderte Tibbs. »Als ich diese Frage gestellt habe, hat man mir berichtet, daß es sich dabei in der Hauptsache um Münzen gehandelt hat – Halb- und Vierteldollarstücke, Zehn- und sogar Fünfcentmünzen. Es waren zwar auch ein paar Scheine dabei, aber der größte war eine Fünfdollarnote.«

Gillespie ging allmählich ein Licht auf. »Sie meinen, er hat sich das ganze Geld zusammengespart?« fragte er.

»Genau«, antwortete Virgil. »Das war zwar nicht besonders klug, denn er hätte das Geld besser zur Bank gebracht und sich auf diese Weise noch etwa achtzehn Dollar im Jahr an Zinsen dazuverdient, außerdem wäre es dort sehr viel sicherer gewesen. Ich glaube fast, er hat sich das Geld zusammengespart, seit dem Tag, als er Polizist geworden ist, um eines Tages seine Hypothek damit zu tilgen. Wahrscheinlich hat er regelmäßig einen bestimmten Betrag beiseite gelegt.«

»Ich habe versucht, fünzig Cent pro Tag zu sparen«, erklärte Sam.

»Es war sogar noch etwas mehr«, sagte Tibbs. »Ungefähr vier Dollar die Woche. Aber warum haben Sie das Geld nicht zur Bank gebracht?«

»Ich wollte es nicht ausgeben. Es war das Geld für meine Hypothek. Ich habe es an einer ganz bestimmten Stelle aufbewahrt und keinen einzigen Cent davon genommen, bis ich genug zusammen hatte, um mein Haus abzubezahlen.«

»Dann wäre dieser Punkt wohl auch geklärt«, sagte Tibbs zu Gillespie. »Ist er damit frei?«

Gillespie schaute George Endicott an, bevor er antwortete. Er wirkte ziemlich teilnahmslos. »Ich denke schon«, sagte er.

»Dann würde ich vorschlagen, Sie setzen ihn umgehend wieder in sein Amt ein, damit er heute nacht noch wie gewohnt seine Streife übernehmen kann.«

»Ich würde lieber erst eine Nacht zu Hause verbringen«, sagte Sam.

»Ich halte es für sehr wichtig, daß Sie heute nacht fahren«, antwortete Tibbs. »Und wenn es Ihnen nichts ausmacht, würde ich Sie gern begleiten.« Tibbs wandte sich wieder an Gillespie. »Ich garantiere Ihnen«, sagte er, »daß Mr. Wood, wenn nichts Unvorhergesehenes passiert, noch vor Tagesanbruch den Mörder von Enrico Mantoli festnehmen wird.«

# Kapitel 13

Als Sam Wood durch die Eingangshalle des Polizeireviers schritt und hinaus an die frische Luft trat, wurde er das intensive Gefühl nicht los, gerade aus einem bösen Traum erwacht zu sein. Die extremen Empfindungen, die er eben noch verspürt hatte – ohnmächtige Wut, Entrüstung und Hoffnungslosigkeit –, waren verflogen, und er war wieder an genau demselben Punkt angelangt, wo alles angefangen hatte. Mit einer Ausnahme: Er hatte Duena Mantoli in seinen Armen gehalten, und sie hatte ihn geküßt. Und sie hatte im Beisein von Zeugen erklärt, sie sei seine Freundin.

Was natürlich nicht stimmte, Sam wußte das. Sie hatte es nur gesagt, um Delores Purdy in Verlegenheit zu bringen, was ihr auch gelungen war. Einige kostbare Augenblicke lang gab sich Sam der Vorstellung hin, daß sie es doch ernst gemeint hatte, aber dann riß er sich aus seinen Träumen und erinnerte sich, daß es Zeit zum Abendessen war.

Er fuhr zu dem einzigen Restaurant in Wells, das akzeptable Steaks servierte, und bestellte sich eins. Er fand, daß ihm das zustand.

Der Geschäftsführer kam an seinen Tisch, um ein paar Worte mit ihm zu wechseln. »Freut mich, Sie zu sehen, Mr. Wood«, sagte er.

Sam wußte genau, was er meinte. »Und ich freue mich, hier zu sein«, antwortete er im gleichen Ton. »Bestellen Sie dem Koch, er soll mir ein besonders schönes Steak machen.«

»Schon erledigt«, sagte der Geschäftsführer. »Ich würde Sie gern etwas fragen. Wenn es Ihnen unangenehm ist, brauchen Sie nicht darüber zu reden, aber die ganze Stadt spricht über nichts anderes. Was ist eigentlich mit dem schwarzen Polizisten, mit dem Sie zusammenarbeiten?«

»Virgil?« fragte Sam. »Was soll mit ihm sein?«

»Wieso ist der hier?«

»Er ist Spezialist für Mordfälle«, sagte Sam. »Er war zufällig in Wells, und da hat der Chief ihn eingesetzt. Das ist alles.«

»War bestimmt nicht einfach für Sie«, fuhr der Geschäftsführer fort.

»Mich stört er nicht«, antwortete Sam kurzangebunden. »Er ist unheimlich intelligent. Und er hat mir gerade aus der Patsche geholfen.« Sam war stolz, für den Mann eintreten zu können, der auch für ihn eingetreten war.

»Ja schon, aber er ist ein Nigger«, insistierte der Geschäftsführer.

Sam legte eine Hand flach auf den Tisch und schaute auf. »Virgil ist kein Nigger. Er ist ein Farbiger, er ist schwarz, und er mag vielleicht ein Neger sein, aber er ist noch lange kein Nigger. Ich kenne eine Menge Weiße, die nicht halb soviel draufhaben wie er.«

Der Geschäftsführer versuchte sofort einzulenken. »Ja, ich weiß, einige von denen sind tatsächlich intelligent. Einer hat sogar ein Buch geschrieben. Ach, da kommt ja schon Ihr Steak.« Der Manager sorgte dafür, daß Sam bedient wurde wie ein König. Er brachte ihm sogar persönlich das Ketchup. Und er sagte sich, daß Sam Wood gerade eine scheußliche Erfahrung hinter sich hatte und man ihm also kaum übelnehmen konnte, daß er noch ein wenig verwirrt war.

Nachdem er fertig gegessen hatte, fuhr Sam nach Hause und riß sämtliche Fenster auf, um die abgestandene Luft hinauszulassen. Er nahm seine Uniform aus dem Schrank und überprüfte sie. Dann duschte er, fuhr sich mit dem Elekrorasierer über das Kinn und legte sich hin, um ein wenig auszuruhen.

Er erinnerte sich flüchtig an Virgils Versprechen, daß er noch in dieser Nacht den Mörder festnehmen würde. Während sein Bedürfnis nach Schlaf ihn langsam überwältigte, erschien ihm diese Vorstellung ziemlich unwirklich. Dann sank er ins Nichts und schlief tief und fest, bis um elf sein Wecker rasselte.

Als er ankam, wartete Virgil bereits in der Eingangshalle des Polizeireviers auf ihn. Sam meldete sich wie immer zum Dienst, und der diensthabende Beamte gab sich alle Mühe, so zu tun, als wäre nichts geschehen. Mit dem Berichtformular unter dem Arm und den Schlüsseln seines Streifenwagens in der Hand nickte er Tibbs zu. »Es kann losgehen«, meinte er.

Wie beim ersten Mal stiegen sie gemeinsam in den Wagen. »Wohin sollen wir fahren, Virgil?« fragte Sam.

»Sie sitzen am Steuer«, antwortete Tibbs. »Von mir aus können Sie fahren, wohin Sie wollen. Nur nicht am Haus der Purdys vorbei. Ich habe keine Lust, das alles noch mal mitzumachen.«

Sam stellte die Frage, die ihn schon seit einer Stunde beschäftigte. »Glauben Sie wirklich, Mantolis Mörder ist heute nacht unterwegs?«

»Da bin ich sogar fast sicher«, erwiderte Tibbs.

»Dann sollten wir vielleicht besser bei den Endicotts vorbeifahren und nachsehen, ob alles in Ordnung ist.«

»Es geht ihr bestimmt gut«, antwortete Virgil. »Sie können gern hinfahren, wenn Sie wollen, aber es wäre vielleicht besser, wenn Sie hier unten in der Stadt blieben.«

»Wollen Sie mir nicht endlich erzählen, was Sie vorhaben? Ich soll den Kerl schließlich verhaften, haben Sie gesagt.«

»Ich möchte lieber noch nichts dazu sagen, Sam. Es könnte sein, daß Sie sich vorzeitig verraten, wenn Sie zu viel wissen. So zu tun, als ob man nichts weiß, und sich genauso zu bewegen und genauso zu sprechen wie sonst ist ziemlich schwierig. Bis es soweit ist, ist es am besten, Sie wissen so wenig wie möglich.«

»Können wir denn im Moment gar nichts unternehmen?«

Tibbs schaute aus dem Fenster. »Sam, nehmen Sie es mir nicht übel, aber vertrauen Sie mir einfach und überlassen Sie die Sache mir. Ich verspreche Ihnen, daß Sie zum richtigen Zeitpunkt am richtigen Ort sein werden. Ich versuche sogar, es so einzurichten, daß Sie die Festnahme vornehmen werden.«

»Okay, Virgil.« Sam war enttäuscht.

Die Nacht war ihm noch nie so lang vorgekommen. Sie sprachen über Kalifornien und das Leben an der Pazifikküste, wo Sam noch nie gewesen war. Sie unterhielten sich über Baseball und Preisboxen. »Wirklich ein knochenharter Job«, kommentierte Tibbs. »Ich kenne ein paar Boxer und weiß, was sie durchmachen müssen. Es ist noch lange nicht vorbei, wenn der Kampf zu Ende ist. Wenn der Applaus aufhört, falls es überhaupt welchen gibt, müssen sie runter in den Umkleideraum, wo der Arzt auf sie wartet. Und es tut verdammt weh, wenn man Platzwunden über den Augen und im Mund hat, die genäht werden müssen.«

»Virgil, wieso gibt es eigentlich so viele farbige Boxer? Sind sie wirklich besser, oder fällt es ihnen einfach nur leichter?«

»Leichter bestimmt nicht. Ich habe mit einem Boxer gesprochen, der mal einen Kampf in Texas hatte. Er wurde fürchterlich zugerichtet, obwohl er sein Bestes gegeben hat. Der andere war einfach besser. Aber als der Arzt zu ihm kam, um ihn wieder zusammenzuflicken, tat ihm die Nadel, mit der er genäht werden sollte, so weh, daß er laut gebrüllt hat. Immerhin war sein ganzer Körper voller Blutergüsse. Der Arzt war völlig erstaunt und gestand ihm, daß er immer geglaubt habe, Neger würden keinen Schmerz spüren.«

Sam erinnerte sich plötzlich an ein Gespräch, das er mit Ralph, dem Nachtkellner im Diner, geführt hatte. Es schien Wochen her zu sein. Plötzlich wurde ihm bewußt, daß es in der Mordnacht gewesen war.

»Und was war mit den beiden Kerlen, die Sie überfallen haben?« fragte er nach einer Weile. »Was ist eigentlich aus denen geworden? Ich habe gar nichts mehr von ihnen gehört.«

»Ein gewisser Watkins, ein Mitglied des Stadtrates, hat sie aus dem Gefängnis geholt. Er hat mir gesteckt, daß ich meinen Mund halten soll, wenn ich wüßte, was gut für mich wäre. Sonst würde ich ziemlichen Ärger kriegen, weil ich dem Mann den Arm gebrochen habe.«

»Glauben Sie, daß Watkins die Kerle angestiftet hat?«

»Das hoffe ich, denn wenn er es war, muß er auch die Arztkosten für den Verletzten tragen. Angeblich hat man inzwischen ein paar neue Schläger auf mich angesetzt.« Tibbs klang dabei genauso ruhig, als hätte er eine Bemerkung über die Wettervorhersage der nächsten beiden Tage gemacht.

»Ich hoffe, sie versuchen es, wenn ich dabei bin«, sagte Sam.

»Das hoffe ich auch«, gestand Virgil schnell. »Beim nächsten Mal ist es bestimmt nicht so einfach. Judo kann zwar sehr nützlich sein, aber es reicht nicht immer aus. Und dann steht man ganz schön dumm da und kann nichts weiter machen, als einen oder zwei mitzunehmen, wenn man zu Boden geht.«

»Gibt es noch bessere Kampftechniken als Judo?« fragte Sam.

»Aikido ist sehr gut, vor allem wenn man es mit aggressiven Verdächtigen zu tun hat, die man nicht ernsthaft verletzen will. Die Polizei in Los Angeles greift oft darauf zurück. Bei einem wirklich schweren Kampf ist Karate die wirksamste Technik. Ein guter Karatespezialist ist eine tödliche Waffe.«

»Gibt es denn auch bei uns solche Spezialisten?«

Tibbs zögerte, bevor er antwortete. »Ja, ich kenne einige. Vieles von dem, was man über Karate hört, stimmt nicht. Beispielsweise ruiniert es einem keineswegs die Hände. Aber es ist die beste Verteidigungstechnik bei einem Kampf ohne Waffen. Das Training ist hart, aber es lohnt sich.«

Sam bog in die Main Street ab und ließ das leise Brummen des Motors mit der Stille der Nacht verschmelzen. Er sah zu, wie der Palisadenzaun aus Parkuhren vorbeiglitt, und verringerte die Geschwindigkeit, um wie immer vor der Simon-Apotheke am Straßenrand zu halten. »Meinen Sie, wir können heute nacht hier stehen bleiben?« fragte er.

»Ich denke schon«, antwortete Virgil. Sam bremste vorsichtig und ließ den Wagen langsam an den Bordstein rollen. Als er anhielt, waren die Reifen genau fünf Zentimeter vom Rand des Bürgersteiges entfernt. Er griff nach seinem Klemmbrett, um seinen Bericht zu schreiben.

»Wir haben Gesellschaft«, sagte Virgil.

Sam schaute überrascht auf und bemerkte, wie sich in dem schwarzen, schweigenden Schatten im Eingang des Geschäftes etwas bewegte. Eine Gestalt löste sich aus der Dunkelheit und kam auf sie zu. Es war ein großgewachsener Mann, doch er bewegte sich fast geräuschlos. Sekunden später erkannte Sam, daß es Gillespie war.

Der Polizeichef beugte sich herunter und legte die Arme in das offene Wagenfenster. »Wie läuft's denn so bei euch Jungs?« fragte er.

Sams Zunge fühlte sich mit einem Mal pelzig an, er konnte kaum antworten. »Bis jetzt ganz gut. Nichts Ungewöhnliches. In zwei Häusern brennt zwar noch Licht, aber es scheint alles in Ordnung zu sein.«

Gillespie griff nach hinten und öffnete die Tür zum Rücksitz. »Ich glaube, ich fahre ein Stück mit«, sagte er. Er stieg ein und schloß die Tür wieder. »Viel Platz hat man ja nicht hier hinten«, meinte er, während er die Knie gegen die Rückenlehne des Vordersitzes drückte.

Sam griff mit der Linken nach unten und ließ den Fahrersitz ein oder zwei Markierungen nach vorn rucken, um mehr Platz zu schaffen. »Wo möchten Sie denn hinfahren?« erkundigte er sich.

»Mir egal«, sagte Gillespie. »Virgil hat gesagt, er wird Ihnen heute nacht den Mörder liefern, und ich möchte einfach gern sehen, wie er es anstellt, das ist alles.«

Sam warf dem schweigenden Mann an seiner Seite einen verstohlenen Blick zu. Plötzlich war ihm bewußt geworden, daß er zum ersten Mal in seiner Laufbahn als Polizist einen Partner hatte. Und er hatte das Gefühl, daß er ihm trotz seiner Hautfarbe vertrauen konnte. Virgil war intelligent und wußte genau, was er zu tun hatte. Beides konnte notwendig sein, bevor der Morgen anbrach.

Sam legte den Gang wieder ein, überquerte den Highway und fuhr in das Armenviertel der Stadt. Er fuhr langsam und hielt wie gewöhnlich nach schlafenden Hunden Ausschau. Als er tatsächlich einen entdeckte, wich er ihm vorsichtig aus.

Die Werkstatt von Jess lag dunkel und still da, ebenso das kleine Pfarrhaus von Reverend Amos Whiteburn. Am Haus von Dr. Harding, in dem sich auch die Arztpraxis befand, wo er die Krankheiten und Verletzungen seiner farbigen Mitbürger behandelte, brannte ein Nachtlicht. Als der Wagen über die Bahngleise rumpelte und auf die Straße fuhr, die zum Haus der Purdys führte, überlegte Sam, was er tun sollte. Schließlich entschied er sich dafür, einfach weiterzufahren. Nach allem, was passiert war, sollte es heute nacht keine Schwierigkeiten geben. Das Haus war dunkel und still.

»Komisches Gefühl, so mitten in der Nacht durch die Stadt zu fahren«, sagte Gillespie.

Sam nickte zustimmend. »Das finde ich auch immer«, sagte er. »Es liegt so etwas wie ein Miasma in der Luft.«

»Ein was?« fragte Gillespie.

»Oh, Entschuldigung. Etwas Gefährliches, Lauerndes, eine ganz besondere Atmosphäre.«

»Genau das habe ich gemeint«, sagte Gillespie. »Wohnen die Purdys nicht irgendwo hier in der Nähe?«

»Wir sind gerade an dem Haus vorbeigefahren«, erklärte Sam.

Er fuhr drei Blocks weiter, dann lenkte er den Wagen wieder in Richtung Highway. Er verringerte die Geschwindigkeit, um wie immer kurz anzuhalten, auch wenn die Straße um diese Zeit menschenleer war. Diesmal näherte sich allerdings ein Wagen, und Sam wartete, bis er vorbeigefahren war. Im Schein der Straßenlaterne konnte Sam sogar erkennen, wessen Auto es war. Es war der Wagen von Eric Kaufmann oder sah zumindest genauso aus.

Sam gab Gas und fuhr in Richtung Diner. »Normalerweise mache ich um diese Zeit immer eine kleine Pause und frühstücke«, erklärte er.

»In Ordnung«, sagte Gillespie.

Sam beschleunigte und behielt den Wagen vor sich weiter im Auge. Als sie sich der Stadtgrenze näherten, wurde der andere Wagen langsamer und fuhr auf den Parkplatz des Diners. Sam verlangsamte ebenfalls und ließ Kaufmann genug Zeit, das Restaurant zu betreten, bevor sie ebenfalls auf den Parkplatz rollten. Sam und Gillespie stiegen aus.

»Was ist mit Virgil?« fragte Gillespie.

»Ich warte hier«, sagte Tibbs.

»Was soll ich Ihnen mitbringen?« erkundigte sich Sam.

»Gar nichts. Wenn mir etwas einfällt, sage ich Ihnen Bescheid.«

Sam und Gillespie gingen in das Restaurant.

Eric Kaufmann schaute erstaunt hoch, als sie eintraten. Dann stand er auf und schüttelte ihnen die Hände. »Was für ein unerwartetes Vergnügen«, sagte er.

»Das kann man wohl sagen«, meinte Gillespie. »Was machen Sie denn um diese Zeit hier?« Es war eine freundliche Frage, doch es lag ein gewisser Unterton darin, der deutlich spüren ließ, daß Gillespie eine Antwort erwartete.

»Ich komme gerade aus Atlanta«, erklärte Kaufmann. »Ich habe mir angewöhnt, nachts zu fahren. Es ist bedeutend kühler, und es herrscht weniger Verkehr.«

»Verstehe«, sagte Gillespie. »Gibt's was Neues?«

»Eine ganze Menge«, erwiderte Kaufmann. »Es ist mir gelungen, einen sehr namhaften Dirigenten zu gewinnen, einen der besten, der Enricos Stelle übernehmen will. Aber ich möchte Ihnen nicht verraten, wer es ist, weil George Endicott der erste sein soll, der es erfährt. Und der Kartenvorverkauf läuft hervorragend. Nächsten Monat werden Sie sich vor Touristen nicht retten können.«

Sam setzte sich und überlegte, was er wohl bestellen sollte. Er bedeutete Ralph, sich zuerst um die anderen zu kümmern, während er noch nachdachte. Alles, woran er denken konnte, war das Versprechen, daß er heute nacht den Mörder verhaften sollte. Doch seine Schicht war bereits zur Hälfte um, und es war immer noch nichts passiert. Schon bald würde es hell werden, und der Morgen würde die Geheimnisse der Nacht vertreiben. Und dann, schien es Sam, würde es zu spät sein. Der Mörder hatte in der Nacht zugeschlagen, und daher wäre es angemessen, ihn auch in der Nacht zu fassen. Als Wesen der Nacht hatte er etwas Unwirkliches, war nicht mehr nur ein normaler Mensch, der über die Straße ging und aussah wie jeder andere.

Doch woran sollte er den Mörder erkennen?

Sam bestellte Root-beer mit Eis und Toast dazu, eine lächerliche Kombination, wie ihm einen Moment später bewußt wurde, doch er wartete geduldig, während Ralph die Bestellung fertig machte, und starrte dann nur auf den Teller, der vor ihm stand. Plötzlich hörte er hinter sich ein Geräusch.

Sam drehte sich um und sah Virgil Tibbs in der Tür stehen. In diesem Moment wirkte er beinahe rührend hilflos, als sei es ihm nur allzu bewußt, daß er sich in eine Welt vorgewagt hatte, in die er nicht hineingehörte.

Ralph schaute auf und sah ihn. »He, du da, raus hier«, befahl er.

Virgil zögerte und machte ein oder zwei vorsichtige Schritte weiter in den Raum. »Bitte«, sagte er, »ich habe schrecklichen Durst. Ich möchte bloß ein Glas Milch.«

Ralph schaute hastig auf seine Gäste und richtete seinen Blick dann wieder auf Tibbs. »Du weißt genau, daß du hier nichts zu suchen hast. Geh wieder nach draußen. Wenn diese Gentlemen fertig sind, bringt dir vielleicht einer von ihnen 'nen Karton raus.«

»Ich übernehme das schon«, erbot sich Sam.

Statt sich zurückzuziehen, kam Virgil noch weiter in den verbotenen Raum. »Hören Sie«, sagte er, »ich weiß zwar, daß ihr hier im Süden eure eigenen Regeln habt, aber ich bin Polizeibeamter genau wie diese beiden Gentlemen hier. Ich habe keine ansteckenden Krankheiten. Ich möchte mich bloß hinsetzen und etwas bestellen, genau wie die anderen.«

Sam holte tief Luft und bereitete sich darauf vor, schlichtend einzugreifen. Zum ersten Mal, seit er ihn kannte, verhielt sich Virgil provozierend, und Sam litt unter der peinlichen Lage, in die er sich hineinmanövriert hatte. Doch noch bevor er etwas sagen konnte, war Ralph hinter der Theke hervorgekommen und ging auf Virgil zu.

»Ich hab' schon von dir gehört«, sagte er. »Du bist dieser Virgil, und du kommst nicht von hier. Ich weiß alles über dich. Aus Rücksicht auf diese Gentlemen hier will ich nicht grob werden, aber du mußt hier raus. Wenn mein Chef je spitzkriegt, daß ich dich hier reingelassen hab', flieg' ich sofort. Also geh jetzt, bitte.«

»Warum?« fragte Tibbs.

Ralphs Gesicht wurde puterrot, und er konnte sich nicht länger beherrschen. »Weil ich es sage!« Mit diesen Worten legte er seine Hand auf Virgils Schulter und stieß ihn Richtung Tür.

Tibbs wirbelte auf den Fußballen herum, umklammerte Ralphs ausgestreckten Arm mit beiden Händen und drehte ihn mit einem heftigen Ruck schmerzhaft auf den Rücken.

Sam hielt es nicht länger aus, er sprang auf und ging auf die beiden zu. »Lassen Sie ihn los, Virgil«, sagte er. »Er kann doch nichts dafür.«

Virgil Tibbs reagierte nicht auf Sams Bemerkung. Sein zögerliches Verhalten war verschwunden, mit einem Mal wirkte er wieder professionell und konzentriert.

»Hier haben Sie ihn, Sam«, sagte er. »Sie können diesen Mann wegen Mordes an Enrico Mantoli verhaften.«

# Kapitel 14

Eine schmutzige, heiße Morgenröte zog sich in Streifen über den Himmel. Die Farben der Dämmerung wirkten fahl, ohne die Schönheit, die das erste Morgenlicht so oft begleitet. Virgil Tibbs saß im Vernehmungsraum des Polizeireviers und las in einem Taschenbuch, diesmal *Anatomie eines Mordes*.

Nach fast drei Stunden öffnete sich die Tür von Gillespies Büro. Man hörte Schritte, dann wurde eine Zellentür aufgeschlossen. Wenige Minuten später betrat der Hüne, der die Polizei von Wells leitete, den Vernehmungsraum. Er setzte sich und zündete sich eine Zigarette an. Tibbs wartete darauf, daß er zu sprechen anfing.

»Er hat ein Geständnis abgelegt«, sagte Gillespie.

Tibbs ließ sein Buch sinken. »Ich wußte, daß Sie ihn soweit bringen würden«, sagte er. »Hat er gesagt, wer die Abtreibung vornehmen wollte?«

Gillespie wirkte etwas irritiert. »Sie scheinen ja wirklich alles über den Fall zu wissen, Virgil. Wie haben Sie denn das schon wieder rausbekommen?«

»Wo ist Sam?« erkundigte sich Virgil. Es war das erste Mal, daß er Woods Vornamen im Beisein von Gillespie benutzte.

Gillespie bemerkte es anscheinend nicht. »Er ist weiter auf Streife. Hat gesagt, es sei sein Job.«

»Er ist ein ungewöhnlich pflichtbewußter Polizist«, sagte Virgil. »So jemanden findet man selten. Wenn die Touristenströme erst einsetzen, werden Sie sicher mehr Hilfe brauchen.«

»Weiß ich«, sagte Gillespie.

»Ich glaube, Sam würde einen guten Sergeant abgeben. Die Männer würden ihn akzeptieren und respektieren, und er hat das Zeug dazu.«

»Versuchen Sie hier, meinen Job zu machen?« fragte Gillespie.

»Nein, ich habe nur gedacht, daß Sam Ihnen sicher sehr dankbar wäre, wenn Sie etwas in dieser Richtung unternehmen würden.

Unter diesen Umständen wäre er wahrscheinlich sogar bereit, die unangenehmen Erfahrungen zu vergessen, die er gerade durchgemacht hat. Entschuldigen Sie, daß ich das erwähne.«

Gillespie schwieg eine Weile. Tibbs wartete geduldig und ließ ihm Zeit. »Seit wann wußten Sie, daß es Ralph war?« fragte der Chief schließlich.

»Erst seit gestern«, antwortete Tibbs. »Ich muß Ihnen ein Geständnis machen, Chief Gillespie. Ich hätte den Fall beinahe verpfuscht. Bis gestern war ich nämlich hinter dem Falschen her.«

Das Telefon klingelte. Der Mann von der Nachtschicht hob ab und rief nach Gillespie. »Für Sie, Chief«, sagte er.

Gillespie erhob sich und ging zum Telefon, um festzustellen, wer ihn frühmorgens um kurz nach sieben sprechen wollte. Es war George Endicott.

»Ich habe nur angerufen, um nachzufragen, wann Sie wohl da sein würden«, erklärte Endicott. »Ich hatte nicht erwartet, Sie um diese Zeit schon zu erreichen.«

»Sie sind ein Frühaufsteher«, sagte Gillespie.

»Normalerweise nicht. Aber Eric Kaufmann hat mir erzählt, Sie hätten Enricos Mörder gefaßt. Ich wollte Ihnen nur gratulieren. Ich habe gehört, Sie und Ihre Männer haben ihn persönlich verhaftet. Wirklich hervorragende Arbeit.«

Gillespie erinnerte sich an einige seiner guten Vorsätze. »Die Verhaftung hat Mr. Wood vorgenommen«, sagte er. »Ich war nur dabei, das ist alles. Ich bin erst bei der Vernehmung aktiv geworden. Ich habe ihn so lange verhört, bis er aufgegeben und ein Geständnis abgelegt hat.«

»Ich kann mir nicht vorstellen, daß Sie nur rein zufällig dabei waren«, sagte Endicott.

Der Chief holte tief Luft und tat etwas, was er noch nie zuvor getan hatte. »Da müssen Sie sich bei Virgil bedanken, er hatte sehr viel damit zu tun.«

Jetzt, wo es vorbei war, kam es ihm gar nicht so schlimm vor. Außerdem stammte Endicott aus dem Norden, das machte die Sache leichter.

»Ich habe mit Grace und Duena gesprochen. Es mag zwar ein wenig deplaziert wirken, so kurz nach Enricos Tod, aber wir würden uns freuen, wenn Sie heute abend zu einem kleinen Beisammensein in unser Haus kämen. Ich hoffe, Sie können es einrichten.«

»Sehr gern.«

»Schön, und würden Sie bitte auch Sam Wood und Virgil Tibbs Bescheid sagen? Sie sehen sie doch sicher noch?«

Das war schon etwas schwieriger zu verkraften, aber Gillespie schaffte auch diese Hürde. »Ich werde es ausrichten«, sagte er.

Nachdem er aufgelegt hatte, wurde ihm bewußt, daß er gerade zwei Siege über sich selbst errungen hatte, und beschloß, auch noch eine dritte Hürde zu meistern. Und falls irgend jemand im Revier dazu etwas zu sagen hatte, würde er schon damit fertig werden.

Er ging zurück in den Vernehmungsraum, schaute Virgil Tibbs an und streckte seine Hand aus.

Tibbs stand auf und ergriff sie.

»Virgil«, sagte Gillespie, »ich möchte Ihnen danken, daß Sie uns bei der Klärung des Falles geholfen haben. Ich werde einen Brief an Chief Morris schreiben und ihm ebenfalls danken, daß er Sie uns zur Verfügung gestellt hat. Ich werde ihm schreiben, daß Sie hervorragende Arbeit geleistet haben.«

Gillespie ließ die erste schwarze Hand, die er je in seinem Leben berührt hatte, wieder los. Er schaute den Mann an, dem diese Hand gehörte, und stellte zu seiner maßlosen Verwunderung fest, daß seine Augen feucht waren.

»Sie sind ein bewundernswerter Mann, Chief Gillespie«, sagte Tibbs. Seine Stimme zitterte ein wenig.

In diesem Moment fiel Gillespie plötzlich ein berühmtes Zitat ein. Er kannte es, weil er es gehaßt hatte, aber jetzt schien es auf einmal genau zu passen.

»Vielen Dank, Virgil«, sagte er. »Sie machen Ihrer Rasse alle Ehre.« Er zögerte. »Und damit meine ich natürlich die menschliche Rasse.«

Um halb acht an diesem Abend holte Bill Gillespie Sam Wood und Virgil Tibbs mit seinem Privatwagen am Polizeirevier ab. Die beiden Männer stiegen ein. Tibbs setzte sich auf den Rücksitz.

Sie sprachen nur wenig, als sie zum Haus der Endicotts hochfuhren. Sie hatten alle drei wenig geschlafen, fühlten sich jedoch verpflichtet, die Einladung anzunehmen. Gillespie fragte sich, wie ihm wohl bei einem Zusammensein zumute sein würde, zu dem auch ein Neger eingeladen war.

Als sie ankamen, wurden sie an der Tür von Grace Endicott begrüßt und in das große Wohnzimmer geführt, Gillespie als erster, danach Sam, und zum Schluß Virgil.

Sie wurden bereits von anderen Gästen, die es sich schon gemütlich gemacht hatten, erwartet. Eric Kaufmann war da, außerdem Bankdirektor Jennings mit Frau, Duena Mantoli und die Schuberts. Sam Wood war sich ihrer Anwesenheit nur vage bewußt, denn seine ganze Aufmerksamkeit galt Duena, deren Schönheit ihm an diesem Abend buchstäblich den Atem raubte. Er blieb verlegen mitten im Raum stehen, schaute sie an und sagte sich immer wieder, daß er dieses Mädchen in den Armen gehalten und daß sie ihn geküßt hatte. Aber so lebhaft die Erinnerung daran war, war sie doch von einem Schleier der Unwirklichkeit umgeben.

George Endicott bat um Aufmerksamkeit. Als es still geworden war und alle Platz genommen hatten, begann er zu sprechen. Während er redete, betrachtete er das Glas, das er in seiner Hand hielt. »Dieses Treffen mag Ihnen vielleicht etwas ungewöhnlich erscheinen«, begann er, »aber Grace und ich haben Sie heute abend zu uns eingeladen, weil wir trotz des entsetzlichen Unglücks mehrere Gründe zum Feiern haben. Wir haben einen Dirigenten für das Festival gewinnen können, Sie haben ja gehört, wer es ist. Wir haben schon so gut wie alle Karten verkauft. Das Orchester hat mit den Proben begonnen. Mr. Kaufmann hat die gestrige Probe geleitet und mir versichert, daß die Konzerte hervorragend sein werden. Ich möchte daher Mr. Kaufmann fragen, ob er uns die Freude macht, wenigstens bei einer unserer Aufführungen zu dirigieren.«

Die Anwesenden applaudierten verhalten. Kaufmann errötete, fing sich aber schnell wieder. »Es wäre eine große Ehre für mich«, antwortete er.

»Außerdem haben wir nach einem passenden Namen für unser Freilichttheater gesucht. In Anerkennung der Tatsache, daß wir die Festspiele besonders der Energie, dem Genie und dem Enthusiasmus eines Mannes verdanken, haben die Ausschußmitglieder heute nachmittag beschlossen, es ›Mantoli Bowl‹ zu nennen.«

Alle schauten auf Duena, doch sie verbarg ihr Gesicht in den Händen und schwieg.

»Ich bin sicher, daß Duena uns die Freude machen wird, es bei der Eröffnungsfeier für uns einzuweihen«, fuhr Endicott fort. »Und jetzt kommen wir zum dritten Punkt, dem Erfolg unserer Polizei, die, von der Tatkraft eines außergewöhnlichen Menschen unterstützt, den Mann gefunden und verhaftet hat, der für das große Unglück verantwortlich ist, das über uns hereingebrochen ist. Ich habe keine Ahnung, wie genau der Fall gelöst wurde, und wäre dankbar, wenn es mir jemand mitteilen würde. Vorausgesetzt natürlich, daß dies hier ein angemessener Ort und eine passende Zeit ist.«

»Ich würde es auch gern wissen«, sekundierte Frank Schubert.

»Chief Gillespie?« forderte Endicott den Polizeichef auf.

In einem seltenen Moment von Scharfsichtigkeit wurde Gillespie klar, daß es für ihn nur eine Möglichkeit gab. Er konnte die Geschichte nicht erzählen, weil er sie gar nicht kannte. An diesem Punkt seine Unkenntnis einzugestehen, war jedoch undenkbar. Und es war ihm bewußt, daß sein eigenes Ansehen nur gewinnen konnte, wenn er den Personen, denen sie die Aufklärung des Falles verdankten, die Ehre zuteil werden ließ, die ihnen gebührte.

»Mr. Wood und Virgil haben ihn gemeinsam zur Strecke gebracht«, sagte er bescheiden. »Ich würde vorschlagen, Sie lassen sich die Geschichte von ihnen erzählen.«

Das müßte Sam eigentlich für eine ganze Weile mit ihm versöhnen, dachte Gillespie.

George Endicott wandte sich an Sam. »Mr. Wood?« sagte er.

»Fragen Sie Virgil«, erwiderte Sam mit echter Bescheidenheit. »Es ist sein Verdienst.«

»Mr. Tibbs.« Endicott blickte den ruhigen Mann an, der ganz allein saß. »Sie haben das Wort. Ich habe gehört, Sie wollen uns noch heute nacht verlassen. Bitte, gehen Sie nicht, bevor Sie uns berichtet haben, wie sich alles aufgeklärt hat.«

Tibbs blickte auf Gillespie. »Nur zu, Virgil«, sagte der Chief.

»Das ist mir alles schrecklich peinlich«, sagte Virgil und sah aus, als sei es ihm ernst.

»Bescheidenheit ist hier wirklich überflüssig«, ermunterte ihn Endicott. »Ich weiß, daß Sie in Kalifornien einen ausgezeichneten Ruf haben. Ein erfolgreich abgeschlossener Fall ist für Sie doch nichts Ungewöhnliches.«

»Darum geht es auch nicht«, antwortete Tibbs. »Es geht vielmehr darum, daß ich nun nicht mehr verschweigen kann, daß ich diesen Fall beinahe völlig verpfuscht hätte. Auf den wirklichen Täter bin ich nur durch einen glücklichen Zufall gestoßen, es ist also durchaus nicht mein Verdienst.«

»Überlassen Sie dieses Urteil doch uns«, meinte Jennings.

Virgil holte tief Luft. »Wenn man in einem Mordfall ermittelt, kommt es zunächst darauf an, das Motiv des Täters zu ergründen, falls dies überhaupt möglich ist. Sobald man weiß, wer möglicherweise vom Tod des Opfers profitiert, besitzt man zumindest einen Punkt, wo man ansetzen kann. Vorausgesetzt natürlich, daß es sich nicht um einen Fall handelt, der von vornherein klar auf der Hand liegt.

Als Chief Gillespie mich zum Bleiben veranlaßte und mir den Fall übertrug, ist mir anhand der Indizien einiges klargeworden, und ich fing an, nach dem Motiv zu suchen. Ich fürchte, nun werde ich Sie alle ziemlich schockieren, vor allem Mr. Kaufmann. Wahrscheinlich wird er mir das nie verzeihen. Ich war nämlich mehrere Tage lang überzeugt, daß er der Täter ist, und habe alles daran gesetzt, ihn zu überführen.«

Tibbs schaute den jungen Dirigenten an, dessen Gesicht wie versteinert wirkte. Sam Wood sah Kaufmann ebenfalls an und stellte fest, daß man unmöglich erkennen konnte, was der Mann gerade dachte. Virgils Geständnis überraschte Sam wenig, denn auch er hatte selbst zunächst in diese Richtung gedacht, auch wenn er nicht genau hätte begründen können, warum.

»Sehen Sie«, fuhr Tibbs fort, »Mr. Kaufmann schien ein überzeugendes Motiv zu haben: Nach Maestro Mantolis tragischem Tod hätte er die Leitung für das Musikfestival übernehmen können und wäre dadurch möglicherweise reich und berühmt geworden. Viele Menschen haben für weniger gemordet. Durch sein tatkräftiges Bemühen, kurzfristig einen würdigen Nachfolger für den Maestro zu finden, hat er diese Theorie natürlich vollkommen widerlegt.

Mr. Kaufmann war zunächst nur ein Verdächtiger, weiter nichts. Doch dann hat er bei meinem ersten Besuch hier bei Ihnen gesagt, Maestro Mantoli sei ›niedergestreckt‹ worden. In den Zeitungen konnte darüber noch nichts gestanden haben, und da er seinen eigenen Angaben nach gerade erst von Atlanta zurückgekommen war, konnte er nicht wissen, daß Maestro Mantoli niedergeschlagen worden war. Woher konnte er wissen, daß der Maestro nicht vergiftet oder erschossen worden war? Ich hielt ihn daher sofort für den Schuldigen und glaubte, er habe sich durch diese Bemerkung verraten, was ihn in meinen Augen automatisch zum Hauptverdächtigen machte. Dabei entging mir allerdings, daß dieser Ausdruck auch häufig im übertragenen Sinne gebraucht wird.«

»Fühlst du dich stark genug, das alles durchzustehen?« erkundigte sich Grace Endicott besorgt bei Duena, die direkt neben ihr saß. Duena schüttelte den Kopf, wandte den Blick aber nicht von Tibbs.

»Dann kam die Geschichte mit dem Kirschkuchen«, fuhr Virgil fort. »Als ich Mr. Kaufmanns Alibi für die Mordnacht überprüfte, erfuhr ich, daß sich nicht feststellen ließ, wann genau er in Atlanta eingetroffen war. Dem Liftboy in seinem Hotel hatte er erzählt, daß er spät zu Abend gegessen und zudem Kirschkuchen zu sich genommen hatte, was zu so später Stunde alles andere als ratsam erschien. All das klang aus verschiedenen Gründen ganz nach einem sorgfältig zurechtgelegten Alibi. Es gab keinerlei Beweise dafür, daß er tatsächlich ein üppiges Abendessen zu sich genommen hatte, doch er nannte eine genaue Uhrzeit und gab seinem Gesprächspartner zu verstehen, daß er sich zu dieser Zeit bereits in Atlanta aufgehalten hatte. Daß jemand um drei Uhr morgens Lust auf Kirschkuchen verspürt, ist jedoch äußerst ungewöhnlich, daher habe ich ihm keinen Glauben geschenkt. Außerdem erschien mir die kleine Unterhaltung mit dem Liftboy mehr als auffällig, eine geschickte Taktik, um auch sicherzugehen, daß der Mann sich später daran erinnern würde. Mr. Kaufmann konnte nicht ahnen, daß der Hotelportier nicht in der Lage sein würde, sich an den genauen Zeitpunkt seiner Ankunft zu erinnern. Damit war ich überzeugt, mit Kaufmann den Täter zu haben, und ich war ihm mit Feuereifer auf den Fersen.«

»So, wie Sie es darstellen, hatten Sie dazu wirklich allen Grund«, sagte Kaufmann. »Ich habe eine ausgesprochene Schwäche für Kirschkuchen, aber das konnten Sie unmöglich wissen.«

»Sie sind sehr großmütig, Sir«, sagte Virgil.

»Bitte, sprechen Sie weiter«, bat Duena.

»Um mit der Aufzählung meiner Sünden fortzufahren«, nahm Virgil den Faden wieder auf, »nachdem ich mich einmal auf Mr. Kaufmann festgelegt hatte, habe ich kaum noch mitbekommen, was um mich herum passierte.«

»Das glauben Sie doch selbst nicht«, unterbrach ihn Sam Wood. »Sie haben sogar gesehen, wieviel Staub auf meinem Wagen lag, und haben daraus Ihre Schlüsse gezogen.«

Bill Gillespie wollte sich ebenfalls nicht lumpen lassen. »Und Sie haben bemerkt, daß Harvey Oberst Linkshänder ist«, fügte er hinzu.

»Ja, aber die wirklich wichtigen Dinge sind mir vollkommen entgangen«, sagte Tibbs. »Während ich Mr. Kaufmann auf der Spur war, habe ich alles, was den Fall betraf, aus einem ganz falschen Blickwinkel gesehen. Ich habe versucht, Mr. Kaufmann festzunageln, und dabei einen unverzeihlichen Fehler begangen. Ich habe versucht, die Beweise auf den Verdächtigen hin zu deuten, statt sie ihn beschreiben zu lassen. So etwas läßt sich nicht entschuldigen.«

»Erzählen Sie einfach weiter«, forderte ihn Grace Endicott auf.

»Kommen wir zum Schluß meiner Beichte. Ich habe nach der Mordwaffe gesucht und Glück gehabt. Jemand hat sie gefunden und mir gebracht.« Tibbs atmete tief durch und überwand sich zu einem weiteren Geständnis, zu dem er sich verpflichtet fühlte. »Sie wurde am Rand der Freilichtbühne gefunden, was indirekt wieder auf Mr. Kaufmann hinzuweisen schien. Meiner Meinung nach hatte ich genug Belastungsmaterial zusammengetragen, nur war leider nichts dabei, das auch nur fünf Minuten vor Gericht standgehalten hätte. Je mehr ich suchte, desto weniger konnte ich finden, verständlicherweise, da Mr. Kaufmann schließlich völlig unschuldig war.

Als Harvey Oberst festgenommen wurde, erfuhr ich, daß es in Wells eine junge Frau namens Delores Purdy gab, die jeden, der mit ihr zu tun hatte, in Schwierigkeiten brachte. Ich habe diese Information registriert, hatte aber keine Ahnung, daß sie der Schlüssel zu allem war. Dann beschuldigte Ralph, der Kellner des Diners, plötzlich einen unschuldigen, verantwortungsbewußten Raketeningenieur, der einfach nur zufällig durch die Stadt gefahren war. Seine Aussage gab keinen Anlaß, den Mann zu verhaften, sondern wirkte eher wie ein Verschleierungsversuch, was es ja auch war. Da habe ich mir zum ersten Mal Gedanken über den jungen Mann gemacht. Aber ich konnte keine Verbindung zwischen ihm und Delores Purdy herstellen.«

»Gab es denn eine?« erkundigte sich Duena.

Tibbs nickte. »Mr. Purdy arbeitet nachts. Ralph kannte Delores und begann, sie zu besuchen, wenn ihr Vater nicht da war. Mrs. Purdy sind die Kinder offenbar völlig gleichgültig, sie kümmert sich nicht um sie. Delores und Ralph haben viel gemein. Sie sind beide ungebildet, voller Vorurteile und nicht sonderlich intelligent. Und beide wollten unbedingt etwas Aufregendes erleben. Vor etwa sechs bis acht Wochen wurden sie intim miteinander, und während der letzten paar Tage hatte Delores Angst, sie könnte schwanger sein. Als Ralph sie besuchte, erzählte sie ihm davon und verlangte von ihm, ihr zu helfen.

Ralph bekam es mit der Angst zu tun, da er glaubte, Delores sei erst sechzehn, und wußte, daß ihm eine Anzeige wegen Verführung Minderjähriger drohte. Außerdem hatte er Angst vor ihrem Vater. Und genau wie unzählige Männer vor ihm begann er, verzweifelt nach einem Ausweg zu suchen. Er wußte, daß es schwer sein würde, einen guten Arzt zu finden, der bereit war, eine Abtreibung vorzunehmen, doch er glaubte, schon irgendwo jemanden aufzutreiben, wenn er ihm nur genug bezahlte.«

»Allmählich geht mir ein Licht auf«, meinte Bürgermeister Schubert.

»Während Ralph fieberhaft nach einem Arzt suchte, hatte Delores eine Idee. Ralph war kein sonderlich guter Fang, aber ihr war jemand eingefallen, der es wäre.«

Duena Mantoli, deren Gesichtsausdruck sich nicht verändert hatte, schaute zu Sam Wood herüber. Auf Sam wirkte ihr Blick wie ein elektrischer Schlag. Er umklammerte die Lehnen seines Sessels mit beiden Händen und versuchte, sein Gesicht unter Kontrolle zu halten.

»Mr. Wood kam fast jede Nacht an ihrem Haus vorbei, meist zu einer ganz bestimmten Zeit, da es auf dem Weg zum Diner lag, wo er für gewöhnlich eine kurze Pause einlegte. Delores richtete es daher so ein, daß Mr. Wood sie nackt sah. Sie war davon überzeugt, daß er es bemerken würde, und rechnete damit, daß er sie ansprechen würde, etwa um sie darauf hinzuweisen, daß man sie von der Straße aus sehen konnte. Auf jeden Fall ging sie davon aus, daß ihre körperlichen Reize eine unwiderstehliche Anziehungskraft ausüben würden, vor allem, wenn sie so freizügig zur Schau gestellt wurden. Wenn Mr. Wood erst einmal Kontakt zu ihr aufgenommen hatte, würde sie einfach behaupten, er sei der Vater ihres Kindes, und damit in der Gesellschaft einen großen Sprung nach vorne tun. Doch Mr. Wood war intelligent und verantwortungsbewußt genug, nichts zu unternehmen. Offenbar spürte er genau, daß er sich schon in Schwierigkeiten bringen würde, wenn er sie nur ansprach und auf die peinliche Situation hinwies, daher fuhr er in weiser Voraussicht weiter, ohne etwas zu unternehmen, so daß ihr schöner Plan ins Wasser fiel.«

Sam Wood stellte fest, daß alle Augen auf ihn gerichtet waren. Er selbst wußte zwar, daß seine Gedankengänge nicht ganz so verlaufen waren, wie Tibbs sie eben beschrieben hatte, doch es bestand kein Grund, dies richtigzustellen. Immerhin hatte er sich so verhalten, wie man es ihm nun anrechnete. Also benutzte er seinen Mund weiterhin nur zum ruhigen Atmen.

»Dann passierte etwas, das mich doch noch zwang, die richtige Spur aufzunehmen. Chief Gillespie stieß auf Belastungsmaterial, das auf Sam Wood hinzudeuten schien, und ließ ihn wegen Mordverdachts festnehmen. Auf einmal bestand mein Hauptanliegen nicht mehr darin, Mr. Kaufmann zu überführen, sondern Mr. Woods Unschuld zu beweisen und ihn wieder aus dem Gefängnis zu holen. Dabei kam mir Miss Purdy zu Hilfe. Sie hatte erfahren, daß Sam Wood in Schwierigkeiten steckte, und beschuldigte ihn kurzerhand, sie verführt zu haben, weil sie annahm, daß er sich nun nicht mehr verteidigen konnte.«

»Ein reizendes Mädchen«, meinte Jennings.

»Aber durchaus kein Einzelfall«, warf George Endicott ein. Seine Frau nickte schweigend.

Virgil fuhr fort: »Mr. Wood gab mir einen Hinweis auf die Vorgänge im Haus der Purdys, und ich fing an, mich für die junge Dame zu interessieren. Dank der Geistesgegenwart von Chief Gillespie wurde ich Zeuge eines Gesprächs, das er mit ihr und ihrem Vater führte. Im Laufe dieser Unterredung hörte ich, wie Delores schlichtweg behauptete, Sam Wood habe sie nachts immer *auf seinem Weg zur Arbeit* besucht. Dies entsprach natürlich nicht der Wahrheit, aber es brachte mich auf eine ganz andere Idee: Es gab jemanden, der wirklich um diese Zeit zur Arbeit ging und als Kandidat für das zweifelhafte Vergnügen, ein Verhältnis mit Delores zu haben, sehr viel eher in Frage kam. Und dann fiel mir auch wieder ein, daß Ralph versucht hatte, auf höchst unsinnige Weise den Verdacht auf einen offensichtlich Unschuldigen zu lenken.

Auf einmal paßten alle Teile des Puzzles zusammen. Ich stellte Nachforschungen an und erfuhr, daß in der Mordnacht mindestens sechs Personen Mr. Wood bei seiner Streife gesehen hatten. Die Aussagen der vier Personen, die bereit waren, mit mir zu sprechen, ergaben ein ziemlich glaubwürdiges Alibi für Mr. Wood. Diese Zeugen fand ich dadurch, daß ich überall vorsprach, wo ich noch Licht gesehen hatte, als ich Sam Wood bei seiner nächtlichen Streife begleitet hatte. Wenn Menschen so früh aufstehen, tun sie dies meist mit ziemlicher Regelmäßigkeit, und es waren genug darunter, die den Streifenwagen in der Mordnacht gesehen hatten.

Dann wurden mir plötzlich zwei weitere wichtige Einzelheiten klar: Die Person, die Maestro Mantolis Leiche mitten auf den Highway gelegt hatte, mußte genau über die Verkehrsbedingungen um diese Zeit Bescheid gewußt haben. Ralph erfüllte diese Voraussetzung ebenfalls. Und da verstand ich auch, welche Rolle die Hitze in dieser Nacht spielte.«

»Sie meinen, der Mord hatte etwas mit dem Wetter zu tun?« fragte Frank Schubert.

»Ganz bestimmt, und zwar in zweierlei Hinsicht. Bis zu diesem Zeitpunkt hatte Ralph ein hervorragendes Alibi, auch wenn er es nicht bewußt darauf angelegt hatte. Sobald mir jedoch einfiel, daß es in der fraglichen Nacht sehr heiß gewesen war, deutete alles auf Ralph, und ich wußte, daß ich den Täter hatte. Ich kannte das Motiv, ich wußte, wann es passiert war, und Ralph entsprach haargenau dem Täterprofil.«

»Was genau hat er denn getan?« erkundigte sich Endicott.

»Er hat sich etwas früher auf den Weg zur Arbeit gemacht, weil er vorher noch zu Delores wollte. Sie stellte ihn vor die Wahl, ›sich um sie zu kümmern‹ oder die Konsequenzen zu tragen. Er war davon überzeugt, daß sich alles wieder in Ordnung bringen ließe, wenn er nur genug Geld hätte, doch er hatte nichts gespart und verdiente viel zu wenig. Er saß in der Falle – oder nahm dies zumindest an.«

»Aber das Mädchen war doch überhaupt nicht schwanger«, warf Duena ein.

»Sehr richtig«, sagte Tibbs. »Woher wissen Sie das?«

Die junge Frau sah ihn an. »An dem Tag, als ich sie das erste Mal gesehen habe, sah sie ungeheuer erleichtert aus. Sie wollte mit niemandem etwas zu tun haben, sie wollte nur in Ruhe gelassen werden. Außerdem hat sie gesagt, man könne sie jetzt nicht mehr untersuchen.«

»Reden Sie weiter«, forderte Gillespie Tibbs auf.

»In dieser Nacht fuhr Ralph auf seinem Weg zum Diner auf den Highway und zerbrach sich den Kopf darüber, was er tun sollte. Er kam zu dem Entschluß, daß er jemanden ausrauben mußte, er wußte nur noch nicht, wen. Wenige Minuten zuvor hatte Mr. Endicott den Maestro vor seinem Hotel abgesetzt. Es ist nicht gerade ein Luxushotel und hat keine Klimaanlage. Wahrscheinlich war der Maestro durch das Gespräch über die geplanten Musikfestspiele immer noch angeregt und hochgestimmt und fühlte sich noch nicht müde genug, um sofort einzuschlafen. Er beschloß daher, zuerst einen kleinen Spaziergang zu machen. Erinnern Sie sich noch, daß ich Sie gefragt habe, ob er dazu neigte, spontane Entscheidungen zu treffen? Ich habe mich außerdem erkundigt, ob er leicht Freundschaften schloß und ob es ihn gestört hätte, wenn jemand ihm gesellschaftlich in irgendeiner Weise unterlegen gewesen wäre.«

»Und ich habe geantwortet, daß er sehr impulsiv und sehr aufgeschlossen gewesen ist«, erinnerte sich Duena.

»Stimmt. Mir wurde klar, was in der Nacht passiert sein mußte. Ralph fuhr mit dem Wagen an dem Hotel vorbei und erkannte den Maestro, der zumindest hier in dieser Stadt durch seine äußere Erscheinung sofort auffiel. Er kam Ralph wie gerufen. Ralph bot ihm an, ihn im Wagen mitzunehmen, und der Maestro nahm das Angebot an. Als ich erfuhr, daß die Mordwaffe am Rand der Freilichtbühne gefunden worden war, dachte ich zuerst nur an Mr. Kaufmann, ein fataler Irrtum. Ralph erzählte dem Maestro, er habe die Freilichtbühne noch nicht gesehen, und Mr. Mantoli erbot sich, sie ihm zu zeigen. Er wollte sie sich selbst gern noch einmal anschauen, denn an diesem Abend waren ja die letzten Entscheidungen bezüglich der Festspiele getroffen worden.

Sie fuhren also hin – Maestro Mantoli aus den eben beschriebenen Gründen, Ralph mit der Absicht, ihm genug Geld abzunehmen, um damit sein Dilemma zu lösen. Dort angekommen, stiegen sie aus und sahen sich alles an. Die Zuschauer – oder besser Zuhörer – werden zumindest während der ersten Saison auf Baumstämmen sitzen müssen. Die letzten beiden Reihen waren gerade erst gefällt worden, überall lagen noch Holzabfälle herum. Ralph nahm ein großes Stück Holz und überlegte, wie er es am besten verwenden konnte. Da kam ihm der irrsinnige Einfall, den Maestro bewußtlos zu schlagen und später zu behaupten, sie seien von Unbekannten von hinten angefallen worden. Er hatte nicht vor, sein Opfer umzubringen, doch er schlug zu fest zu.«

»Dann war es also doch so etwas wie… ein Unfall?« fragte Duena.

»Ja. Körperverletzung mit Todesfolge. Totschlag, aber nicht Mord.«

»Irgendwie erleichtert mich das sogar«, sagte das Mädchen leise.

»Als der Maestro bewußtlos zusammenbrach, geriet Ralph in Panik. Sein erster Impuls war ein sehr menschlicher: Er wollte den

Mann, den er gerade verletzt hatte, zu einem Arzt bringen. Inzwischen schwitzte er Blut und Wasser und war völlig außer sich vor Angst. Er schleifte den Maestro die wenigen Schritte zum Wagen, legte ihn hinein und fuhr zurück zur Stadt. Als er das Stadtzentrum fast erreicht hatte, wurde ihm erst richtig bewußt, was er getan hatte. Er fuhr in eine Seitenstraße, nahm soviel Geld aus Maestro Mantolis Brieftasche, wie er zur Lösung seines Problems brauchte, ließ sein Opfer mitten auf dem Highway zurück, die Brieftasche ließ er ganz in der Nähe liegen. Dann fuhr er auf dem schnellsten Weg zum Diner und meldete sich mit Verspätung zur Arbeit, was ungefähr zwei- oder dreimal die Woche vorkam.«

»Aber warum mitten auf dem Highway?« fragte Grace Endicott verständnislos.

»Weil er hoffte, man würde davon ausgehen, daß ihn jemand angefahren und dann Fahrerflucht begangen hätte. Das war der erste wichtige Hinweis auf den Täter, nur daß ich erst viel später darauf gekommen bin.«

»Und der zweite war die Hitze?« fragte George Endicott.

»Sehr richtig. Für Ralph sozusagen ein doppelter Vorteil, denn bei dem Wetter war so gut wie niemand unterwegs, und die Entdeckung der Leiche verzögerte sich.«

»Einen Augenblick«, unterbrach Frank Schubert. »Der Ingenieur war doch zu dem Zeitpunkt unterwegs.«

»Als er verhört wurde, hat ihn niemand nach der genauen Zeit gefragt, so daß niemand wissen konnte, wann er durch die Stadt gefahren ist. Ralph behauptete, es sei fünfundvierzig Minuten vor der Entdeckung der Leiche gewesen. Gottschalk äußerte sich dazu nicht, da er nicht wußte, wann Sam Wood die Leiche gefunden hatte. In Wirklichkeit fuhr er durch Wells, als Ralph sein Opfer gerade ausraubte. Der fremde Wagen fiel Ralph auf, und als der Mann auf dem Rückweg einen Abstecher in den Diner machte, rief Ralph sofort im Revier an, in der Hoffnung, daß man Gottschalk wegen Fahrerflucht beschuldigen würde.«

Grace Endicott schüttelte den Kopf. »Auf welche schrecklichen Ideen dieser Junge kommt. Ich kann es einfach nicht fassen. Geradezu unmenschlich!«

»Und was war sonst noch mit der Hitze in dieser Nacht?« wollte Gillespie wissen.

»Ach ja, die außergewöhnlich hohen Temperaturen lieferten Ralph ein unerwartetes Alibi. Als der Arzt, der mit dem Krankenwagen eintraf, die wahrscheinliche Todeszeit festlegte, ging er wie üblich vor, indem er den ungefähren Verlust der Körpertemperatur abzuschätzen versuchte. Doch er ließ die ungewöhnliche Temperatur in dieser Nacht außer acht und verschätzte sich daher beträchtlich. Aufgrund der Hitze war der Körper viel langsamer erkaltet. Erst als mir diese Zusammenhänge klargeworden waren, sah ich Ralphs Alibi in einem ganz neuen Licht und konnte sicher sein, daß er tatsächlich der Mörder war.«

Tibbs wirkte mit einem Mal sehr müde. »Das ist so ungefähr alles«, schloß er. »Ich bin in den Diner gegangen und habe ausdrücklich um ein *Glas* Milch gebeten. Hätte ich *Tüte* gesagt, hätte er mir die Milch vielleicht gegeben. Ich wollte ihn damit aus der Reserve locken, und als ich auch noch verlangte, etwas zu essen zu bekommen, war er so erbost, daß auf mich losging. Was mir wiederum die Möglichkeit gab, ihn hart anzufassen. Vielleicht hätte ich es nicht auf die Art und Weise tun sollen, aber ich brauchte diese Genugtuung. Er verachtete mich allein aufgrund meiner Abstammung und hielt sich selbst für absolut überlegen, daher wollte ich ihm eine Lektion erteilen, die er so schnell nicht vergessen würde. Was natürlich ziemlich kindisch von mir war, wie ich zugeben muß.«

Bill Gillespie fuhr Virgil Tibbs zum Bahnhof. Nachdem er den Wagen vor dem Bahnsteig geparkt hatte, stieg er aus und nahm Virgils Koffer. Tibbs verstand und ließ ihn gewähren.

Gillespie betrat als erster den Bahnsteig und stellte den Koffer auf die einzige Bank, die den wartenden Reisenden zumindest ein wenig Bequemlichkeit ermöglichte.

»Virgil, ich würde gern hier mit Ihnen warten, aber ich bin ehrlich hundemüde«, sagte Gillespie. »Würde es Ihnen etwas ausmachen, wenn ich mich jetzt schon verabschiede?«

»Fahren Sie nur, Chief Gillespie.« Tibbs zögerte einen Moment, bevor er weitersprach. »Meinen Sie, ich könnte hier draußen warten? Es ist eine so schöne Nacht.«

Auch ohne hinzusehen, wußte Gillespie, daß die Bank die Aufschrift »NUR FÜR WEISSE« trug. Doch es war schon nach Mitternacht, und der Bahnhof war menschenleer.

»Ich kann mir nicht vorstellen, daß es jemanden stört«, antwortete er. »Wenn sich jemand darüber aufregen sollte, sagen Sie ihm einfach, ich hätte es Ihnen erlaubt.«

»In Ordnung«, sagte Tibbs.

Gillespie machte zwei Schritte, dann drehte er sich wieder um. »Vielen Dank, Virgil«, sagte er.

»Es war mir ein Vergnügen, Chief Gillespie.«

Gillespie wollte noch etwas sagen, setzte an, doch es gelang ihm nicht. Der Mann, der hier vor ihm stand, war schwarz, und das Mondlicht ließ seine Augen noch weißer erscheinen.

»Also dann, gute Nacht«, meinte er schließlich.

»Gute Nacht, Sir.«

Der Polizeichef spielte mit dem Gedanken, ihm die Hand zu reichen, doch er entschied sich dagegen. Er hatte es bereits einmal getan, und Tibbs hatte ihn verstanden. Eine solche Geste zu wiederholen, schien ihm fehl am Platz. Er ging zurück zu seinem Wagen.

# Nachwort

Der 1965 erschienene Roman John Balls (1911–1988) führt uns zurück in die letzten Tage der Rassensegregation und Rassendiskriminierung in den USA. Während offiziell schon die Gleichberechtigung gilt und von Washington aus forciert wird und Martin Luther King zu den letzten Gefechten ruft, gilt in der kleinen Stadt Wells im tiefsten Süden – der Bundesstaat wird nicht genannt – noch die alte weiße Ordnung: Neger oder Farbige – beide Bezeichnungen sind noch politisch korrekt, ›Nigger‹ ist es nicht – haben eigene Wartesäle, Restaurants und Hotels, sogar auf der Polizeiwache haben sie eine eigene Toilette (ohne Handtücher) und werden von eigenen Ärzten behandelt, riechen sie doch anders – strenger – als Weiße und haben ein herabgesetztes Schmerzempfinden, weshalb es so viele farbige Boxer gibt. Wenn ein Weißer ihnen begegnet, müssen sie den Bürgersteig verlassen, ›man‹ gibt einem Neger nicht die Hand, dafür kann man ihn mit dem Vornamen anreden, was man sich umgekehrt von ihm verbitten würde.

Der Sheriff, soeben neu gewählt und noch in der Probezeit, hat das Vertrauen der Bürger deshalb gewonnen, weil er selber aus dem Süden kommt und man ihm zutraut, diesen Zustand noch lange aufrecht zu erhalten. Sonst sind seine Voraussetzungen für den neuen Posten etwas eigentümlich: Chief Gillespie kommt ohne eigentliche Polizeiausbildung geradewegs aus dem Strafvollzug, aber gerade deshalb wird er wohl ›law and order‹ aufrechterhalten können, was seine Wähler vor allem von ihm erwarten.

Daß ausgerechnet in der Probezeit ein Mord an dem vielleicht prominentesten Mann in der Stadt passiert, überfordert Gillespie völlig, so daß er nicht einmal dazu kommt, das amtliche Vorgehen in den Handbüchern nachzuschlagen: Maestro Enrico Mantoli war gerade im Begriff, in einer noch recht improvisierten Freiluft-Arena ein Musik-Festival ins Leben zu rufen, das auf viel Publikumsresonanz stieß und vielleicht in der Lage war, das entlegene

Wells aus den Klauen der Depression zu reißen. Da findet ihn der nachts in seinem Streifenwagen durch die Stadt patrouillierende Polizist tot auf dem Highway – erschlagen. Bei Routineermittlungen am Bahnhof wird ein Farbiger aufgegriffen und wegen des hohen Geldbetrags in seiner Brieftasche gleich festgenommen.

Und nun kommt es zur Konfrontation zweier Welten, zur Demonstration der Gleichzeitigkeit des Ungleichzeitigen: Der Farbige, der in Wells nur zum Verdächtigen taugt, ist angeblich in einer anderen Welt, in Pasadena in Kalifornien, ein hoch angesehener Detective bei der Mordkommission. Der dortige Polizeichef bestätigt diese merkwürdige Behauptung nicht nur, sondern bietet auch spontan an, seinen hochkarätigen Spezialisten Virgil Tibbs dem Wellser Kollegen für die Dauer der Mordermittlungen zu überstellen und auszuleihen.

Natürlich wird diese Amtshilfe entrüstet abgelehnt und Tibbs zum Dank fast aus der Polizeiwache geworfen. Doch inzwischen hat der reichste Bürger von Wells, Freund des Maestro und Hauptförderer des Musikfestivals, George Endicott – natürlich ein naiver Nordstaatler – sich diesen Vorschlag zu eigen gemacht, und der Bürgermeister kann als gewiefter Politiker Chief Gillespie davon überzeugen, daß dieses Arrangement nur Vorteile hat: Wenn Gillespie mit Tibbs' Hilfe den Fall löst, wird er allein die Lorbeeren ernten, wenn der Fall hingegen ungelöst bleibt, wird allein Tibbs die Schuld treffen, wenn aber Gillespie Tibbs wegschickt und dann versagt, wird Endicott seinen Skalp fordern – und bekommen.

So kommt es zur seltsamsten aller Konstellationen: Virgil Tibbs arbeitet unter einem Vorgesetzten und an der Seite von Kollegen, die Neger für geistig minderbemittelt halten, auf einer Wache, in der er einen separierten Waschraum benutzen muß und in deren Nachbarschaft er weder essen noch schlafen kann, an Ermittlungen, für die sich niemand recht interessiert, da niemand von der eigentlichen Kriminalistik die geringste Ahnung hat. Chief Gillespie ermittelt derweil auf eigene Faust aufgrund so handfester Indizien wie der Brieftasche des Toten, rätselhafter hoher Geldbeträge in den falschen Händen und verhaftet sogar recht überstürzt seinen eigenen Mitarbeiter.

John Ball hat sich aufgrund dieser besonderen Konstellation in seinem Erstling eines multipersonalen Erzählverfahrens bedient, bei dem wir das Geschehen durch die Brille vieler Beteiligter miterleben und nur selten durch die Tibbs', wie das später bei Tibbs als

Serienheld in Kalifornien der Fall sein wird. Dadurch wird Tibbs' Verhalten für den Leser undurchschaubarer, als das sonst bei großen Detektiven zu beobachten ist: Wir erfahren aus Beobachtungen der Kollegen oder manchmal sogar nur auf Grund von Fragen Gillespies, was Virgil Tibbs zur Zeit tut oder vor kurzem gemacht hat, bisweilen etwa nur, daß er einen Tag abwesend ist. Dennoch dürfen wir ihm vertrauen, denn er wird, wie das in fast allen Sherlock-Holmes-Geschichten der Fall ist, durch eine brillante Scharfsinnsprobe eingeführt, als er die Unschuld von Harvey Oberst erweist, bei dem sich die Brieftasche des Ermordeten gefunden hat. So dürfen wir erwarten, daß er im Wettlauf mit der Zeit den Fall löst, auch wenn wir nicht ahnen wie. Trotz dieser bewußten Defizite in der Informationsvergabe beachtet John Ball das Gebot des fairen Spiels, indem er den Leser bei allen wichtigen Details informiert, was Virgil Tibbs recherchiert, wenn auch nicht, warum er es tut.

Mittlerweile formiert sich der Widerstand gegen den schwarzen Polizisten, der ohne weiteres ›weiße‹ Banken betritt und dort Fragen stellt, vor allem in den weißen Kreisen, die außer ihrer Hautfarbe nichts vorzuweisen haben. Es bleibt nicht bei Drohungen mit der Lynchjustiz, sondern bezahlte Schläger werden auf ihn angesetzt, die Tibbs aber mit Judo erledigt. Das Kompliment, er sei zwar kein Weißer, könne aber offensichtlich kämpfen, erwidert er mit dem Hinweis, das habe er bei jemandem gelernt, der ebenfalls nicht Weiß sei – bei einem Japaner.

Der Fall, den er zu lösen hat, ist in der Wirklichkeit eher die Regel als die Ausnahme, im Detektivroman hingegen extrem selten: der sogenannte ›open murder‹, bei dem das Opfer auf offener Straße erschlagen wird und im Grunde jeder als Täter in Frage kommt. Nur geduldigste Routineermittlungen aller einschlägigen Kleinigkeiten helfen hier weiter, und Virgil Tibbs muß sie nicht nur in einem ihm feindlichen, sondern vor allem in einem ihm völlig unbekannten Milieu führen, das er sich erst erschließen muß. Wie er das tut, oft voller Wut und dennoch die Contenance wahrend, erbringt ihm nicht nur die Hochachtung seines Kollegen Sam Wood, sondern auch die von Chief Gillespie: War erst das höchste Kompliment, das diese Rassisten Virgil Tibbs machen können, er verdiene es, weiß zu sein, so erklärt ihn Gillespie abschließend zu einer Zierde seiner Rasse – der menschlichen – und tut etwas, was er nie für möglich gehalten hätte: Er gibt Virgil die Hand.

Nach Versuchen in vielen Berufen debütierte John Ball 1965 mit diesem Roman und errang höchste Anerkennung – das Buch wurde mit dem angesehenen Sonderpreis für einen Erstling der Mystery Writers of America ausgezeichnet, und die New York Times prophezeite zu Recht: »Tibbs ist ein äußerst bemerkenswertes Individuum, das durchaus das Zeug zum ›Meisterdetektiv‹ hat«. Der United-Artists-Film von 1967, der John Balls Romanvorlage eng folgt, war einer der wenigen Kriminalfilme, die den begehrten Academy Award – den ›Oscar‹ – für den besten Film des Jahres erhielten. Unter der Regie von Norman Jewison spielte Sidney Poitier den Virgil Tibbs und Rod Steiger Chief Gillespie, wofür er ebenfalls mit einem Oscar ausgezeichnet wurde.

John Ball entwickelte seinen schwarzen Meisterdetektiv zum meist in Kalifornien ermittelnden Serienhelden weiter, während das Fernsehen ab 1988 die Serie »In der Hitze der Nacht« entwikkelte, in der der Schauplatz der tiefe Süden ist und Wells zur Heimatstadt von Virgil Tibbs wurde, der unter Chief Gillespie dort Leiter der Mordkommission wird.

»DuMont's Kriminal-Bibliothek« wird in Zukunft weitere Abenteuer des schwarzen Detektivs Virgil Tibbs veröffentlichen.

*Volker Neuhaus*

# DUMONT's Kriminal-Bibliothek

»Knarrende Geheimtüren, verwirrende Mordserien, schaurige Familienlegenden und, nicht zu vergessen, beherzte Helden (und bemerkenswert viele Heldinnen) sind die Zutaten, die die Lektüre zu einem Lese- und Schmökervergnügen machen. Der besondere Reiz dieser Krimi-Serie liegt in der Präsentation von hierzulande meist noch unbekannten anglo-amerikanischen Autoren.«

*Neue Presse/Hannover*

| | | |
|---|---|---|
| Band 1001 | Charlotte MacLeod | **»Schlaf in himmlischer Ruh'«** |
| Band 1002 | John Dickson Carr | **Tod im Hexenwinkel** |
| Band 1003 | Phoebe Atwood Taylor | **Kraft seines Wortes** |
| Band 1004 | Mary Roberts Rinehart | **Die Wendeltreppe** |
| Band 1005 | Hampton Stone | **Tod am Ententeich** |
| Band 1006 | S. S. van Dine | **Der Mordfall Bischof** |
| Band 1007 | Charlotte MacLeod | **»... freu dich des Lebens«** |
| Band 1008 | Ellery Queen | **Der mysteriöse Zylinder** |
| Band 1011 | Mary Roberts Rinehart | **Der große Fehler** |
| Band 1012 | Charlotte MacLeod | **Die Familiengruft** |
| Band 1013 | Josephine Tey | **Der singende Sand** |
| Band 1016 | Anne Perry | **Der Würger von der Cater Street** |
| Band 1017 | Ellery Queen | **Sherlock Holmes und Jack the Ripper** |
| Band 1018 | John Dickson Carr | **Die schottische Selbstmord-Serie** |
| Band 1019 | Charlotte MacLeod | **»Über Stock und Runenstein«** |
| Band 1020 | Mary Roberts Rinehart | **Das Album** |
| Band 1021 | Phoebe Atwood Taylor | **Wie ein Stich durchs Herz** |
| Band 1022 | Charlotte MacLeod | **Der Rauchsalon** |
| Band 1023 | Henry Fitzgerald Heard | **Anlage: Freiumschlag** |
| Band 1024 | C. W. Grafton | **Das Wasser löscht das Feuer nicht** |
| Band 1025 | Anne Perry | **Callander Square** |
| Band 1026 | Josephine Tey | **Die verfolgte Unschuld** |
| Band 1027 | John Dickson Carr | **Die Schädelburg** |
| Band 1028 | Leslie Thomas | **Dangerous Davies, der letzte Detektiv** |
| Band 1029 | S. S. van Dine | **Der Mordfall Greene** |
| Band 1030 | Timothy Holme | **Tod in Verona** |

| | | |
|---|---|---|
| Band 1031 | Charlotte MacLeod | **»Der Kater läßt das Mausen nicht«** |
| Band 1033 | Anne Perry | **Nachts am Paragon Walk** |
| Band 1034 | John Dickson Carr | **Fünf tödliche Schachteln** |
| Band 1035 | Charlotte MacLeod | **Madam Wilkins' Palazzo** |
| Band 1036 | Josephine Tey | **Wie ein Hauch im Wind** |
| Band 1037 | Charlotte MacLeod | **Der Spiegel aus Bilbao** |
| Band 1038 | Patricia Moyes | **»... daß Mord nur noch ein Hirngespinst«** |
| Band 1039 | Timothy Holme | **Satan und das Dolce Vita** |
| Band 1040 | Ellery Queen | **Der Sarg des Griechen** |
| Band 1041 | Charlotte MacLeod | **Kabeljau und Kaviar** |
| Band 1042 | John Dickson Carr | **Der verschlossene Raum** |
| Band 1043 | Robert Robinson | **Die toten Professoren** |
| Band 1044 | Anne Perry | **Rutland Place** |
| Band 1045 | Leslie Thomas | **Dangerous Davies ... Bis über beide Ohren** |
| Band 1046 | Charlotte MacLeod | **»Stille Teiche gründen tief«** |
| Band 1047 | Stanley Ellin | **Der Mann aus dem Nichts** |
| Band 1048 | Timothy Holme | **Morde in Assisi** |
| Band 1049 | Michael Innes | **Zuviel Licht im Dunkel** |
| Band 1050 | Anne Perry | **Tod in Devil's Acre** |
| Band 1051 | Phoebe Atwood Taylor | **Mit dem linken Bein** |
| Band 1052 | Charlotte MacLeod | **Ein schlichter alter Mann** |
| Band 1053 | Lee Martin | **Ein zu normaler Mord** |
| Band 1054 | Timothy Holme | **Der See des plötzlichen Todes** |
| Band 1055 | Lee Martin | **Das Komplott der Unbekannten** |
| Band 1056 | Henry Fitzgerald Heard | **Das Geheimnis der Haarnadel** |
| Band 1057 | Sarah Caudwell | **Adonis tot in Venedig!** |
| Band 1058 | Phoebe Atwood Taylor | **Die leere Kiste** |
| Band 1059 | Paul Kolhoff | **Winterfische** |
| Band 1060 | **Mord als schöne Kunst betrachtet** | |
| Band 1061 | Lee Martin | **Tod einer Diva** |
| Band 1062 | S. S. van Dine | **Der Mordfall Canary** |
| Band 1063 | Charlotte MacLeod | **Wenn der Wetterhahn kräht** |
| Band 1064 | John Ball | **In der Hitze der Nacht** |
| Band 1065 | Leslie Thomas | **Dangerous Davies ... Auf eigene Faust** |
| Band 1066 | Charlotte MacLeod | **Eine Eule kommt selten allein** |

Band 1053

*Lee Martin*

**Ein zu normaler Mord**

Die Polizistin Deb Ralston soll den grausamen Mord an vier Erwachsenen und einem Kleinkind aufklären. Am Tatort wird Olead festgenommen, der einzige Überlebende der Familie. Er beteuert zwar seine Unschuld, doch sprechen alle Indizien wie seine frühere Gewalttätigkeit und der Verdacht auf Schizophrenie gegen ihn. Auch Deb Ralston glaubt an seine Schuld, doch sie läßt sich von Olead zu genaueren Nachforschungen überreden – und sei es nur, um für den Mordprozeß noch handfeste Beweise ans Tageslicht zu bringen. Ihre Ermittlungen werfen schon bald ein düsteres Licht auf die Ermordeten …

Band 1055

*Lee Martin*

**Das Komplott der Unbekannten**

Deb Ralston entdeckt beim Joggen die Leiche einer hochschwangeren Frau in einem Wassergraben. Da sie die erste Detektivin am Ort ist, wird sie mit der Lösung des Falles beauftragt. Sie stellt bald fest, daß es schon seit einiger Zeit in ihrem und den benachbarten Countys und Staaten eine ganze Reihe von Vermißtenmeldungen schwangerer Frauen gibt, die ebenso wie ihre Babys verschollen bleiben. So setzt sich in ihr der Verdacht fest, daß dieser Mord ebenso wie das Verschwinden der Schwangeren etwas mit dem schwunghaften Handel mit illegalen Adoptivkindern zu tun haben könnte. Aber bald nehmen die Mörder auch sie und ihren Sohn aufs Korn…

Band 1061

*Lee Martin*

**Tod einer Diva**

Deb Ralston – Polizistin, Adoptivmutter und bereits Großmutter – ist mit 42 Jahren erstmals schwanger. Statt Mordfälle zu lösen, erholt sie sich deshalb bei der Mutter einer Schulfreundin, einst eine gefeierte Leinwand-Diva. Doch die früher von ihr geradezu angehimmelte Schauspielerin erweist sich zuerst als sehr anstrengend, dann als tot. Der Ex-Star hatte sich schnell als psychisch schwer geschädigtes alkoholisiertes Wrack erwiesen, das unter Verfolgungsängsten litt. Motive findet Deb im Laufe ihrer Ermittlungen mehr als genug – aber den Täter zu finden wird durch vergiftete Drinks, geheimnisvolle Stichwunden und zahlreiche (falsche)Testamente nicht leichter.

*Bitte beachten Sie auch folgende Veröffentlichungen von Charlotte MacLeod:*

Band 1001

*Charlotte MacLeod*

**»Schlaf in himmlischer Ruh'«**

Weihnachten ist auf dem Campus einer amerikanischen Kleinstadt immer eine große Sache, und besonders, wenn die ›Lichterwoche‹ auch noch eine Touristenattraktion von herausragender finanzieller Bedeutung ist. Als Professor Shandy eine Dame der Fakultät während der Feiertage tot in seinen Räumen findet, ist daher den örtlichen Behörden sehr schnell klar, daß es sich nur um einen Unfall handeln kann...

*Charlotte MacLeod* ist eine der großen lebenden amerikanischen Autorinnen auf dem Gebiet des Kriminalromans, deren Prosa von der amerikanischen Presse als »elegant, witzig und mit einem liebenswert-warmen Touch« beschrieben wird.

Band 1007

*Charlotte MacLeod*

**»...freu dich des Lebens«**

Nachdem er Helen Marsh geheiratet hat, verläuft das Leben von Professor Peter Shandy in ruhigen Bahnen. Nach einer Einladung seiner Frau an die Hufschmiedin des College, Mrs. Flackley, und den Lehrbeauftragten für Haustierhaltung, Professor Stott, überstürzen sich jedoch plötzlich die Ereignisse. Ist die Entführung der besten Zuchtsau des College nur ein Studentenstreich? Was haben der Diebstahl eines Lieferwagens und der Überfall auf eine Silbermanufaktur mit dem verschwundenen Schwein zu tun? Als Mrs. Flackley ermordet gefunden wird, hält das niemand mehr für einen Studentenulk. So hat Peter Shandy alle Hände voll zu tun, den Mörder zu stellen, denn der Hauptverdächtige in diesem Fall ist sein Freund Stott.

Band 1019
*Charlotte MacLeod*
**»Über Stock und Runenstein«**

Dieses ist der dritte Roman aus der ›Balaclava‹-Reihe, in dem Peter Shandy, Professor für Botanik am Balaclava Agricultural College und Detektiv aus Leidenschaft, mit analytischem Denkvermögen ein Verbrechen aufklärt.
Der Knecht Spurge Lumpkin wird von der Besitzerin der Horsefall-Farm, Miss Hilda Horsefall, tot aufgefunden. Für die Polizei ist der Fall klar: ein tragischer Unfall. Peter Shandy aber kommen bald die ersten Zweifel, und als ein Kollege und ein junger neugieriger Reporter ebenfalls fast die Opfer mysteriöser Unfälle werden, sieht er sein Mißtrauen bestätigt.

Band 1031

*Charlotte MacLeod*

**»Der Kater läßt das Mausen nicht«**

Für Betsy Lomax, die erprobte Haushaltshilfe von Professor Peter Shandy, fängt der Tag wahrlich nicht gut an. Bestürzt muß sie feststellen, daß ihr Kater Edmund ihrem Untermieter Professor Herbert Ungley das Toupet geraubt hat. Ihre Bestürzung wandelt sich in Entsetzen, als sie Ungley tot hinter dem Clubhaus der noblen Balaclava Society findet ... Da der Chef der Polizei sich weigert, den Tod Ungleys als Mord anzuerkennen, gibt es für Betsy Lomax nur einen, von dem sie Hilfe erwarten kann – Peter Shandy, seines Zeichens Professor für Botanik am Balaclava Agricultural College. Dieser stößt bei seinen Ermittlungen in ein Wespennest – einflußreiche Persönlichkeiten in Balaclava Junction schrecken offenbar auch nicht vor Mord zurück, wenn es um Geld und Politik geht.

Band 1046

*Charlotte MacLeod*

**»Stille Teiche gründen tief«**

Präsident Thorkjeld Svenson vom Balaclava Agricultural College nimmt es recht gelassen hin, als beim traditionellen Winterwendefest eine Leiche auftaucht. Und auch auf die Ermordung eines alten Ehepaares im nahen Dorf reagiert er gefaßt. Doch die Behauptung, der grundsolide Stifter des College habe vor 100 Jahren das Wasserreservoir von Balaclava, einen Teich, bei einer Wette verloren, geht entschieden zu weit! Peter Shandy, Professor für Botanik, steht eine aufregende Zeit bevor, bis er alle Verbrechen aufgeklärt und die Existenz des College gesichert hat.

Band 1063

*Charlotte MacLeod*

**Wenn der Wetterhahn kräht**

Der Botanikprofessor und »Sherlock Holmes der Rübenfelder« Peter Shandy und seine kluge Frau Helen sind wieder auf Verbrecherjagd. Es gilt nicht nur, einer ganzen Bande von Wetterfahnen-Dieben das Handwerk zu legen, sondern auch, den Verantwortlichen für den Brand einer Seifenfabrik zu finden. Haben die spektakulären Diebstähle mit integrierter Brandstiftung etwas mit den mysteriösen Überlebenskämpfern zu tun, die sich bei näherem Hinsehen als schießwütige paramilitärische Wehrsportgruppe entpuppen? Peter und Helen lösen nicht nur auf brillante Weise den Fall, sondern treffen auf die skurrilsten Typen und geraten in die erstaunlichsten Gefahren.

Band 1066

*Charlotte MacLeod*

**Eine Eule kommt selten allein**

Die alljährliche Eulenzählung ist ein bedeutendes Ereignis für die Dozenten des ehrwürdigen Balaclava Agricultural College. Wie entsetzlich, daß ausgerechnet während dieser nächtlichen Veranstaltung Emory Emmerick, einer der Teilnehmer, erstochen und in einem Netz verpackt im Wald aufgefunden wird! Der Dozent für Nutzpflanzenzucht und Detektiv aus Leidenschaft, Professor Peter Shandy, beginnt mit seinen Ermittlungen und stößt schon bald auf Ungereimtheiten. Und als wäre die heile Welt des Colleges durch diesen heimtückischen Mord noch nicht genug erschüttert, wird auch noch die reiche Miss Winifred Binks entführt!
Was geht hier vor?

Band 1012
*Charlotte MacLeod*
**Die Familiengruft**

Es beginnt mit einem Familienkrach: Großonkel Frederik möchte auch im Tod nicht dieselben Räumlichkeiten mit Großtante Mathilde teilen. Auf der Suche nach einer passenden letzten Ruhestätte wird die seit 100 Jahren nicht benutzte Familiengruft der Kelling-Dynastie geöffnet. Der jungen Sarah Kelling fällt die undankbare Aufgabe zu, das Begräbnis vorzubereiten. Bei der Öffnung der Gruft lernt sie Ruby Redd, eine einst berühmte Striptease-Tänzerin von sehr zweifelhaftem Ruf kennen. Mehr als die Rubine in Rubys Zähnen beeindruckt Sarah aber die Tatsache, daß die Tänzerin seit mehr als 30 Jahren tot ist . . .

Band 1035

*Charlotte MacLeod*

**Madam Wilkins' Palazzo**

Sarah Kelling sagt nur zu gern zu, als der smarte Detektiv in Sachen Kunstraub und Fälschung, Max Bittersohn, sie zu einem Konzert in den Palazzo der Madam Wilkins einlädt, ein Museum, das für seine exquisite Kunstsammlung berühmt und für den schlechten Geschmack seiner Besitzerin berüchtigt ist. Doch Bittersohns Einladung steht unter keinem guten Stern: Die Musiker sind schlecht, das Buffet läßt zu wünschen übrig – und einer der Museumswächter fällt rücklings von einem Balkon im zweiten Stock des Palazzos. Als Bittersohn dann noch entdeckt, daß die berühmte Kunstsammlung mehr Fälschungen als Originale enthält, steht eines zumindest fest: Mord sollte eben nie nur als schöne Kunst betrachtet werden!

Band 1037

*Charlotte MacLeod*

**Der Spiegel aus Bilbao**

Nachdem die hübsche Pensionswirtin Sarah Kelling in den letzten Monaten von einem Mordfall in den nächsten gestolpert ist, fühlt sie sich mehr als erholungsbedürftig. Ihr Sommerhaus am Meer scheint der ideale Ort für einen Urlaub, zumal Sarah hofft, daß sie und ihr bevorzugter Untermieter, der Detektiv Max Bittersohn, sich noch näherkommen... Zu ihrer Enttäuschung wird die romantische Stimmung jedoch durch einen Mord empfindlich gestört – und statt in Sarahs Armen landet Max zu seinem Entsetzen als Hauptverdächtiger in einer Gefängniszelle. Schon bald stellt sich eines heraus: Ehe nicht das Geheimnis des alten Spiegels gelöst ist, der so plötzlich in Sarahs Haus auftauchte, wird es für die beiden kein Happy-End geben.

Band 1041

*Charlotte MacLeod*

**Kabeljau und Kaviar**

Nach seiner Hochzeit mit Sarah Kelling würde Detektiv Max Bittersohn am liebsten jede freie Minute mit seiner Frau verbringen. Doch Sarahs überspannte Verwandtschaft verwickelt ihn gleich in einen neuen Fall: Erst wird Sarahs Onkel Jem eine wertvolle Silberkette, das Wahrzeichen des noblen Clubs des ›Geselligen Kabeljaus‹ gestohlen, dann ereignet sich ein fast tödlicher Unfall, und schließlich stehen auf einer Party neben Champagner und Kaviar auch kaltblütiger Mord auf dem Programm . . .